JN022070

# 朝日キーワード

# 2025

朝日新聞出版

現代社会を知るために必須の「キーワード」を厳選しました。

　原則として冒頭で最新時事用語をコンパクトに解説。本文で問題点や展望など、知識を深めることができます。「関連用語」と、別角度からのミニ情報を載せたコラム「PLUS ONE」を設け、キーワードの内容をいっそう深く理解できるように構成しました。本文中の図版や写真も豊富で、見やすく工夫してあります。

　テーマは政治、経済、国際から、医療・福祉、環境・国土、労働、文化、スポーツ……と、あらゆる分野を扱っています。「政治」「国際」「経済」については分野の初めに「読むポイント」という解説コーナーをつけ、全体の流れと注目点がすんなり頭に入るように編集しました。

　巻末には、最近のニュースの中から、今日の問題を理解するうえで、常識として知っておきたい基本用語を「ベーシックワード」として選びました。「重要ニュース月表」には関連するキーワードのページ数が記されています。

朝日新聞出版

# 目次 Contents

G7広島サミットの日程を終え、記者会見する岸田文雄首相＝2023年5月、広島市の平和記念公園

インバウンドが急回復の一方、オーバーツーリズムが問題になっている＝2023年11月、京都・嵐山

## 経済　66〜103

2023年は、日本をはじめ世界中で観測史上最高となる平均気温を記録。「地球沸騰の時代が来た」とも言われた

世界遺産登録をめざし、ユネスコに「事前評価」
の申請をした彦根城

車いすテニスで、史上最年少で世界ランキング１位になった17歳の小田凱人

# スポーツ　214〜225

※本文記事中の肩書などは2023年12月18日現在のものです。

# 政治を読むポイント

2023年は年末まで政府・自民党の混乱が続いた。24年、日本政治は動乱の年になりそうだ。

岸田文雄内閣は23年後半に支持率が続落した。朝日新聞の世論調査では12月に23％まで低下し、自民党が12年12月に政権復帰して以降の11年間で最低となった。物価高に賃上げが追いつかない中、防衛力強化の財源とする増税方針などへの批判が拡大。岸田首相は、経済対策の目玉として定額減税や低所得世帯への現金給付策を打ち出したが、増税と減税を並行して検討するような対応は、世論の理解を得られなかった。衆院解散・総選挙の可能性をたびたびちらつかせたことから、「選挙目当ての対策」といった批判も招いた。

## 「自民1強」で後を絶たない政治とカネの問題

10月下旬の臨時国会の開会後には、政務官や副大臣の政務三役による不祥事が立て続けに明るみに出て、「ドミノ辞任」が発生。「適材適所の人事」を強調してきた首相の任命責任が厳しく問われた。さらに、自民派閥の政治資金パーティーで、最大派閥の安倍派などが組織的に裏金を作っていた疑惑が浮上し、東京地検特捜部が立件を視野に捜査に入った。首相は、松野博一官房長官や西村康稔経済産業相ら安倍派幹部を、政府や党の要職から一掃する異例の人事を行った。だが、裏金の総額が直近5年間で5億円に上り、安倍派に所属する議員の大半に還流していたとみられることなど、問題は拡大の一途をたどっている。

また、年末には岸田首相が世界平和統一家庭連合（旧統一教会）をめぐる問題に直面した。首相が党政調会長だった19年10月4日、元米下院議長と自民党本部で面談した際に教団友好団体トップらが同席していたと元議長が証言。面談の際の写真も提示されたが、首相は「記憶も記録もない」と主張し続けた。国民に疑念を持たれないよう、点検や説明を尽くすことを指示してきた自身の言動との整合性が問われた。

23年12月半ばの時点で政権の足もとは大きく揺らぎ、これまでになく不安定な情勢になっている。自民内では、岸田首相が主導権を握る形での立て直しは困難との見方が出る。衆院議員の任期は25年秋までだが、岸田首相が再三、衆院の「解散風」を吹かせてきたこともあり、与野党とも視線は次の衆院選に向く。24年9月には、岸田首相の党総裁としての任期が満了する。衆院解散がいつになるのか、次の「選挙の顔」に誰を据えるのか、自民内の駆け引きが

激しくなりそうだ。

　菅義偉政権から岸田政権への交代直後に衆院解散・総選挙を実施したように、「疑似政権交代」で刷新感を演出するシナリオも取りざたされているが、自民内で衆目が一致する「ポスト岸田」候補は見当たらない。首相候補として世論の期待が高いのは、石破茂元幹事長や小泉進次郎元環境相、河野太郎デジタル相ら、無派閥か派閥活動に重きを置かない議員だ。裏金疑惑で批判が高まる派閥の見直し論が加速する可能性もある。

　もっとも、自民そのものへの風当たりは強い。社会問題となった旧統一教会との関係でいまだに十分な説明できず、政治資金規正法の改正など、政治とカネの問題の抜本的な防止策に自ら踏み込む様子もうかがえない。衆参両院で圧倒的多数を握る「自民1強」時代が10年以上続き、緊張感を欠いた政治が緩みやおごりを生んでいるとの批判もある。

岸田文雄首相（右）と松野博一官房長官（当時）
＝2023年6月、首相官邸

## ■発信力乏しく支持率を
## 　伸ばせない立憲民主党
## 　不祥事続く日本維新の会

　政権与党に対峙する野党は、高まる政治不信の受け皿となれるか、正念場となる。

　野党第1党の立憲民主党は、政権の不祥事などが相次ぐ中で政党支持率を伸ばせていない。泉健太代表の指導力や発信力を疑問視する声は立憲内に少なくない。

　国会活動や国政の補欠選挙、地方選挙などで、ほかの野党との協力関係づくりにつまずくことも多かった。政権与党の監視で存在感を発揮しつつ、理念やめざす社会像、力を入れる個別政策を説得力をもって示し、政権交代をめざす政党として国民の信頼を得る努力を重ねていけるかが問われる。

　日本維新の会は、23年春の統一地方選で躍進した際の勢いはうかがえない。所属する国会議員や地方議員に不祥事が相次ぎ、推進する大阪・関西万博をめぐり予算の膨張や不透明な先行きが批判も招く。馬場伸幸代表が自民政権への連立参加もにおわせるなど、立ち位置の分かりにくさも指摘される。関西地域以外で、幅広い支持を獲得できるかがカギとなる。

　24年は、4月に衆院島根1区の補欠選挙が予定される。7月には、国政選挙の指標と目される東京都知事選もある。波乱の永田町と、各種の選挙や支持率など各党の消長をにらみつつ、政治が動くことになる。

（政治部・内田晃）

# 岸田政権発足２年

2023年10月で、岸田文雄政権は発足から２年を超えた。５月に広島で主要７カ国首脳会議（Ｇ７サミット）を成功させた直後は、報道各社の内閣支持率は上昇していたが、マイナンバー制度のトラブルなどが相次ぎ失速。原発などエネルギー問題や少子化対策といった過去の政権が避けてきた課題に挑んでいるが、防衛力強化のために増税方針を決めたことから増税イメージがつき、所得減税を打ち出しても批判が止まらないのが現状だ。

岸田政権発足は21年10月４日。トップダウンで世論の反発もあった安倍晋三元首相、菅義偉前首相を反面教師に「聞く力」を掲げた。

野党の意見も「検討する」と受け入れるスタイルで「検討使」とも揶揄された。22年７月の参院選で勝利するため、批判を避ける「安全運転」に徹した形だ。

だが参院選中に安倍氏が銃撃されたことを機に、閣僚を含めた国会議員と世界平和統一家庭連合（旧統一教会、●112ᵗ）の接点が問題化。失言や政治とカネの問題もあり、年末までに４閣僚が辞任した。

このころ、政権は変容する。12月、首相主導で旧統一教会の被害者救済新法を成立させた。「この経験が自信を強めた」（官邸幹部）。

首相は同時期、敵基地攻撃能力（反撃能力）の保有や防衛費の大幅増額〔●20ᵗ〕、廃炉が決まった原発の建て替え（リプレース、●144ᵗ）を認める方針などを決定。周囲には

「安倍氏でもできなかったことを俺はやっているんだ」と誇った。

「やりたいことが見えない」と言われてきた首相だが、これらの実績を掲げて「先送りできない課題に取り組む」と主張し、23年１月に「異次元の少子化対策」〔●204ᵗ〕を打ち出す。国会の演説には「決断」や「実行」といった言葉が増え、逆に「聞く力」をアピールする表現は消えた。

３月に日韓関係の懸案だった徴用工問題に政治的決着をつけた〔●32ᵗ〕。ウクライナへの電撃訪問も成し遂げた。５月にはＧ７広島サミット〔●18ᵗ〕を開催し、核保有国も含めたＧ７首脳で初めて広島平和記

**岸田内閣の支持率の推移**

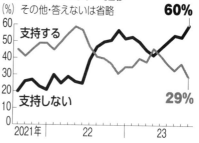

(%) その他・答えないは省略

支持する　60%

支持しない　29%

2021年　22　23

念資料館（原爆資料館）を訪問。ウクライナ大統領の電撃訪日も成功させた。

支持率は高水準に回復。永田町では、支持率を追い風に衆院解散・総選挙に打って出ることを警戒する「解散風」が吹き荒れた。実際に首相は、自身だけが使える「伝家の宝刀」の解散権をちらつかせ、野党側を牽制。反発もあった防衛費増額のための財源確保法などの重要法案を成立させた。

しかし、マイナンバー制度のトラブルが相次いで発覚〔●24ペー〕。児童手当拡充を柱とした少子化対策も評価されず、支持率は下落傾向に。

首相が重視するのは24年秋の自民党総裁選だ。勝てば政権が続く。そのためには、再び支持率を上げて解散に踏み切り、与党を勝利させて求心力を得ることが必要だ。

9月、過去最多タイの女性閣僚を登用した内閣改造をし、10月には旧統一教会への解散命令も裁判所に請求。物価高対策として所得減税も打ち出した。だが、いずれも世論から評価されず、支持率も過去最低水準に。官邸幹部らは「選挙目当てだと思われた」と悔やむ。

今後、解散の時期が引き続き焦点だ。「賃上げ」などの成果が問われる。

（政治部・西村圭史）

## 関連用語

### ◆新しい資本主義

岸田首相が就任前から掲げてきた経済政策。アベノミクスでは経済成長の恩恵が中低所得層に回らなかったため、子育て世代などの所得を増やして消費を盛り上げ、次の成長につなげる「成長と分配の好循環」をめざす。

具体的には持続的な賃上げや国内投資促進を進めるために、税制優遇などをする。NISA（少額投資非課税制度、●73ペー）の拡充など「資産所得倍増プラン」も掲げる。

ただ、当初掲げた金融所得課税強化は投資家らの反発を受け、所得30億円超の超富裕層のみが追加の負担をする形に後退した。

### PLUS ONE 首相長男・秘書官辞任問題

首相の政務担当の秘書官を務めていた長男が、22年末に首相公邸で親族らと「忘年会」を開いて記念撮影していたことが、23年5月に週刊誌に報じられた。首相も出席してあいさつをしていた。

問題となったのは、私的な居住スペースでの食事ではなく、赤いじゅうたんが敷かれた階段などの公的スペースで親族らが記念撮影をしていたこと。当初、首相は処分や更迭は否定したが、「公私混同」「公邸の私物化」などの批判が噴出。首相は「けじめをつけるため」と長男を秘書官から交代させ、事実上更迭した。

# 自公、東京での選挙協力復活

　自民党と公明党は2023年９月、国会内で党首会談を開き、次期衆院選に向けて、解消していた東京での選挙協力の復活に正式合意した。関係が悪化したのは、衆院選挙区での一票の格差の是正に向けた「10増10減」がきっかけだった。東京での候補者調整で折り合えず、選挙協力を解消。だが、選挙区と比例区の票の「すみ分け」で関係を深めてきた両党は、協力なしではお互いに不利だと判断し、約３カ月で和解に至った。

　次期衆院選から小選挙区が都市で10増え、地方で10減る「10増10減」で、東京は現在の25選挙区が五つ増える。公明は23年１月、現行の12区で現職の岡本三成氏を新選挙区の29区（荒川区など）に立てる方針を発表。公明は自民党本部の了承済みだと強調したが、自民都連幹部らは反発し、自民党本部に異議を申し立てた。公明の東京の小選挙区選出の国会議員は現在岡本氏１人。５月には、続く２人目の擁立をめざし、28区（練馬区東部）を譲るよう自民に求めた。自民は拒否し、代替案として12区（北区、板橋区の一部）か15区（江東区）での擁立を提示したが、公明は受け入れず、調整は不調に終わった。

　同25日、公明は28区での候補者擁立を断念し、代わりに都内の自民党候補に推薦を出さないことを正式決定し、自民に伝達。都議選や首長選など都内における選挙協力をすべて解消するとした。自民と公明は20年以上に及ぶ連立関係にあるが、公明の石井啓一幹事長が「東京における自公の信頼関係は地に落ちた」とまで述べ、波紋を呼んだ。

　だが、次第に両党では関係修復を模索する動きが見え始める。関係が悪化したままでは次期衆院選で不利だとお互いが判断したためだ。

　特に公明は、関西で全面対決の構図となる日本維新の会への危機感が強い。維新はこれまで、公明の候補がいる大阪・兵庫の計６選挙区で独自候補は立ててこなかった。大阪市議会で過半数を持たず、公明の協力がなければ、看板政策「大阪都構想」の住民投票などが実現できなかったためだ。だが、23年４月の統一地方選〔➲16ページ〕で初めて大阪市議会の過半数を獲得すると、維新は公明との協力関係を解消。６選挙区すべてに対立候補を擁立すると表明し、さらに東京や埼玉など関西以外でも、公明に対立候補をぶつける方針だ。

　一方、自民も小選挙区ごとに１万

～２万票あるといわれる公明票を失えば、東京では野党に競り負ける選挙区が続出する不安がある。結局、両党は歩み寄り、８月31日、自民党総裁の岸田文雄首相と公明の山口那津男代表が党首会談を開き、次期衆院選に向けて相互推薦の対象外だった東京での選挙協力を再開させることで合意した。合意にあたり、両党

選挙協力復活に関する合意文書に署名した岸田文雄首相（右から２人目）と公明党の山口那津男代表（同３人目）＝2023年９月、国会内

は29区に公明が擁立する候補者に自民が推薦を出すこと▷それ以外の都内の小選挙区では、個別事情を調整のうえで条件の整ったところから公明が自民候補を推薦すること▷次々回の衆院選では、東京の小選挙区で公明が２議席を得ることを「自公の共通目標」とすることに合意した。

９月４日、岸田氏と山口氏は改めて会談して合意文書にサインをし、関係は修復された形となった。ただ一度は信頼関係を失った幹事長同士の調整は難しく、トップが直接会談せざるを得なくなった実情もあり、全面的な関係改善につながるかは不透明だ。

（政治部・国吉美香）

## 関 連 用 語

### ◆選挙協力

1999年に連立政権を組んだ自民党と公明党の間では、衆院選で公明が選挙区の自民候補を応援し、比例区では自民が公明候補を応援することを軸にした選挙協力が定着している。連立直後の2000年衆院選では、中選挙区時代の名残から四つの小選挙区で自公候補が争うこともあったが、徐々に票の「すみ分け」による相互依存は深まった。自民にとっては小選挙区で１万～２万票といわれる公明の組織票を得られるメリットがあり、公明は選挙協力を盾に、政策実現の場で自民から譲歩を引き出してきた経緯がある。

### PLUS ONE
### 10増10減

衆院小選挙区で「一票の格差」を是正するために見直された定数の増減数。16年に成立した衆院選制度改革の改正関連法に基づき、10年ごとに行われる大規模な国勢調査を反映して見直される。次の衆院選からは、20年の国勢調査をもとに、人口比で定数を決めるアダムズ方式で算出された「10増10減」となる。内訳は東京都で５増、神奈川県で２増、埼玉、千葉、愛知の３県で各１増。宮城、福島、新潟、滋賀、和歌山、岡山、広島、山口、愛媛、長崎の10県で各１減。

# 低迷続く立憲民主党

　野党第1党の立憲民主の支持率が低迷している。2023年4月の衆参5補選では擁立した公認候補3人が全敗。泉健太代表は「（次期衆院選で）150議席獲得できなければ、この立場にない」と宣言し「背水の陣」に追い込まれた。他の野党との候補者調整でも対応が二転三転した。4月の統一地方選と衆院補選で議席を増やした日本維新の会との関係も悪化し、野党第1党の立場が脅かされている。

　泉氏は21年11月に、前月の衆院選で議席を減らした枝野幸男前代表から代表の座を引き継いだ。代表選では「『批判ばかり、追及ばかり、反対ばかり』と言われがちだが、政策論戦中心で改革を進める政党、というイメージを持っていただける努力をしたい」と述べ、政権を徹底的に追及した枝野氏の路線からの脱却を図った。その時に掲げたのが、「提案型野党」という野党像だった。

　だが、政権側はそれを「逆手」にとり、対案を並行審議したり時に修正協議に応じたりして、国会審議を円滑に進める方策として利用。立憲内では「追及が足りず政権監視になっていない」「立憲として何がしたいのかわからない」などと、党の存在感低下に不満が募った。22年夏の参院選で6議席減らした敗北を機に、泉氏は政権との対決姿勢を強める「抵抗型」に舵を切った。

　23年4月の衆参補選でも擁立した公認候補3人がすべて敗れた。支持率でも日本維新の会を下回り、5月の両院議員懇談会では執行部の責任を問う声が相次いだ。泉氏はこの場で「（次期衆院選で）150議席獲得できなければ、この立場にない」と語るまでに追い込まれた。党内からは「異様に高いハードルだ」（立憲ベテラン）との声が上がった。

　立憲は他の野党との関係もぎくしゃくしし、孤立を深めていく。

　22年秋の臨時国会で世界平和統一家庭連合（旧統一教会）の被害者救済法〔➡113ページ〕をめぐって「共闘」した維新とは、4月の統一地方選と衆院補選で維新が伸長したことで関係が破綻。維新の馬場伸幸代表は

**過去の衆院選での野党第1党の獲得議席数**

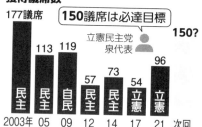

「立憲をたたきつぶす」と対決姿勢を鮮明にした。泉氏が「兄弟政党」と呼ぶ国民民主党も、泉氏が支持団体の連合を通じて選挙協力について秋波を送ったが、維新に急接近していった。

さらに、21年の衆院選で候補者を一本化する「野党共闘」をしてきた共産党との関係もこじれた。5月にテレビ番組で泉氏が「立憲として、選挙はまず独自でやる。候補者調整は共産党とも基本やらない」と宣言すると、共産党は不快感をあらわにし、泉氏の選挙区に候補擁立を発表した。

通常国会閉会日の6月21日、泉氏は野党間の選挙協力について「様々な選択肢を幅広に考えねばならない」と述べ、軌道修正に含みをもたせた。その後の会見で泉氏は「野党共闘」を呼びかける市民団体を介した協力の可能性にも言及した。

党内での遠心力は加速度を増している。6月には2度の政権交代を実現させた党ベテランの小沢一郎氏が泉氏の「独り立ち路線」と異なる、野党候補の一本化を重視する方針を打ち出し、会見で「野党間の協力は大事と思っている人が大多数だ」などと公然と反旗を翻した。また党から相次いで2人の離党者が出た。

次の衆院選で野党第1党の座を死守できるのか。立憲の「背水の陣」に注目が集まる。

（政治部・木佐貫将司）

## 関連用語

### ◆野党共闘

自民・公明の両与党に対抗するため、衆院小選挙区や参院選挙区で野党候補を一本化すること。15年に当時の安倍晋三政権下で可決された「安保法案」に野党が一斉に反発したことから機運が高まったことで、翌16年の参院選から当時の野党第1党だった民進党や共産党、小沢一郎氏が率いる生活の党などが参加した。ただ、立憲民主党や国民民主党の支持団体である労働組合の中央組織「連合」は、共産党との選挙協力に否定的な姿勢を崩さず、野党各党の安全保障観の違いから足並みがそろわないのが実情だ。

### PLUS ONE 提案型野党

21年に代表に選出された立憲民主党の泉健太氏が打ち出した野党像。国会論戦を政権への追及から政策中心にシフトさせ、「批判や反対ばかりの政党」というイメージを払拭することをめざした。

泉氏は、政権の不祥事追及の場になっていた「野党合同ヒアリング」の見直しを表明するなどした。だが「何がやりたいのかわからない」などと党内からも批判され、翌年の参院選で惨敗。それ以降は政権との対決を鮮明する「抵抗型野党」へとシフトした。

# 統一地方選で維新躍進

日本維新の会が2023年春の統一地方選で躍進した。悲願の「大阪都構想」が住民投票で２度否決され、強烈なカリスマ性で党をまとめてきた創設者の橋下徹、松井一郎両氏がともに政治の表舞台から去ったが、後継の馬場伸幸代表が地盤の大阪にとどまらない「全国政党化」を掲げ、改革姿勢が一定の評価を受けた。ただ、その後は党内の不祥事や推進する大阪・関西万博の膨らみ続ける経費に批判が相次ぎ、逆風にさらされている。

23年４月の統一地方選で、日本維新の会は奈良県知事選を制し、大阪以外で初めて公認首長が誕生した。地域政党・大阪維新の会が大阪府知事と大阪市長のダブル選を４回連続で勝利。関西以外の都市部でも大きく伸びた。首長と地方議員は774人（非改選を含む）で選挙前の464人から約1.7倍になり、目標としていた「600人以上」を軽く上回った。

維新の「全国政党化」への基本戦略は、地方議員の拡大に加え、大阪と同様に首長を押さえて地域の影響力を強めることにある。国会議員を安定的に輩出する基盤となるためだ。

維新は、大阪府議の松井氏らが立ち上げた会派を源流に、当時府知事の橋下氏を代表に12年衆院選で国政に進出。「大阪都構想」を旗印に、「地方分権」や「統治機構改革」の必要性を訴えた。大阪に党本部を置き、府知事と市長が党を率いるという、ほかの国政政党にはみられない構造と運営がこの訴えに説得力を持たせ、存在感を強めてきた。

維新は統一地方選を前に、勢いをつけてきた。21年衆院選での躍進に続き、22年参院選で改選議席数から倍増の12議席を獲得。特に比例区は、「野党第１党」の立憲民主党より100万票ほど多い約780万票を得た。「身を切る改革」による無駄の削減、それによる教育無償化の実現など「大阪での実績」を訴え、政権と厳しく対峙する従来の野党像を「批判ばかり」と一蹴。それが都市部の有権者を中心に支持されたとみられる。

馬場氏は、次の衆院選での野党第１党の獲得を目標に据え、巨大与党に対抗するための野党候補の一本化の調整には応じていない〔◯15ページ〕。独自で党勢拡大を続け、10年以内をめどに政権交代をめざすとしている。

強気の姿勢には危うさもはらむ。

統一地方選の躍進で自信を深めると、維新は国会に法案を立憲と共同提出するなどしていた「共闘」を５月に破棄した。７月には、自民と維

新の関係を「第1自民党と第2自民党でいい」と発言。政権批判層だけでは党勢拡大は望めないと、自民党支持層の取り込みを狙ったとみられるが、野党のあり方としていかがなものかと批判を浴びた。さらに「立憲民主党がいても日本はよくならない」「共産党は日本からなくなったらいい」などと発言がエスカレート。

国会議員候補者募集のポスターの脇に立つ日本維新の会の馬場伸幸代表＝2023年4月、国会内

政党政治の否定だと非難された。

セクハラや不適切な言動など、党内不祥事も止まらない。また、維新が誘致した大阪・関西万博〔●192ページ〕の会場建設費は最大2350億円となる見込みで、当初想定の1.9倍に膨らんでいる。さらに少なくとも800億円を超える国費負担も判明した。

こうした「逆風」が影響したのか、朝日新聞の世論調査で4月以降、立憲を上回っていた政党支持率も11月には再び5％で並び、下落傾向となっている。維新は政権を担うため、何を実現することをめざすのか。新たな政策の「旗」を掲げられるかが今後の焦点だ。

（政治部・岡本智）

## 関 連 用 語

### ◆地域政党

特定の地方議会などで活動する政治団体が名乗ることが多いが、法律などに明確な規定はなく、一般の政治団体と同じ扱いだ。都道府県の選挙管理委員会に届け出れば設立できる。地方選挙で3人以上の候補者を立てれば、告示後にビラ配りや街頭演説などの政治活動ができるようになる。大阪維新の会のほか、小池百合子・東京都知事が立ち上げた「都民ファーストの会」などが有名だ。自民党や立憲民主党などの「国政政党」は、政党交付金を受け取るなどするために「5人以上の国会議員」などの要件を満たす必要がある。

PLUS ONE
### 第2自民党

維新の馬場代表が23年7月のインターネット番組で、自民党と維新の関係を「第1自民党と第2自民党でいい」と発言。10年以内をめどに政権交代をめざすと公言する維新が「与党寄り」の姿勢を鮮明にしたことに、他の野党から疑問の声があがった。さらに馬場氏は8月に別のラジオ番組で、自民、公明両党と連立政権を組む可能性にも言及。足並みがそろわず野党全体の政党支持率が伸び悩む中、いずれの発言も自民を支持する層を切り崩す狙いがあったとみられている。

# Ｇ７広島サミット開催

　主要７カ国首脳会議（Ｇ７サミット）が2023年５月19〜21日、広島で開かれた。日本開催は16年の伊勢志摩サミット（三重県）以来７年ぶり。ロシアによるウクライナ侵攻が続く中、「法の支配」に基づく国際秩序の重要性を確認したほか、「核兵器のない世界」や覇権主義的な動きを強める中国との向き合い方を議論した。ウクライナのゼレンスキー大統領が参加したことも注目を集めた。

　被爆地・広島で開かれたサミットは、原爆ドームのある平和記念公園で、岸田文雄首相がＧ７首脳を出迎える公式行事でスタートした。核保有国の米英仏を含むＧ７首脳が広島平和記念資料館（原爆資料館）を訪れ、「被爆の実相」に触れた。視察の様子は非公開だったものの、現職の米大統領の訪問は16年５月のオバマ氏以来。Ｇ７首脳がそろって訪れるのは初めてのことだ。

　３日間にわたる討議では、ロシアによる侵攻が続くウクライナ情勢〔➡36ｼﾞｰ〕、岸田首相がライフワークとする「核兵器のない世界」に向けた核軍縮・不拡散、中国が海洋進出を強めるインド太平洋地域の安全保障、「グローバルサウス」〔➡45ｼﾞｰ〕と呼ばれる途上国・新興国との連携強化が主なテーマとなった。

　議論の成果をまとめた首脳コミュニケ（声明）は「法の支配に基づく自由で開かれた国際秩序」の重要性を強調。ロシアによるウクライナ侵攻を「可能な限り最も強い言葉で非難する」とし、必要とされる限りのウクライナ支援を改めて確認した。

　中国に対しては、気候変動など世界的な課題で協力する必要性を指摘しつつ、強引な海洋進出を続ける東シナ海・南シナ海の状況について「深刻に懸念している」と表明。「力または威圧による一方的な現状変更の試みにも強く反対する」と訴えた。北朝鮮については、相次ぐ弾道ミサイルの発射〔➡63ｼﾞｰ〕を強く非難し、拉致問題の即時解決も求めた。

　今回のサミットでは、Ｇ７以外の国との連携も打ち出した。特に重視したのは、Ｇ７が主導するロシア制裁と距離を置き、中立的な立場をとる国が多いグローバルサウスだ。ロシアを孤立させるためには、グローバルサウスも含めた国際世論の形成が不可欠とみるからだ。

　議長国の日本は、インド、インドネシア、オーストラリア、韓国、太平洋地域のクック諸島、アフリカ東

部のコモロ、ブラジル、ベトナムの8カ国を招待。招待国を交えた討議では、グローバルサウスの関心が高い食料価格の高騰や気候変動などの課題について議論し、G7として支援する姿勢をアピールした。

このほか、デジタル分野では、人間のように文章を生成できる対話型

会談を前に握手するゼレンスキー大統領（左）と岸田首相＝2023年5月、広島市

AI（人工知能、●158ページ）に関する国際ルールを作る「広島AIプロセス」の創設を提唱。生成AIはその利便性の半面、偽情報の拡散などのリスクから、民主主義や人権を脅かす懸念も指摘されている。「責任あるAI」の実現に向け、リスク評価や技術の国際基準の作成をめざすことになった。

首脳声明には、ジェンダーに関する項目も設けられた。「あらゆる人々が性自認、性表現、性的指向に関係なく、暴力や差別を受けることなく生き生きとした人生を享受できる社会を実現する」と明記された。

（経済部・長崎潤一郎）

## 関連用語

### ◆広島ビジョン

サミットでは、核軍縮に焦点を当てた文書「広島ビジョン」も採択された。ウクライナ侵攻を続けるロシアによる「核の威嚇」を非難し、中国の透明性を欠いた核戦力の増強や北朝鮮の核・ミサイル開発にも懸念を示した。岸田首相は「歴史的な意義を感じる」と胸を張った。

一方、G7の米英仏が核を保有していることもあり、広島ビジョンでは核兵器の役割を「侵略を抑止し、戦争及び威圧を防止」と明記した。「核抑止」の必要性にも触れ、核軍縮に向けた具体策が示されなかったことに対し、被爆者や国内外のNPOから失望や落胆の声も上がった。

### PLUS ONE ゼレンスキー大統領の来日

サミットにはウクライナのゼレンスキー大統領も参加した。当初はオンラインで参加する予定だったが、本人の強い希望で電撃訪問が実現。G7だけでなくインドやインドネシアなどグローバルサウスの首脳らに支援を直接訴えた。

原爆資料館も訪れたゼレンスキー氏は、原爆投下直後の写真の風景がバフムートなどロシアの攻撃を受ける街と似ていると繰り返し指摘し、「広島のように街が再建されることを夢見ている」「人類の歴史から戦争をなくさなければならない」と訴えた。

# 防衛力増強と南西諸島防衛

日本政府は2022年末に安全保障関連３文書を策定し、防衛力の抜本的強化に取り組む。特に重視する地域が、中国に近い九州や沖縄の南西諸島で、自衛隊駐屯地や部隊の新設などを進めている。米国もこの地域への関与を強め、相手の攻撃を思いとどまらせる「抑止力」や、攻撃への「対処力」を日米で増強させようとしている。ただ、新たな施設や装備が攻撃対象となる懸念もあり、地元の理解は欠かせず丁寧な説明が求められる。

日本政府は22年12月、今後の防衛政策の方針を定めた三つの文書「安全保障関連３文書」を策定した。その中で、「敵基地攻撃能力」（反撃能力）の保有を明記。23〜27年度の防衛費を、それまでの1.5倍以上となる約43兆円とするなど、戦後抑制的だった日本の防衛政策の歴史的転換を行った。

特に、九州や沖縄地域の「南西諸島防衛」強化の方針は鮮明だ。この地域は軍事的に台頭する中国に近い。安保３文書では中国を「我が国と国際社会の深刻な懸念事項で、これまでにない最大の戦略的挑戦」と指摘。台湾統一に向けて武力侵攻する「台湾有事」も懸念される。

日本政府としては、南西諸島の防衛力強化により、攻撃を思いとどまらせる「抑止力」を増す考えだ。また、万が一武力衝突になった場合、相手の攻撃に対応しやすくする狙いがある。

安保３文書には、那覇市を拠点とする陸上自衛隊の「第15旅団」を、「第15師団」に改編することが盛り込まれた。定員が最大４千人程度の旅団に対し、師団は最大８千人程度と大幅な拡充につながる。

23年３月には、沖縄県の石垣島に石垣駐屯地を開設。16年の与那国島、19年の宮古島に続く沖縄の離島への自衛隊配備となった。また、23年度

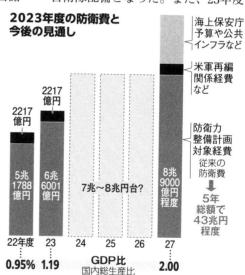

**2023年度の防衛費と今後の見通し**

海上保安庁予算や公共インフラなど

米軍再編関係経費など

防衛力整備計画対象経費
従来の防衛費
↓
5年総額で43兆円程度

2217億円

2217億円

2217億円

5兆1788億円

6兆6001億円

7兆〜8兆円台？

8兆9000億円程度

| 22年度 | 23 | 24 | 25 | 26 | 27 |
|---|---|---|---|---|---|
| **0.95%** | **1.19** | | | | **2.00** |

GDP比
国内総生産比

末には沖縄本島の陸自勝連分屯地に、地上から艦艇をミサイルで狙うための新たな部隊ができる。

一方、同盟国の米国も南西諸島重視の姿勢を示す。22年11月から、鹿児島県の海上自衛隊鹿屋航空基地に、無人偵察機「MQ9」を一時展開。運用期間が23年11月で終わったため、今後は沖縄県の米軍嘉手納基地で運用する。防衛省は「南西地域周辺の情報収集の需要が高まる中、より近くで運用することで特異な動向を見逃さない」と説明している。

また、横浜市の米軍施設「横浜ノース・ドック」には、23年4月に小型揚陸艇部隊を置いた。目的は南西諸島などに迅速に部隊や物資を運ぶ

ことだ。他にも、離島防衛のため、沖縄の海兵隊を「海兵沿岸連隊」に改編した。

一方、南西地域の防衛力強化は、他国との緊張を高め、相手からの攻撃目標になる懸念もある。この点について、木原稔防衛相は「南西地域の防衛体制の強化は、我が国の防衛にとって喫緊の課題だ」と強調。「抑止力や対処力を高めることで、我が国への武力攻撃そのものの可能性を低下させ、国民の安全につながる」と説明している。

ただ、新たな部隊や装備の配備には、地元の理解が不可欠だ。政府側は丁寧な説明が必要だ。

（政治部・田嶋慶彦）

## 関 連 用 語

### ◆敵基地攻撃能力

安保3文書には、相手の領域内にあるミサイル発射拠点などをたたく「敵基地攻撃能力」の保有が明記された。政府は「反撃能力」と呼ぶ。

これまで政府は、憲法9条との関係から「違憲ではないが他国に脅威を与えないよう政策上持たない」と説明してきた。ただ周辺国のミサイル戦力増強を理由に、敵基地攻撃能力の保有を決めた。

実際にどんな場面で行使するかなど、国会で具体的な説明はない。また、日本の軍備増強が他国の軍拡を引き起こす「安全保障のジレンマ」に陥る懸念もある。

**PLUS ONE**
### スタンド・オフ・ミサイル

敵基地攻撃を担うミサイルが、長射程の「スタンド・オフ・ミサイル」だ。政府は現在、「12式地対艦誘導弾能力向上型」「島嶼防衛用高速滑空弾」「極超音速誘導弾」といった国産のスタンド・オフ・ミサイルを開発中だ。早いものは26年度の配備をめざし、前倒しも検討している。

一方、湾岸戦争などでも使われた米国製巡航ミサイル「トマホーク」の取得も計画している。当初は26年度の取得予定だったが、23年10月の日米防衛相会談で、25年度へと前倒しされた。

# 税収過去最高と財政再建

　2022年度の国の一般会計の税収は約71兆円となり、過去最高になった。大企業の業績が好調で法人税が増えたほか、所得税や消費税も伸びた。税収が伸びる一方、コロナ禍以降、歳出規模が急拡大し、国の借金にあたる国債の新規発行額は増加。国と地方を合わせた長期債務残高は1200兆円に達するなど、財政悪化は続いている。税収増を受けた歳出拡大を求める声も根強く、財政再建への道筋は立っていない。

　税収が70兆円台に乗ったのはこれが初めてだ。リーマン・ショック後の09年度に法人税が急減し、税収は約39兆円まで落ち込んだが、大企業の業績回復を受けて18年度に60兆円を突破。21年度にコロナからの経済回復で67兆円に達していた。

　国の一般会計の歳入である税収が増えたことで、財政再建が進むかといえば、そうとはいえない。歳出が拡大の一途だからだ。国の一般会計の当初予算は19年度に初めて100兆円を超え、23年度は114兆円で過去最大になった。全体の約3分の1を占める医療や年金などの社会保障費が右肩上がりで増えていることや防衛費の増加が背景にある。国の借金である国債が当初予算に占める割合は31.1％（35.6兆円）。政策に必要な支出の3分の1を借金で賄っていることになる。

　コロナ禍による緊急対応で財政のたがが外れたことも大きい。コロナ禍で大規模な経済対策が補正予算を中心に打ち出されたことで、当初と補正を合わせた歳出規模は桁違いに拡大。20年度の一般会計歳出（予算ベース）は175兆円に達した。

　補正予算は、歳出拡大が指摘されてきた10年代でも数兆円程度だったのが、コロナ禍以降、数十兆円規模が続いている。各省庁の要求に上限

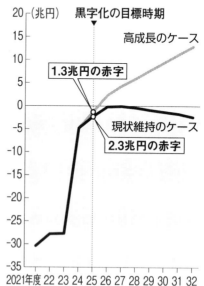

**国・地方の基礎的財政収支（PB）の見通し**

（兆円）　黒字化の目標時期
高成長のケース
1.3兆円の赤字
現状維持のケース
2.3兆円の赤字
2021年度 22 23 24 25 26 27 28 29 30 31 32

がかかる当初予算ではなく、縛りの薄い補正予算に公共事業や脱炭素〔◯144ﾟ〕など大規模支出が盛り込まれている。

それに伴い、国債の発行額も増加。国と地方を合わせた長期債務残高は1200兆円を超えた。

さらに、金利が上昇局面に入っていることも財政悪化への懸念を高める。安倍政権が13年に始めた大規模な金融緩和政策により、日本銀行が大量の国債を買うことで、金利が低い水準に抑えられてきた。国債を返済する政府側からみると、返済につける利払い費が低く抑えられることになる。しかし、金利は上昇傾向にあり、利払い費の増加が財政負担を高める可能性がある〔◯70ﾟ〕。

財務省は、コロナ禍で大規模支出が続いてきた財政の「正常化」をめざしたい考えだ。一方、自民党内では積極財政を求めた安倍晋三元首相の薫陶を受けた議員が多く、財政規律の維持が難しくなった面もある。

政府は、財政健全化の指標となる国と地方の基礎的財政収支（プライマリーバランス）について、25年度までの黒字化をめざす。24年度は収支を含めた財政健全化の方針を政府で検討する年にあたり、財政再建への議論が注目されそうだ。

（経済部・神山純一）

## 関 連 用 語

### ◆基礎的財政収支

これまでの国債の返済費と金利負担である利払い費以外の政策支出を、税収と税外収入でどれだけ賄えるかを示す財政健全化の指標。プライマリーバランス（PB）とも呼ばれ、赤字は借金に頼っていることを示す。日本のPBの赤字額の国内総生産比は22年末に6.2%と、統計のある経済協力開発機構（OECD）加盟国の中で最悪だった。政府は25年度にPBの黒字化をめざしているが、実現の可能性は低いとみられる。内閣府の試算では、高い経済成長が実現した場合でも1.3兆円の赤字となる見込み。黒字化は26年度になるとの見立てとなっている。

### ◆骨太の方針

「経済財政運営と改革の基本方針」の通称で、政府の経済財政運営の大枠を決める文書のこと。例年6月にまとめられ、閣議決定される。方針を決める議長を首相が務め、経済界や民間有識者らがメンバーに入る「経済財政諮問会議」は01年に発足。以前は財務省（旧大蔵省）が方向性を決めていた予算編成の方針を示すことから、政府内での影響力が拡大。方針が示されたあと、各省庁が財務省に出す予算要求の上限、概算要求基準を政府が決める流れが定着した。方針が予算の方向性を縛ることから、各省庁は予算をつけてほしい政策を書き込んでもらおうと必死だ。

# マイナンバー制度の拡充と混乱

マイナンバー法や関連法の改正法が2023年6月に成立した。24年秋に健康保険証を原則廃止し、マイナンバーカードに一体化させるといった内容を盛り込んだものだ。保険証の廃止でカード取得を事実上の義務とし、カードを普及させ、政府のデジタル化を推し進める狙いがあった。ところが改正案の国会審議中に、マイナンバーをめぐるトラブルが相次いで発覚。改正法成立後も混乱は続き、国民の不信感を招く結果となった。

マイナンバーは住民票を持つ国内の全住民に割り振られた12桁の番号のことだ。出生届を出し、住民票登録がされると自動的に割り振られ、その番号は生涯変わらない。

マイナンバー制度は16年に始まった。国や自治体が別々に管理する社会保障や税などの個人情報はマイナンバーにひもづけられている。これにより、国や地方自治体間の情報連携がスムーズになり、行政事務を効率化できる。公平な課税や迅速な給付を実現したり、国民の行政手続きを簡素化したりする目的もある。

マイナンバーが、その人の情報がひもづいた「学籍番号」なら、マイナンバーカードは「学生証」にあたる。カードはナンバーが本人のものであることを証明する確認証で、カードを使えば、多くの行政手続きをオンラインでできる。

今回成立した改正法の主な目的は、カードの早期普及とマイナンバーの利用範囲拡大だ。

きっかけは新型コロナウイルスだった。未曽有（みぞう）の緊急事態に、各国が国民への現金給付を進める中、日本は行政のデジタル化の遅れから実施に手間取った。岸田文雄首相はこれを「デジタル敗戦」と呼び、その後、デジタル政策を推し進めた。特にマイナカードは「デジタル社会のパスポート」として、その普及は政権のデジタル政策の柱とされた。

| 項目 | 件数 |
|---|---|
| 健康保険証 | 8695件 |
| 障害者手帳（一部、総点検作業が未了） | 5645 |
| 公金受取口座 | 1186 |
| 障害者自立支援に関する給付 | 152 |
| 共済年金 | 119 |
| 難病患者に対する特定医療費の支給 | 66 |
| 生活保護 | 22 |
| 小児慢性特定疾病医療費助成の支給 | 7 |
| 障害福祉サービス受給者証 | 6 |
| 所得・個人住民税 | 4 |
| 労働者災害補償給付 | 4 |
| 障害支援区分認定 | 1 |

**マイナンバーと個人情報のひもづけ誤りの件数**
判明した総数
**1万5907件**
（総点検で見つかったもの以外も含む）

ところが性急なカード普及により、次第にマイナンバー制度そのもののほころびが明らかになる。改正案の国会審議が山場を迎える頃になると、マイナンバーをめぐるトラブルが相次いで発覚したのだ。住民票などのコンビニ交付サービスで、誤って他人の証明書が発行される事案のほか、「保険証」や「公金受取口座」などの情報で、誤って別人のマイナンバーがひもづけられている事例も多数見つかった。情報が他人に閲覧される事案も発生した。

さらに、マイナカード普及の旗振り役であるデジタル庁は、公金受取口座のひもづけの誤りを把握しながら、適切な情報共有や対策をしてこ

なかったことも発覚。デジタル化を推し進めるつもりが、かえって国民の不安を招く結果となった。

こうした事態を受け、政府は23年6月にマイナンバー情報総点検本部を設置。岸田首相は24年秋の健康保険証廃止について、点検結果を受けて最終決定する方針を示した。すでに決まった政策に、条件をつけざるを得なくなった形だ。23年12月には、総点検や再発防止策にめどがたったとして、改めて24年秋に保険証を廃止する方針を表明した。ただ、不信を招いたマイナ保険証の利用率は低迷が続くなど、積極的な利用への機運はまだ高まっていない。

（経済部・鈴木友里子）

政治

## 関 連 用 語

### ◆公金受取口座

児童手当など公的な給付金の受け取りのため、マイナンバーにひもづける個人の預貯金口座のこと。登録しておけば、給付金申請のたびに口座を知らせる必要がなくなりスムーズな給付につながるとして、政府が22年に開始した制度だ。行政サイト「マイナポータル」から登録する。この過程で、別人のマイナンバーに口座を登録したり、本人ではない家族の口座を登録したりするトラブルが相次いだ。登録は任意だったが、今回の改正法により拒否しなければ年金受給者の口座を自動でひもづける制度が新設された。

### ◆マイナポイント事業

マイナカード普及を目的とした政府の事業。マイナカードを取得した人に最大5千円分のマイナポイントを配る「第1弾」を20年に開始。22年からの「第2弾」では、公金受取口座の登録などで付与ポイントを最大2万円分に拡大。総額2兆円超の予算をつぎ込んだ。

ところが23年5月、ポイントを誤って別人に付与する事例が発覚。件数は141自治体で191件にのぼった。自治体の窓口端末で操作を誤ったことが原因だった。事業によりカード普及は進んだが、制度に対する国民の不信感を招く一因ともなった。

# 政府のデジタル化推進

政府は2023年10月、行政のデジタル化や規制緩和を議論する「デジタル行財政改革会議」を新設した。政府内に乱立するデジタル化や行政改革の政府会議を再編したもので、デジタル化の司令塔としてデジタルを使った行革や規制改革を進めたり、バラバラだった地方自治体の情報システムを統一したりする計画を進めている。だが、自治体の負担が大きく、政府が思い描くデジタル社会実現の道のりは険しい。

首相肝いりの同会議は、人口減や少子高齢化社会に対応するため、デジタル技術で国と地方の行政サービスの効率化や財政の健全化につなげる方法を議論する。自ら議長に就いた首相は23年10月に首相官邸で開いた初会合で、「人口減少が進行している日本だからこそ、デジタルの力を借りて国と地方の行財政の仕組みを変えていく」と強調した。

優先して取り組む項目に①教育②交通③介護④子育て・児童福祉⑤防災⑥インバウンド（訪日外国人客）・観光⑦スタートアップ（起業）の7分野を挙げ、デジタル化の現状や課題を洗い出し、対策を議論する。

例えば教育分野では、タブレット端末などデジタル教材を浸透させ、教員の負担軽減や自治体間の教育格差是正をめざす〔◔180〕。交通分野では、自家用車を使って一般のドライバーが有料で客を運ぶ「ライドシェア」導入のほか、自動運転やドローンの事業化に向けた規制緩和を議論する。24年6月に最終報告を取りまとめる予定だ。

会議には、すでに複数存在しているデジタル化や行政改革の政府会議を束ねる司令塔役も担わせる。行政組織・運営の見直しや規制緩和の議論にデジタル化を絡めることで、行政の人手不足への対応や財政健全化の加速にもつなげたい考えだ。

また、政府は国と地方のデジタル基盤の統一もめざす。全国の市区町村が住民の情報を管理するシステムについて、政府が標準規格をつくり、これに基づいたシステムに移行させる計画だ。住民基本台帳や選挙人名簿の管理、年金や介護など社会保険、住民税など税務について、これまで各自治体はバラバラのシステムを使っていたが、原則として25年度までに共通システム「ガバメントクラウド」（政府クラウド）への移行をめざしている。これにより改修など維持管理コストや職員の負担を減らせるほか、国と自治体の情報連携が進

み、セキュリティーも高まると政府は主張する。

政府クラウドの導入は、デジタル庁が事業者を公募し、選定する。ただ、セキュリティーやアプリケーションの機能など広範な要件を単独で満たすことは簡単ではなく、これまで日本企業からの応募はなかった。22年度はアマゾン、グーグル、マイクロソフト、オラクルの米IT4社

オンラインで記者会見に臨む河野太郎デジタル相＝2022年9月

のみが選ばれていた。だが、国民に関する情報を海外企業に委ねることに対して懸念の声も上がり、政府は23年度の募集では、日本企業でも参画がしやすいように選定方式を変更。結果、25年度末までに技術要件をすべて満たすことを条件に、日本企業として初めて「さくらインターネット」が選ばれた。

だが、海外企業は安全性や価格面で日本企業よりも優位にあるとされ、実際に自治体が「国産クラウド」を採用するかどうかは不透明だ。また一部の自治体は、政府クラウドへの移行でシステム運営費が大幅に膨らむと試算している。政権の掲げるデジタル化の道は険しい。

（政治部・小手川太朗）

## 関 連 用 語

### ◆デジタル臨時行政調査会

デジタル技術を使った規制改革を議論する政府会議。人が目視で確認したり、紙で掲示したりすることが法律や政省令などで義務づけられているものを「アナログ規制」と呼び、約1万条項の規制を見直す工程表をまとめ、法改正や運用の変更などを順次進める。例えば、ダムや河川の維持管理は目視での点検が義務づけられているが、ドローンや水中ロボットに置き換えたり、人工知能（AI）で解析したりしてもいいようにする。同会はデジタル行財政改革会議の発足とともに廃止された。

### ◆医療DX推進本部

医療分野のデジタル化推進をめざす政府会議で、本部長を岸田文雄首相が務める。22年10月に初会合が開催された。電子カルテ情報の標準化や、カルテ情報を医療機関の間で共有するプラットフォーム創設などのテーマに省庁横断で取り組む。

カギを握るのが「マイナ保険証」〔➡24ページ〕の普及だが、24年秋に現行保険証の廃止が迫る中、利用率は5％未満（23年10月時点）にとどまる。利用率向上には医療機関の協力が欠かせないため、現場の不安払拭や支援策が求められる。

# スタートアップ支援強化

革新的なアイデアや技術でビジネスを起こす「スタートアップ企業」は、人々の生活を劇的に変える力を持つ。国の経済成長や社会課題の解決のためにも重要で、日本政府もスタートアップ支援強化を掲げ、起業家の育成や投資マネーがめぐる仕組み作りに乗り出している。米国や中国、欧州やアジア諸国も熱心で、日本から世界で必要とされるキラリと光る会社が生まれるかに注目だ。

政府は2023年6月の「骨太の方針」〔➡23ページ〕の中で、スタートアップの推進と新たな産業構造への転換を重点分野の一つに据えた。前年に岸田文雄首相が宣言した「スタートアップ創出元年」の方針を、引き続き推進する姿勢を強調した。

政府のスタートアップ支援は、22年11月に策定された「スタートアップ育成5か年計画」に沿って進められている。計画は「人材の育成」「必要なお金がめぐる環境づくり」、大企業との連携など「オープンイノベーション」を三つの柱とし、5年後の27年にスタートアップへの投資額を10倍超の10兆円規模に増やすことを目標に掲げる。将来的には、特に成功した企業100社を含むスタートアップ10万社を創出し、アジア最大の集積地をめざす野心的なものだ。

◎

スタートアップに法的な定義はなく、世界的に共通する見解もない。経済産業省は、ベンチャーの中でも新しい価値創造やイノベーションに重きを置き、短期的な成長を志す傾向が強い企業だとしている。

IT企業を想像しがちだが、活躍の場は医療やエネルギー、食品など幅広い。時代を先取りする技術や製品をつくり出すことで、世の中に必要とされ、社会の課題解決にも役立つ。良い例が、新型コロナウイルスのワクチン開発に貢献したドイツのビオンテック社だ。

スタートアップの成功は、雇用も

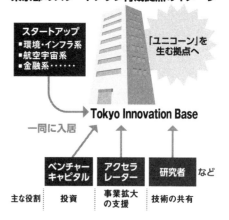

**東京都のスタートアップ育成拠点のイメージ**

スタートアップ
- 環境・インフラ系
- 航空宇宙系
- 金融系・・・・・・

「ユニコーン」を生む拠点へ

Tokyo Innovation Base

一同に入居

| | ベンチャーキャピタル | アクセラレーター | 研究者 | など |
|---|---|---|---|---|
| 主な役割 | 投資 | 事業拡大の支援 | 技術の共有 | |

生み出す。成長とともに人材が必要になるからで、その活力は経済の新陳代謝に欠かせない。

経団連は22年にまとめた「スタートアップ躍進ビジョン」の中で、「現在の世界の価値トップ10のうち8社がベンチャーキャピタルによる支援を受けた企業」だとし、「起業家のエネルギーをうまく活用し、成功するスタートアップを多く生み出してきた国々が世界経済を牽引している」と指摘した。

日本政府もこれまで、歴代の政権が看板を変えながらベンチャー支援に取り組んできた。徐々に投資額は増えていたものの、成功した企業数などでは世界に差をつけられている。

検索大手のグーグルや通販大手のアマゾン、ライドシェアの「Uber（ウーバー）」や民泊仲介大手「Airbnb（エアビーアンドビー）」など、世界の人の生活や商習慣に大きな影響を与えるスタートアップの多くは米国が生み出し、強い経済を下支えしている。

起業を増やすには、制度面だけでなく、失敗を恐れない人の気質や、再挑戦が利く社会システムなど、社会文化の変革も求められる。グローバルな自動車や電機メーカーを生んだ日本には、もともとスタートアップ精神があった。社会が再びその気風を取り戻せるかもカギを握る。

（経済部・和気真也）

## 関 連 用 語

### ◆ユニコーン

スタートアップの中でも成功し、急成長した会社は「ユニコーン」と言われる。スタートアップに詳しい米情報会社CBインサイツは、会社の価値を示す時価総額が10億ドルを超える未上場企業をユニコーンと定義している。100億ドルを超えると「デカコーン」。1千億ドルを超えると「ヘクトコーン」と呼ばれ、動画アプリ「TikTok（ティックトック）」を運営する中国のバイトダンスなどが該当する。

日本政府は「スタートアップ育成5か年計画」で、将来的に100社のユニコーン創出を掲げている。

**PLUS ONE**
### 東京は8年連続で3位

森ビルのシンクタンク「森記念財団都市戦略研究所」が発表した23年版の「世界の都市総合力ランキング」で、東京は8年連続で3位だった。1位はロンドン、2位はニューヨーク。東京はスタートアップ企業数が課題の一つとされた。

調査は世界の主要48都市を対象に、経済や文化、居住性など6分野70指標で評価される。東京は「スタートアップ数」が9位にとどまり、同研究所は「スタートアップの支援や人材の育成・誘致が重要だ」と分析した。大阪は37位、福岡は42位だった。

# 半導体製造装置の輸出規制強化

日本政府は2023年7月、高性能な半導体をつくるための製造装置について、中国などへの輸出規制を強化した。軍事転用される恐れがある先端半導体を、中国国内で生産できないようにすることが狙いだ。これに先立つ22年10月、米国が先端半導体の中国への輸出規制や技術供与の制限を実施しており、日本もこれに呼応した格好だ。一方、中国は反発を強めている。

半導体はスマートフォンやパソコンなどの電子機器に入り、製品の制御やデータの保存などの働きをする。現代社会には欠かせず、「産業のコメ」と呼ばれるほど重要な部品だが、いまや経済安全保障上の戦略物資に位置づけられている。半導体をめぐる世界各国による覇権争いは、一段と激しさを増している。

米国が警戒視するのは中国だ。中国は「軍民融合」を掲げ、国を挙げて最先端半導体の技術確保に動いている。最先端の半導体はスーパーコンピューターや人工知能（AI）にも使われる。米国は戦闘機や兵器に軍事転用される恐れがあると判断し、22年10月、中国への輸出規制を強化した。バイデン政権のキーパーソンであるサリバン大統領補佐官はこのとき、「小さな庭、高い柵」と語った。重要物資や技術のサプライチェーン（供給網）をつくり、中国を追い出すことを意味していた。

この規制は、先端半導体そのものや技術、製造装置だけでなく、第三国の製品であっても米国の技術が使われている場合の再輸出も制限するという、厳しいものだった。

ただ、半導体を製造するための装置の分野では、日本やオランダに有力メーカーが多い。この2カ国の製品は規制の対象にならず、「抜け穴」となりうる。そこで、バイデン大統領は23年1月、岸田文雄首相に直々に協力を要請した。

日本は3月、先端の半導体製造装置の輸出規制を強化すると発表。7

## 半導体関連の輸出規制をめぐる主な動き

| | |
|---|---|
| 2022年10月 | 米国が対中輸出の規制を大幅に強化。先端半導体の製造装置などの輸出を事実上禁止に |
| 12月 | 「正常な国際貿易を阻害している」として中国が世界貿易機関（WTO）に提訴 |
| 23年 1月 | 日米首脳会談でバイデン大統領が対中輸出規制への協力を岸田文雄首相に直接、呼びかけ |
| 3月 | 日本が輸出規制を強化する製造装置23品目を発表 |
| 4月 | 日中外相会談で秦剛国務委員兼外相が「日本は悪人の手先になるべきではない」と警告 |
| 7月 | 中国が半導体の材料に使われるガリウムなどのレアメタルを8月から輸出規制の対象にすると発表。元高官が「中国の反撃の始まり」と発言 |
| | 日本が輸出規制強化を開始（23日） |
| 9月 | オランダが製造装置の輸出規制を開始 |

月に施行した。西村康稔経済産業相（当時）は表向き、「特定の国を念頭に置いたものではない」としたが、米国に歩調をあわせたことは明白だ。

日本の輸出規制は、電子回路を描く「露光装置」など、半導体の各製造工程で使われる23品目が対象。輸出する場合、米国や韓国、台湾など42の国・地域は包括許可による簡素な手続きで済むが、中国へは経産相の個別許可を必要とした。

日本の半導体製造装置の産業にとって、中国は最大の輸出先だ。財務省の貿易統計によると、半導体製造装置の22年の輸出額は計4兆652億円。うち3割強が中国向けで、日本企業にとっても影響は大きい。こうした動きを見越して、中国との取引を控えるなど、事業戦略を慎重に判断する企業も出てきている。

日本と同じく協力を要請されていたオランダも23年9月、新たな輸出規制を導入。こうして、日米オランダの「対中包囲網」がつくられた。

一方、中国は警戒感を強める。習近平指導部は、半導体の国産化に向けて大号令をかけ、半導体業界に高い水準の融資を続けている。米国や日本への対抗措置として、同8月、半導体の材料となるガリウムとゲルマニウムの輸出規制を強めた。

（経済部・田中奏子）

---

## 関 連 用 語

### ◆経済安全保障

技術の軍事転用を防ぐための輸出管理や、生活に必要なエネルギーや資源の確保など、経済的な手段によって国や国民の安全を守ること。主に外交戦略に用いられる。

米中対立の激化やコロナ禍での物流網の混乱で、改めて認識が高まった。コロナ禍では半導体が世界的に不足し、自動車や家電の製造がストップする事態も起きた。

22年5月、「経済安全保障推進法」が成立。半導体や抗菌薬、レアアース、クラウド技術など11分野が「特定重要物資」に指定された。多額の補助金を出し、サプライチェーンの強化に向けて動き出した。

### PLUS ONE
### 台湾積体電路製造（TSMC）

他社が設計した半導体を製造する分野で世界シェア6割ほどと、圧倒的な地位にある。最先端の技術を持ち、現状で最も微細な3ナノ世代の半導体をつくることもできる。

一方で、台湾は中国の脅威にさらされ、常に地政学的なリスクがつきまとう。TSMCは半導体の産業としてだけでなく、いまや国際政治の舞台でも重要な存在となった。米国や日本はTSMCの工場を自国内に誘致しようと多額の補助金を支給。日本では熊本県で工場を建設中で、24年末に量産を始める計画だ。2カ所目の工場建設の動きもある。

# 日韓首脳シャトル外交再開

日韓の首脳が相手国を互いに訪問する「シャトル外交」が2023年、約12年ぶりに再開した。両国はこれまで、戦時中の徴用工の訴訟をめぐって対立。だが、対日関係を重視する尹錫悦政権が22年5月に誕生し、23年3月に徴用工問題の「解決策」を発表して以降、急速に協調が進んだ。尹氏は解決策の発表10日後に訪日し、5月には岸田文雄首相も訪韓。安全保障や経済など多分野で連携が深まった。

1軒目はすき焼き、2軒目はオムライス——。韓国の尹大統領が訪日し、日韓首脳のシャトル外交再開で一致した3月16日の晩、岸田首相は尹氏を異例の「2次会」でもてなした。一時は「戦後最悪」とまで言われた日韓関係が、一変したことを象徴する夜だった。

これまで日韓の間で最大の懸案とされてきたのが、戦時中に動員された徴用工の訴訟問題だ。文在寅政権だった18年、韓国大法院（最高裁）は日本企業2社に元徴用工への賠償を命じる判決を下した。1965年の日韓請求権協定で問題は「解決済み」との立場をとってきた日本側は反発。賠償の履行に応じてこなかった。

日本企業の資産を売却して元徴用工らの賠償にあてる「現金化」が実行されれば、日韓関係がさらに悪化するとの危機感が高まる中、先に動いたのは韓国政府だった。2023年3月6日、韓国政府傘下の財団が寄付金で賠償分を肩代わりする「解決策」

を発表。これを受け、日本政府は、植民地支配への「痛切な反省と心からのおわび」が盛り込まれている1998年の「日韓共同宣言」を例示し、「歴史認識に関する歴代内閣の立場を全体として引き継いでいることを確認する」（林芳正外相＝当時）と表明した。

解決策発表からわずか10日後の16日、尹氏は東京を訪れ、岸田首相と首脳会談した。中断していた日韓安全保障対話や日韓次官戦略対話の早期再開で一致し、新たに日韓間で経済安全保障に関する協議を立ち上げることを決定。日本から韓国に対する半導体素材の輸出規制強化措置が解除されたり、経団連と韓国の経済団体が共同で人材交流事業に取り組むことを発表したりするなど、融和の動きは経済分野にも広がった。

日韓が防衛情報を交換する際の取り決め「軍事情報包括保護協定」（GSOMIA）についても、韓国側が一時は破棄を通告するなど不安定な

状態だったが、尹氏は共同記者会見で「完全に正常化することで合意した」と表明。日韓の防衛協力が進むことになった。

5月には、岸田首相がソウルを訪問。首相は尹氏との共同記者会見で「自身の思い」として「当時の厳しい環境のもとで、多数の方々が大変苦しい、悲しい思いをされたことに

会談の冒頭、握手する岸田文雄首相（左）と韓国の尹錫悦大統領＝2023年5月、ソウル

心が痛む」と語った。尹氏も「過去の歴史問題が完全に整理されなければ、未来の協力に向けて一歩も踏み出せないとの認識からは脱するべきだ」と強調した。

日韓の急激な接近には、国際情勢の変化が大きく影響した。ミサイル発射を繰り返す北朝鮮〔●63ジ゙〕や軍事活動を活発化させる中国に対応するには、日韓、日米韓で連携する必要があるからだ。これまで足かせとなっていた日韓関係が改善したことで、日米韓の首脳は8月、首脳会談や共同軍事演習を定例化することで合意。3カ国関係もより深まることとなった。

（政治部・高橋杏璃）

## 関　連　用　語

### ◆元徴用工訴訟問題

「徴用工」は、戦時中に日本の統治下にあった朝鮮半島から日本の工場や炭鉱などに動員された人たちを指す。日本と韓国は65年の日韓請求権協定で、両国の政府間とそれぞれの国民の間での賠償の「請求権」の問題が、「完全かつ最終的に解決されたことを確認する」とした。

ただ、韓国大法院が2018年、雇用者だった三菱重工業と日本製鉄（旧新日鉄住金）に、元徴用工らへの賠償を命令。日本側は賠償問題は解決済みとの立場で、被告の2社も賠償に応じなかったため、両国間の懸案となっていた。

### PLUS ONE
### 韓国向け輸出管理

徴用工問題をめぐる韓国への事実上の「対抗措置」として、日本政府は安倍晋三政権下だった19年、半導体材料3品目の対韓輸出規制を強化したが、23年3月の徴用工問題の政治決着後に解除した。スマートフォンのディスプレーに使うフッ化ポリイミドなど3品目に関して、企業ごとに一定期間を定めて包括的に許可する方式から、個々に審査する方針に切り替えていたが、元に戻した。また、19年に輸出手続きを簡略化する「ホワイト国」から韓国を外していたが、23年7月に再指定した。

# 国際情勢を読むポイント

## ■ ウクライナ侵攻、膠着する戦況 苦戦のロシア、中国、北朝鮮に接近 「グローバルサウス」が存在感

2023年、世界はウクライナとパレスチナ自治区ガザ地区での二つの戦争を抱えることになった。国際社会はこれらの危機に一致した行動を取れず、次の世界秩序を見据える大国や新興国の思惑のぶつかり合いは激しさを増している。

ロシアのウクライナ侵攻は、2年目を迎えた。ウクライナ軍は6月に反転攻勢に出たものの、戦況は膠着している。この間、ロシアの侵略を国際法違反とする米国や欧州諸国はウクライナへの支援を継続。提供武器は榴弾砲や携行型ミサイルから、戦車や長距離ミサイルに広がり、米国製戦闘機F16も予定される。

苦戦するロシアは中国との関係を強化する。西側諸国からの制裁を受けるロシアにとって、中国との貿易拡大は経済面で大きな支えだ。弾薬や兵器の不足を補うため、同じく米国と敵対するイランや北朝鮮との関係も深めている。

対立を深める両陣営の間で存在感を高めているのが、インドやインドネシア、ブラジルをはじめとした「グローバルサウス」と呼ばれる新興国や途上国だ。欧米と経済関係を維持しつつ、対ロ制裁には加わらず、自国の国益に沿って行動する。これらの国々の動きも戦争の行方を左右する要素となり得る。

## ■ ハマス、越境攻撃の衝撃 イスラエルは大規模軍事作戦 中東の融和ムードに変化も

中東ではパレスチナ自治区ガザ地区を実効支配するイスラム組織ハマスが10月7日、イスラエルへの越境攻撃で約1200人を殺害。多数の人質を取って世界を驚かせた。これに対し、イスラエルはハマス殲滅に向けてガザ地区を「完全封鎖」して、空爆と地上作戦を展開し、死者数は1カ月で1万人を超えた。

この紛争をめぐっても、米欧がイスラエルを擁護し、ロシアや中国、イランなどがパレスチナ支持という構図になっている。ただ、大規模な人道危機を生んだイスラエルの軍事

パレスチナ自治区ガザ地区との境界沿いに配備されたイスラエルの軍用車両＝2023年10月

作戦については国際人道法違反との指摘もある。それでもイスラエルを支える米欧の対応を「二重基準」とする声もあがった。

近年、中東では敵対関係にあったイスラエルとアラブ諸国の一部が国交を正常化。アラブの盟主を自任するサウジアラビアとイスラエルの関係改善も米国の仲介で進んでいたが、ガザの戦争は中東和平問題の根深さをアラブの民衆に改めて想起させた。これまでの融和的な動きは停滞することが予想される。

APECの席で言葉を交わすバイデン米大統領（左）と中国の習近平国家主席＝2023年11月、米サンフランシスコ

## ■ 世界情勢のカギ握る米大統領選 続く米中対立、焦点の台湾海峡 日韓関係は回復基調に

24年11月の米大統領選は、二つの戦争を含む世界情勢に大きく影響する。民主党の候補は現職のバイデン大統領となる可能性が高く、共和党はトランプ前大統領が世論調査でトップに立っている。

ウクライナの継戦能力は最大の支援国である米国の動向にかかっているが、米国内では「もう十分に支援した」との世論が強まる。特に共和党支持者には支援に消極的な意見が多い。バイデン政権は「ロシアの力による現状変更は受け入れられない」という立場だが、共和党候補が勝てば、現状維持の形で停戦に持ち込む動きが出てくるかもしれない。中東和平をめぐっても、トランプ政権は20年にイスラエルに有利な内容の和平案を公表するなど、「公平な仲介者」としての役割を放棄した経緯がある。

一方、次の国際秩序をめぐるライバルとして中国を位置づける点は両党で一致する。台湾海峡情勢は対立の焦点だ。22年8月のペロシ米下院議長（当時）の訪台をきっかけに中国は軍同士の対話を中断。その後、米本土に飛来した中国の気球を米軍が撃墜するなど偶発的な衝突リスクが高まった。23年11月の会談で米中首脳は軍事対話の再開に合意したが、緊張と競争は日本を含むインド太平洋地域の国々を巻き込んで続くだろう。

22年、韓国で保守系の尹錫悦（ユンソンニョル）政権が誕生したことで、近年低調だった日韓関係は回復基調にある。様々なミサイルを発射する北朝鮮は地域の懸念であり続けているが、これに対応する日米韓の連携深化はさらに進みそうだ。

（国際報道部・其山史晃）

# 長期化で揺れるロシアのウクライナ侵攻

　2022年2月24日、ロシアが旧ソ連構成国の隣国、ウクライナに侵攻した。ウクライナ東部のロシア系住民の保護などを理由に掲げたが、親欧米路線を取るウクライナ政権を倒し、親ロ政権を立てることが目的だったとみられる。ウクライナは欧米の支援を受けて反撃。東部や南部でロシアに占領された地域を奪還するなど反転攻勢を強めている。一方、長期化する戦闘で、「支援疲れ」も懸念されている。

　14年、ウクライナで親ロ政権が倒れ、親欧米派主導の変革が進む中、武装した親ロ派勢力がクリミア半島の独立を宣言し、ロシアがこれを併合。ウクライナ東部でも親ロ派の「ドネック人民共和国」と「ルガンスク人民共和国」が一方的に独立を宣言し、ウクライナ軍との間で武力衝突が始まった。

　19年にウクライナ大統領に就任したゼレンスキー氏は、北大西洋条約機構（NATO、●38ペー）や欧州連合（EU）への加盟を推進。NATOの東方拡大を安全保障上の脅威と主張するロシアのプーチン大統領は22年、全面侵攻に踏み切った。

　ロシア軍は短期間での決着をめざし、首都キーウに迫ったが、欧米の軍事支援を得たウクライナが反撃して撤退。ロシア軍に占領された北東部ハルキウ州の大半や南部ヘルソン州の一部を奪還した。戦闘はなお、ウクライナ東部、南部で半ば膠着（こうちゃく）し

ロシア軍の進軍エリア（米シンクタンク「戦争研究所」とアメリカン・エンタープライズ研究所から）

ベラルーシ
ロシア
キーウ（キエフ）
イジューム
ドニプロ川
バフムート
リビウ
ハルキウ
ウクライナ
ザポリージャ州
ルハンスク州
ドンバス地方
モルドバ
ヘルソン州
ドネック州
ヘルソン
マリウポリ
100km
黒海
クリミア半島
（23年1月26日時点）

た状況で続いている。

　欧米は強力にウクライナを支援。ロシアに核使用の動きがないとみて、23年には主力戦車や長射程ミサイルの供与を開始し、米国はF16戦闘機の供与も承認した。高い破壊能力を持つ劣化ウラン弾や、国際的に使用禁止の動きがあるクラスター弾の供与も決定。世界の支援総額は2500億ドルを超えている。

　ロシアは国際社会から強い批判を受けながらも一部占領したウクライナの4州を一方的に併合。住民にロシアの旅券を配布し、選挙を行って「ロシア化」を進める。ロシアの攻撃で多くの民間人が犠牲となっており、

国際刑事裁判所（ICC）はロシアの戦争犯罪を捜査している。ロシアは欧米や日本による厳しい経済制裁を受けるが、イランや北朝鮮との協力を深め、国内での兵器生産体制を強化するなど、長期戦に備えている。

ロシアは23年7月、ウクライナ産穀物を黒海経由で輸出する国際協定から離脱した。代替措置として中東欧経由の穀物輸出が始まると、この地域にウクライナの安価な穀物が流入。穀物の価格が暴落して農家を圧迫し、ポーランドなどでウクライナ支援見直しの議論が持ち上がった。スロバキアにはロシア融和派の政権

が誕生して軍事支援停止を表明。ハンガリーはウクライナのEU加盟交渉開始に反対し、欧州の結束にほころびが見られる。

ゼレンスキー氏はロシアとの停戦交渉を否定し、国際社会の支援を継続して呼びかける。2月の国連総会では、ロシア軍の即時撤退を求める決議に141カ国が賛成。一方で、侵攻の影響によるエネルギー価格の高騰や穀物不足に悩むグローバルサウス〔◆45ジ〕からは即時停戦を求める声が出ている。侵攻の長期化とともに「支援疲れ」が見え隠れする。

（国際報道部・星井麻紀）

## 関 連 用 語

### ◆プーチン氏に逮捕状

国際刑事裁判所（ICC）は23年3月、ウクライナ侵攻における戦争犯罪の容疑でプーチン氏に逮捕状を出した。ロシアがウクライナの占領地から子どもを含む住民を連れ去ったことに対する責任があるとしている。

ロシアはこの決定に強く反発。プーチン氏に違法な逮捕状を出したなどとして、ICCのカーン主任検察官と赤根智子裁判官らへの捜査を開始したと発表した。

ロシアはICCに加盟しておらず、プーチン氏が逮捕される可能性は低いが、123ある加盟国・地域を訪問した場合に逮捕される可能性がある。侵攻を続けるプーチン氏に対する国際的な包囲網となっている。

## プリゴジンの反乱

23年6月23日、ロシアの民間軍事会社「ワグネル」創設者エフゲニー・プリゴジン氏がロシア軍への武装蜂起を宣言した。

プリゴジン氏はプーチン氏の盟友で、様々な汚れ仕事を担う「影の存在」だった。ウクライナ侵攻では苦戦するロシア軍を補完する形で戦闘員を前線に展開し、戦果を上げた。

だが、ワグネルを正規軍に収めようとする軍幹部との対立を次第に深め、ウクライナ侵攻の正当性を否定するなど発言を先鋭化させていた。

ベラルーシのルカシェンコ大統領の仲介で、プリゴジン氏は部隊を撤収。一時は同国内に滞在したが、8月23日、飛行機事故で死亡した。暗殺の可能性を指摘する声もある。

# ジレンマ抱えるNATO

多大な犠牲を払いロシアへの抗戦を続けてきたウクライナにとって、北大西洋条約機構（NATO）に加盟し、集団防衛の保障を得ることは悲願だ。ただ、NATOは全面戦争のリスクを前に、一枚岩になれない事情もある。2023年7月に開かれたNATO首脳会議では、ウクライナの加盟について明確な時期を示さなかった。ウクライナの反転攻勢が続く中、加盟国とウクライナの複雑な思惑は交錯している。

08年4月の首脳会議で、NATOはウクライナとジョージアが「（将来）加盟国になるという点について合意」した。だがその後、具体的な手続きが進まなかったのは、加盟を悲願とするウクライナとは裏腹に、NATOから見れば、核大国ロシアとの戦争〔➡36㌻〕に直接巻き込まれる可能性があるためだ。

北大西洋条約第5条では、加盟国が攻撃されれば、NATO全体への攻撃とみなして必要な行動をとる「集団防衛」を定める。そのため戦時下のウクライナの加盟は、加盟国の参戦につながりかねず、まずあり得ない。

一方でNATOは、ウクライナが受け入れられる展望をどう示すか、腐心してきた。23年7月の首脳会議を機にウクライナとの協議の枠組みを「委員会」から「理事会」に格上げしたことも、その一つの表れだ。

だが、NATO内の温度差が消えたわけではない。加盟プロセスの開

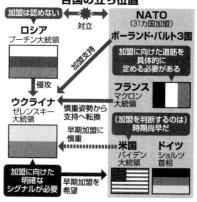

**ウクライナのNATO加盟をめぐる各国の立ち位置**

始時期などを明確にしたいバルト3国や東欧などに対して、ロシアとの緊張を高めたくない米国やドイツは慎重な姿勢を見せている。

さらに侵攻から2年近くが経ち、ウクライナ支援を続ける欧米側の政治的・財政的な余力がいつまで続くか見通しは立たない。最大の支援国の米国は24年に大統領選を控え、NATO脱退の意向も示していたとされるトランプ前大統領が有力候補の一人となっている〔➡40㌻〕。

加盟国の領域を越えた関与に対する姿勢でも割れている。

北大西洋条約では、NATOの対象地域を「北米および欧州の加盟国の領域」などと規定する。だが実際は、NATOは1990年代の旧ユーゴスラビア紛争など、グローバルな安全保障問題に関わってきた。

12年ぶりに改定した長期的な行動指針を示す「戦略概念」では、中国に初めて言及。米国を中心に、中国が先端技術や重要インフラに加え、サイバー空間や宇宙、海洋といった新たな領域において、NATOの利益に影響を与えかねないとの強い警戒感の表れだった。

ただ、23年5月に浮上した東京事務所の開設構想では、中国を刺激し

**NATO 北大西洋条約機構**
他に米国・カナダ

加盟国軍隊の合計 約**331万人**（2022年推計）
設立当初の目的▶現在
「集団防衛」 地域紛争やテロに対する「危機管理」も

- 加盟中
- 加盟申請中
- 加盟をめざしている

設立 **1949年**
加盟国 **31カ国**
（原加盟国は12カ国）
国防費総額 約**1兆510億ドル**（2022年推計）

NATO本部（ベルギー・ブリュッセル）

2023年4月に正式加盟

フィンランド
スウェーデン
NATOとロシアの国境線
ロシア
ウクライナ
ジョージア
ボスニア・ヘルツェゴビナ

たくないフランスのマクロン大統領が反対の意向を示した。

NATO加盟国にはフランスなど、中国と経済的に結びつきが強い国が多く、中国への警戒感を深める米国とは温度差がある。マクロン氏は4月、台湾問題で欧州が米国に追随すべきではないと発言していた。

（ヨーロッパ総局・牛尾梓）

---

## 関 連 用 語

### ◆フィンランドとスウェーデンのNATO加盟

23年4月に加盟したフィンランドに加え、長く中立を守ってきたスウェーデンの加盟で、NATOとロシアはバルト海を挟んで直接対峙することになる。

スウェーデンは1994年、軍事面の各種協力を進める「平和のためのパートナーシップ（PfP）」協定をフィンランドとともにNATOと結び、平和支援活動に参加してきた。

スウェーデンが正式加盟すれば、フィンランドとバルト3国の防空システムが統合可能になり、NATOにとっては北欧地域で新たな「即戦力」を得て、さらに隣接するロシアへの抑止力になる。ただ、ロシアとの緊張をいっそう高め、NATOに「核の脅威」が近づくとの懸念もある。

# 2024年米大統領選

　4年に1度の米大統領選が2024年11月5日に投開票される。民主党からはジョー・バイデン大統領が2期目をめざしており、81歳という高齢不安を乗り越えられるかが再選のカギを握る。一方の共和党では、返り咲きを狙うドナルド・トランプ前大統領が有力候補だ。複数の罪で起訴されて裁判を控えるトランプ氏だが人気は根強く、大統領選は前回と同じ2人の顔合わせとなる可能性も高まっている。

　バイデン氏は23年4月、再選に向けた立候補を表明した。党内では他に有力候補はおらず、民主党から正式に大統領候補の指名を受けることがほぼ確実視されている。

　バイデン氏は、分断された米社会を「一つにする」と訴えて21年に大統領に就任した。国内ではコロナ禍からの回復を図り、外交ではウクライナ支援〔◆36ジ〕などで国際協調を進めてきた実績がアピール材料だ。

　トランプ氏との直接対決で勝った経験があることも強み。次の大統領選に向けては、過激さを増すトランプ氏に再び政権を委ねる危険性を強調していく構えだ。

　ただし、バイデン氏は高齢という大きな不安要素を抱えている。すでに米大統領としての史上最高齢を更新中で、再選すれば、2期目の満了時には86歳になる。現職大統領が2期目をめざすのは通例だが、有権者からも不安の声は強く、支持率が低迷する要因となっている。

　一方の共和党では、トランプ氏が22年11月にいち早く立候補を表明した。一部の熱烈な支持者の存在を武器に、党内の指名争いをリードしてきた。社会の分断に乗じて、既存の政治への不満や怒りをあおるトランプ氏の手法は、16年大統領選に当選した頃から大きく変わっていない。

　トランプ氏は23年3〜8月に、合わせて四つの刑事事件で相次いで起訴されたことで、政治的な打撃を受けるとの観測もあった。しかし、「政敵に対する迫害だ」と起訴を批判することで、バイデン政権や捜査当局に不信感を抱く有権者の結束を高め、むしろ自らの支持率を高めることに成功した。

　共和党では、トランプ氏に対抗して10人以上が立候補を表明したが、多くは苦戦を強いられている。マイク・ペンス前副大統領らは、23年中に撤退を余儀なくされた。

　党内の支持率で2番手争いを展開するのは、フロリダ州のロン・デサ

ンティス知事やニッキー・ヘイリー元国連大使といった候補たちだ。党内での候補者争いで追い上げを見せ、トランプ氏を脅かすことができるかが注目となる。

◎

大統領選に向けては、24年1月から、党内での指名候補を決めるための投票が州ごとに実施される。

山場となるのは、多くの州で予備選挙や党員集会が集中する3月5日の「スーパーチューズデー」だ。前日の3月4日には、トランプ氏の初公判も予定されており、異例の選挙戦となりそうだ。

各州での投票結果を受け、同7～8月には両党を代表する候補が1人ずつ正式に候補者指名を受ける。ここからは事実上の一騎打ちの構図と

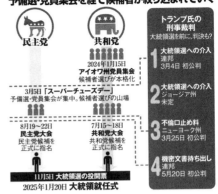

なり、11月5日の投票日を迎える。

前回の20年大統領選後には、トランプ氏が敗北を覆そうと画策し、暴徒化した支持者が連邦議会議事堂を襲撃する事件も21年1月に起きた。今回は混乱を防げるか、米国の民主主義のあり方も試されることになる。

（アメリカ総局・高野遼）

## 関　連　用　語

### ◆トランプ氏の刑事裁判

トランプ氏は四つの事件で起訴されたが、そのすべてで無罪を主張している。中でも重要視されているのが、20年大統領選の敗北を不正に覆そうと画策したとされる事件。連邦検察およびジョージア州フルトン郡検察が並行して捜査を進め、それぞれ起訴された。また、機密文書をホワイトハウスから違法に持ち出した事件と、過去の不倫の口止め料をめぐり業務記録を改竄（かいざん）した事件でも起訴された。4事件の裁判は、24年3月から順次始まる予定。

### ◆米大統領の高齢問題

米国の歴代大統領の中で、就任時の年齢が高い順に上位2人が、バイデン氏（就任時78歳）とトランプ氏（同70歳）だ。バイデン氏には健康不安が尽きず、トランプ氏にも党内からは世代交代を求める声が上がっている。

過去を振り返ると、最年少で大統領に就任したのは42歳だったセオドア・ルーズベルト氏（1901年就任）だった。バラク・オバマ氏も、2009年に歴代で5番目に若い47歳で大統領に就任した。

# 対立深まる米中

　台湾問題や経済安全保障などをめぐって米中両大国の対立が深まっている。2023年2月、中国の気球が米本土に飛来し、米軍が撃墜する事態が起きると、両国の関係はさらに大きく冷え込んだ。その後、両政府は偶発的な衝突を回避するために対話再開への動きを強め、11月には1年ぶりとなる米中首脳会談が実現。関係の安定化をめぐる協議がなされたが、かつての冷戦の再来が懸念されるように、対立の根は深い。

　23年2月、飛来気球の問題が明らかになると、米国内では「スパイ気球」（米メディア）だとして批判が高まり、バイデン政権に強い対応を求める声が米議会などで強まった。米軍が気球を撃墜すると、中国側は激しく反発した。2月に予定されていたブリンケン米国務長官の訪中は急遽延期され、両国の対話が途絶えた。

　両国の関係は、ただでさえ冷え込んでいた。米国のトランプ前政権が中国による知的財産権の侵害や対中貿易赤字が膨らんでいることを問題視して、対中関税などを課して以降、経済分野での対立が続く。台湾をめぐっても「台湾は中国の一部」とする中国に対し、米国は台湾への軍事支援や政治家の交流を続けており、大きな火種となっている。

◎

　ただ、対話ができないほど関係が悪化することは、双方にとって望ましくない。米側は、22年夏以降中国が米中間の国防当局間の対話に応じ

**米印中ロを取り巻く外交戦略上の構図**

米国／中国／ロシア／インド
軍事・経済覇権をめぐり対立
ウクライナ侵攻をめぐり対立
接近
接近
国境紛争などを抱え緊張
伝統的な友好
インドはロシアに兵器調達で多くを頼る

ず、衝突のリスクが高まっていると警告してきた。実際に、中国軍機が南シナ海などで米軍機に対する「危険で違法な行為」を増やしていると批判する。

　この危機感を背景に米中は、対話の機運を取り戻すための動きを重ねた。23年6月には延期されていたブリンケン氏の訪中が実現。その後もイエレン財務長官、レモンド商務長官らが相次いで訪中した。

　そして11月には、米サンフランシスコでのアジア太平洋経済協力会議（APEC）首脳会議に合わせて中国の習近平国家主席が訪米し、バイデン大統領との首脳会談に臨んだ。米

中間の緊張が紛争に発展することを防ぐため、懸案だった国防当局間の対話を再開することなどで合意した。

◎

だが、両国の構造的な対立は根深いままだ。米国は、中国による先端半導体の軍事転用を防ぐため、対中輸出規制を強化する〔➡30ﾍﾟ〕。中国側は首脳会談で米側が「台湾の独立への反対」を表明することを求めたが、バイデン氏は応じなかった。

中国側は、米国が日本や韓国、オーストラリアなどとともに安全保障や経済の分野で「対中包囲網」ともみられる動きを強めていることを「冷戦時代の考え方による陣営作り

だ」と批判し、警戒を強めている。

ただ、その中国もロシアによるウクライナ侵攻〔➡36ﾍﾟ〕をめぐっては「対話による解決を求める」としつつもロシア寄りの姿勢を強め、ウクライナを支援する米国との間で陣営対立となりかねない隔たりが生まれている。

経済成長とともに国際的なリーダーとしても自信を深め、米国に「対等の立場」を求める中国と、国内で対中強硬論が強まり譲歩が難しい米国との関係は、24年11月の米大統領選の行方も含めて不安定な状況が続く。

（アメリカ総局・清宮涼
中国総局・斎藤徳彦）

## 関　連　用　語

### ◆米印、中国念頭に関係強化

米国とインドが安全保障や経済面での関係を強化している。バイデン大統領は、中国への警戒感を共有し、「グローバルサウス」〔➡45ﾍﾟ〕の中核であるインドを重視する。23年6月、インドのモディ首相を国賓としてワシントンに招待し、厚遇した。米ゼネラル・エレクトリックがインド軍の戦闘機向けエンジンをインド国営企業と共同生産することで合意するなど、武器の共同生産も進む。

ただインドは、ロシアからの原油や武器の輸入を続けており、ウクライナに侵攻するロシアへの非難を続けてきた米国との立場は大きく異なる。

### ◆習氏、G20サミットを欠席

習近平国家主席が23年9月にインドで開かれた主要20カ国・地域首脳会議（G20サミット、➡44ﾍﾟ）を欠席し、ナンバー2の李強首相が出席した。国際金融危機をきっかけにできたG20の枠組みを中国は重視し、一貫してトップが出席してきたが、方針転換した可能性がある。

中国が主導する国際的枠組みでは23年、BRICSにイランやエジプトなど6カ国、上海協力機構にもイランの加盟が決まった。中国が多国間の外交で今後、自らの意見を通しやすいこうした枠組みを重視し、米欧などがそろうG20の優先度を下げるとの見方も出ている。

# BRICS拡大とG20サミット

　ブラジル、ロシア、インド、中国、南アフリカの頭文字を取った新興5カ国（BRICS）が2023年8月、新たに6カ国の加盟を決めた。加盟国の拡大は、欧米中心の国際秩序の変更をめざす中国が主導してきた。一方で、同9月には日本や米国なども参加する主要20カ国・地域首脳会議（G20サミット）が開かれた。ウクライナ情勢をめぐって欧米やロシア・中国の対立も見られたが、全会一致で首脳宣言の採択にこぎつけた。

　BRICS加盟国の拡大は、8月24日に南アフリカで開かれたBRICSの首脳会議で発表された。24年1月から新たに、アルゼンチン、エジプト、イラン、サウジアラビア、エチオピア、アラブ首長国連邦（UAE）の6カ国が加盟する。

　「グローバルサウス」と呼ばれる国のほか、欧米と距離を置く国も含めたのが特徴だ。6カ国の加盟後は世界の人口の46％、国内総生産（GDP）の28％を占める存在になる。

　中国は、欧米や日本が参加する主要7カ国（G7）やG20などへの対抗軸として、BRICSの拡大を後押ししてきた。習近平国家主席は記者会見で、「今回の拡大は歴史的だ」と評価した。

　ただ、11カ国は経済規模も政治体制も様々だ。イランのライシ大統領は「我々の参加により、米国の独断に反対するBRICSの原則が強化される」と発言した。だが、ブラジルのルラ大統領は「BRICSはG7、G20、米国に対抗するものではない」とSNSで発信した。

　インフレ率が100％を突破したアルゼンチン〔⏺65ペ〕は、米ドルの外貨準備高が低迷し、国際通貨基金（IMF）からの融資返済に苦しむ。首脳会議後に発足した新政権は、BRICS加盟自体

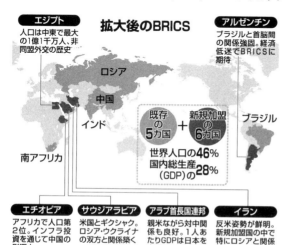

**拡大後のBRICS**

**エジプト**
人口は中東で最大の1億1千万人、非同盟外交の歴史

ロシア
中国
インド
南アフリカ
ブラジル

既存の5カ国 ＋ 新規加盟の6カ国
世界人口の46％
国内総生産（GDP）の28％

**アルゼンチン**
ブラジルと首脳間の関係強固。経済低迷でBRICSに期待

**エチオピア**
アフリカで人口第2位。インフラ投資を通じて中国の影響大

**サウジアラビア**
米国とギクシャク。ロシア・ウクライナの双方と関係築く

**アラブ首長国連邦**
親米ながら対中関係も良好。1人あたりGDPは日本を上回る

**イラン**
反米姿勢が鮮明。新規加盟国の中で特にロシアと関係が深い

に慎重な姿勢を示す。

本来の主要テーマだった経済協力で、拡大するBRICSが何をできるのかも不透明で、米ドルに代わる通貨の計画も進展していない。

◎

一方で、BRICS首脳会議が開かれた直後の9月9、10日にインドで開かれたG20サミットでは、ウクライナ情勢〔●36ページ〕でロシアを非難する欧米諸国に対し、中ロが激しく反発する展開になった。

サミットには、習氏とプーチン大統領が欠席。首脳宣言が採択できなければ08年のG20サミット開始以来初めての事態だったが、「採択は難しい」との声か出ていた。

ただ、議長国のインドや他の新興国が、ウクライナ色を弱めた妥協案を提示。22年の宣言書にはあった「ウクライナでの戦争を強く非難」「ロシアによる侵略」という文言はなくなったが、各国がG20の維持を優先し、合意した形だ。

23年のサミットでは、アフリカ50カ国以上が加盟する地域機構「アフリカ連合」（AU）のG20参加が決まったほか、急増する途上国の債務問題、気候変動への取り組みなどを協議した。

初めてサミットを主催したインドにとっては、自国の存在感を各国にアピールする機会になった。

（ニューデリー支局・石原孝）

## 関 連 用 語

### ◆存在感増すグローバルサウス

明確な定義はないが、主に南半球にある新興国・途上国などの呼称として使われている。

経済成長が著しい国もあれば、貧困や格差といった問題に苦しむ国もある。グローバルサウスの「代弁者」をうたうインドは23年1月、「グローバルサウスの声サミット」をオンラインで主催し、125カ国が参加したと発表した。

ロシアによるウクライナ侵攻をめぐり、欧米にもロシアにもつかない国が多いのも特徴で、大国が自分たちの側につくように接近を図るなど、注目度が高まっている。

日本政府も23年5月に広島で開いたG7サミット〔●18ページ〕で、グローバルサウス諸国との連携を訴えた。

**グローバルサウスを取り巻く世界情勢**

ロシア 連携 中国　　緊張　　G7 英国、ドイツ、フランス、イタリア、米国、カナダ、日本

関係強化を狙う　関係強化を狙う

中央アジア　インド・東南アジア　中南米
アフリカ

グローバルサウス　G7、ロシア・中国の双方と関係を維持する国が多い

# 世界人口80億人

世界の総人口が2022年11月に、国連の推計で80億人を超えた。30年には85億人、50年には97億人に達する見通しだ。人口の増加は15〜64歳の生産年齢人口の増加につながり、経済成長を促進する効果が期待される。一方で、増えている国はアフリカなど一部地域に偏ってもいる。人口の急増は貧困を招く可能性があり、女性の権利が侵害されているケースも指摘されている。

国連人口基金（UNFPA）によると、23年時点での世界人口は約80億4500万人となっている。

1950年に推定25億人だった世界人口は87年に50億人に到達。99年に60億人、2011年には70億人に達し、それから約12年で80億人に届いている。

順調に増えている要因は医療の発達や、公衆衛生の改善や栄養状態の向上で死亡率が低下し、平均寿命が延びている点などと考えられている。

2050年には97億人になる予想だが、増える見込みの国はアジアとアフリカの8カ国に偏る見通しだ。増加分の半数以上が、コンゴ民主共和国、エジプト、エチオピア、インド、ナイジェリア、パキスタン、フィリピン、タンザニアに集中するとみられている。

人口増は経済の成長を促す効果が期待される。ただ、あまりにも急な速度で増えた場合は、社会の変化がそのスピードについていけず、格差の拡大や環境破壊、食料危機や開発の停滞を生む恐れもある。

急速に人口が増えている国では、教育が思うように進まないことも課題だ。希望する数の子どもを望む時期に授かり、そのうえで家族としての責任を果たしていくには、各国・地域の政府の支援が不可欠になる。

人口増加が激しい国では、児童婚や一夫多妻制が横行している例が多く、女性や女子児童の権利が侵害されている側面も報告されている。

◎

世界人口の増加傾向が続く一方で、欧州や東アジア・東南アジアなどでは、人口が減る国も多くなってきている。50年までに61カ国・地域の人口が、1％以上減少し、そのうち26カ国・地域では10％以上も減る可能性が指摘されている。

理由の一つが国際的な人口移動だ。高所得国では2000〜2020年、移民の流入による人口増（8050万人）が出生と死亡の差（6620万人）を上回った。また、1990年に比べて人口が減

っている東欧の17カ国では、高所得国への移民流出が続いているという。

ボスニア・ヘルツェゴビナ、ブルガリア、クロアチア、日本、ラトビア、リトアニア、モルドバ、ルーマニア、セルビア、ウクライナなど、2050年までに人口が15％以上減少すると予測されている国もある。

国立社会保障・人口問題研究所の将来推計人口によれば、日本の総人口は20年の約1億2600万人から、70年には8700万人にまで減る見込みだ。

（ニューヨーク支局・遠田寛生）

## 世界人口の推移（推計値）
国連人口基金駐日事務所による

## 世界人口ランキング10位＋3カ国　人口は7月1日時点
国連のデータから

| | 2022年人口 | | | 2050年人口 |
|---|---|---|---|---|
| 1位 | 中国 | 14億2588万人 | 1 インド | 16億7049万 |
| 2 | インド | 14億1717万 | 2 中国 | 13億1263万 |
| 3 | アメリカ | 3億3829万 | 3 ナイジェリア | 3億7746万 |
| 4 | インドネシア | 2億7550万 | 4 アメリカ | 3億7539万 |
| 5 | パキスタン | 2億3582万 | 5 パキスタン | 3億6780万 |
| 6 | ナイジェリア | 2億1854万 | 6 インドネシア | 3億1722万 |
| 7 | ブラジル | 2億1531万 | 7 ブラジル | 2億3088万 |
| 8 | バングラデシュ | 1億7118万 | 8 コンゴ民主 | 2億1749万 |
| 9 | ロシア | 1億4471万 | 9 エチオピア | 2億1481万 |
| 10 | メキシコ | 1億2750万 | 10 バングラデシュ | 2億390万 |
| 11 | 日本 | 1億2395万 | 13 メキシコ | 1億4377万 |
| 12 | エチオピア | 1億2338万 | 14 ロシア | 1億3313万 |
| 15 | コンゴ民主 | 9901万 | 17 日本 | 1億378万 |

# 関連用語

## ◆インドが人口世界一に

国連経済社会局の人口部は23年4月、米ニューヨークの国連本部で記者会見し、4月末までにインドの人口が14億2577万5850人に到達し、中国を上回って世界一になるとの推計を発表した。中国の数字は本土のみで、香港やマカオは含まれていない。

インドの合計特殊出生率は2.0で今後も増加傾向が続き、2064年ごろに安定する見通しだという。対する中国（本土）の人口は14億2600万人に達した22年から減少傾向に突入。22年の合計特殊出生率1.2は世界で最も低い国の一つで、今世紀末までに人口は10億人を切ると予測されていた。

PLUS ONE
## プラネタリー・バウンダリー

プラネタリー・バウンダリー（地球の限界）とは、人類が地球環境を壊さずに繁栄を続けるための9要素を特定し、乗り越えてはいけない境界を示す概念。スウェーデンの環境学者ヨハン・ロックストローム氏を代表とする様々な分野の科学者のグループが09年に発表した。人口増加などから生じる問題もあり、すでに「気候変動」「生物多様性の損失」「土地利用の変化」「窒素とリンの循環」などの6分野で限界点を超えたと分析されている。30年までの達成をめざす国連のSDGs（持続可能な開発目標）にも反映されている。

# イスラエルとハマスの大規模衝突

　パレスチナ自治区ガザ地区を実効支配するイスラム組織ハマスは2023年10月、イスラエルへの越境攻撃を始めた。ロケット弾発射に加え、数千人の戦闘員がイスラエル領内に侵入し、市民や治安部隊を襲撃。イスラエルは大規模な空爆で応戦し、「ハマスの壊滅」を目標とした地上侵攻を開始した。歴史的に対立してきたイスラエルとパレスチナの和平交渉は長年、停滞が続いている。今回の大規模衝突がどう影響するのかが注目される。

　ハマスは同7日、イスラエルに対して大規模な攻撃を仕掛けた。この日だけで2500発以上のロケット弾が発射されるとともに、数千人規模の戦闘員が、ガザとの境界に設置された高さ10m近くのフェンスを破ってイスラエル領内に侵入。イスラエル南部で複数の集落などを襲撃し、市民ら約1200人を殺害した。さらに約240人を人質としてガザに連れ去った。

　ガザは07年にハマスによって武力制圧されて以降、イスラエルに封鎖され、人やモノの出入りを厳重に制限されてきた。地区内にもイスラエルの監視網が張りめぐらされているとされ、今回の事態は国内外で驚きをもって受け止められた。

　同日、イスラエルのネタニヤフ首相は「我々は戦争状態にある」と宣言。イスラエルと事実上の同盟関係にある米国のバイデン大統領は「米国はイスラエルの自衛権を全面的に支持する」と表明し、イスラエル軍はガザへの報復として大規模空爆を開始。続く9日には、イスラエルのガラント国防相がガザの「完全封鎖」を発表し、電気や食料、燃料の補給

**イスラエルとパレスチナの対立をめぐる主な経緯**

|  |  |
|---|---|
| 1948年 | イスラエル建国。第1次中東戦争 |
| 73年 | 第4次中東戦争 |
| 93年 | イスラエル政府とパレスチナ解放機構がオスロ合意を結ぶ |
| 95年 | イスラエルのラビン首相暗殺 |
| 2000年 | 第2次インティファーダ（対イスラエル民衆蜂起） |
| 02年 | イスラエルが分離壁の建設を開始 |
| 05年 | イスラエルがガザから撤退。その後、封鎖政策を実施 |
| 14年 | 米国仲介の和平交渉が頓挫。イスラエル軍がガザを攻撃 |
| 20年 | 米国仲介でイスラエルがアラブ首長国連邦（UAE）、バーレーンなどアラブ諸国との国交を正常化 |
| 21年 | イスラエルとハマスの大規模軍事衝突。11日間で270人以上が死亡 |
| 22年 | イスラエルで史上最右翼とされるネタニヤフ政権発足 |
| 23年 | 対立してきたサウジアラビアとイランが中国の仲介で外交関係を正常化 |

を断った。

　福岡市ほどの広さに200万人以上が密集して暮らすガザは、日頃からイスラエルに封鎖されているゆえに「天井のない監獄」とも形容される。もともと脆弱（ぜいじゃく）だったインフラが全面的に断ち切られたことで、人道危機が深刻化した。

　イスラエルは「ハマスの壊滅」を目標に掲げる。大規模空爆を連日にわたって続ける一方で、過去最大となる約36万人の予備役を招集し、地上侵攻にも踏み切った。

　ガザの死者数が急増し、11月上旬に１万人を超えると、開戦当初はイスラエルに対して同情的だった国際社会の反応も次第に変化した。大勢

の民間人を無差別に巻き込むイスラエルの攻撃は国際法違反だとの批判が強まり、いち早く強固なイスラエル支持を打ち出していた米国も、自制を求める方向にトーンを変えた。

　同24日には、イスラエルとハマス双方につながりを持つカタールの仲介で、一時的な戦闘休止が実現した。ハマス側は人質の一部を解放し、イスラエルも刑務所に収監していたパレスチナ人の一部を釈放した。国内外の世論を意識し、イスラエル側が妥協した結果とみられる。

　ただ、イスラエルは戦闘を続行する意向で、緊迫した情勢は長期化する見通しだ。

（エルサレム支局・高久潤）

## 関 連 用 語

### ◆イスラエルとパレスチナの和平

　1993年、イスラエル政府とパレスチナ解放機構は「オスロ合意」に調印した。イスラエルと、独立したパレスチナ国家が共存する「２国家解決」をめざす方向性が打ち出された。ただ、パレスチナ人が住んでいた土地にユダヤ人が住宅などを建設してしまう入植の問題や、双方が首都と主張する聖地エルサレムの帰属など、難題は「将来の交渉」に委ねられた。その後、双方の過激派による襲撃事件などで交渉は破綻（はたん）。パレスチナ自治区は、パレスチナ自治政府が治めるヨルダン川西岸地区と、ハマスが実効支配するガザ地区に分裂した。

### ◆史上最右翼ネタニヤフ政権

　22年12月、イスラエルでは史上最右翼と評されるネタニヤフ政権が発足した。パレスチナ自治区ヨルダン川西岸地区の併合を訴える極右政治家らが主要閣僚に名を連ね、以前にも増して強硬な対パレスチナ政策をとってきた。西岸が「テロリストの巣窟」になっているとして、イスラエル治安部隊は激しい「対テロ作戦」を展開。この作戦やパレスチナ側の襲撃で23年１月から10月初旬までにパレスチナ人247人以上、イスラエル側でも32人以上が死亡。双方の緊張の高まりに歯止めがかからない状況にあった。

# 地中海で相次ぐ移民・難民船の沈没

イタリア最南端のランペドゥーサ島に2023年9月、1週間で1万人を超える移民が押し寄せた。ロシアのウクライナ侵攻やイスラエルとイスラム組織ハマスの軍事衝突など世界的な危機が相次ぐ中で、欧州連合（EU）は15～16年の「難民危機」以来となる規模のアフリカや中東からの移民の流入に揺れる。移民の受け入れや国境監視の分担をめぐる立場の違いが表面化し、EU加盟国の亀裂が浮き彫りになった。

国連難民高等弁務官事務所（UNHCR）によると、23年1～10月にアフリカや中東から地中海を渡った移民は20万人を超えた。この中には、経済的により良い暮らしを求める移民だけでなく、母国で政治的な迫害などを受ける難民も含まれる。

移民たちの多くはブローカーの仲介で木造の漁船などに乗って地中海を渡ってくる。北アフリカのリビアやチュニジアからイタリアに向かう航路は、「地中海中央ルート」と呼ばれ、最も危険な経路とされる。

ギリシャ南部沖では6月、移民らを乗せた漁船が沈没し、80人以上が死亡した。移民船の沈没は2月にイタリア南部沖でも起きており、90人を超える犠牲者が出た。

欧州は対応に苦慮している。移民の玄関口にあたるイタリアのメローニ首相は9月、EUに受け入れ分担のための規則の見直しを要求した。

しかし、EU加盟国はイタリアが移民を素通りさせていると警戒。ドイツはイタリアから自主的に移民を受け入れる仕組みを一時停止した。フランスもイタリアとの南部国境で、移民の取り締まりを強めた。

EU内で移民の受け入れをめぐる分担が進むかは不透明だ。仏独をはじめ、欧州では反移民を掲げる右翼政党が存在感を増している。各国の政権は国内で批判を招きかねない移民の受け入れでは安易に妥協できない状況にある。　（パリ支局・宋光祐）

## 関 連 用 語

### ◆欧州の難民危機

欧州では2015年、シリアなどから100万人以上が押し寄せる「難民危機」が発生。それ以来、EUでは難民の受け入れ負担の分担が課題になっている。23年6月にギリシャ南部沖で移民らの漁船が沈没した事故では、ギリシャ当局が「プッシュバック」（押し返し）と呼ばれる難民や移民の上陸を阻む行為を行った可能性も指摘された。

# 懸念深まる核の惨事

核兵器が使われるのではないか——。そんな懸念が高まっている。ロシアが2022年にウクライナに侵攻したあと、プーチン大統領らは核兵器による威嚇（いかく）を続けてきた。一方、核不拡散条約（NPT）の再検討会議に向けた第1回準備委員会（23年7〜8月）は、議長総括を公式文書として残せないという異例の事態で幕を閉じた。24年は第2回準備委員会があるが、各国の安全保障環境は厳しく、議論が前向きに進展しそうな兆候は見られない。

23年11月、イスラエルの閣僚がパレスチナ自治区ガザ地区への核爆弾の投下について「選択肢の一つだ」と述べ、波紋を呼んだ。イスラエルはガザを実効支配するイスラム組織ハマスからの越境攻撃を受け、ガザへの激しい反撃を仕掛ける中での発言だった〔●48ﾍ゚〕。イスラエルは公式には認めていないが、核兵器の保有国の一つとして知られている。スウェーデンのストックホルム国際平和研究所（SIPRI）によると、90発の核弾頭を保有している。

SIPRIによると、世界では23年1月現在、9カ国（米ロ英仏中、インド、パキスタン、北朝鮮、イスラエル）が推定1万2512発の核弾頭を保有し、そのうち米国とロシアが約9割を占める。中国は22年からの1年間で60発増やし、英国は今後、225発から260発まで増やす方針を示している。21年1月に発効した核兵器禁止条約の締約国は69カ国・地域にのぼり、徐々に増えているが、核保有国が核禁条約に加わることは現時点では考えづらい。

ロシアのプーチン大統領は22年2月にウクライナに侵攻してから、核兵器の使用をちらつかせる「核の脅し」を続けてきた。グテーレス国連事務総長は「以前は考えられなかった核戦争の可能性が、現実にあり得るレベルに戻ってきている」（22年6月）と強い危機感を述べた。

（ロンドン支局・藤原学思）

## 関連用語

### ◆ロシアのCTBT批准撤回

ロシア下院は23年10月、包括的核実験禁止条約（CTBT）の批准を撤回する法案を可決した。あらゆる空間における核実験を禁じるCTBTは1996年に国連総会で採択され、ロシアを含めて178カ国が批准している。ただ、発効には「要件国」44カ国すべての批准が必要で、米国や中国などが批准していない。ロシアの離脱で、批准はより一層困難な情勢になった。

# イランとサウジアラビアの外交正常化

中東で長年対立してきたイランとサウジアラビアが2023年３月、外交関係を７年ぶりに正常化することで合意した。仲介役が中国だったことは、中東で影響力を誇ってきた米国の存在感低下を改めて印象づけた。その後、サウジがシリア内戦をめぐって対立してきた同国のアラブ連盟復帰を後押しするなど、域内では緊張緩和の動きもあった。ただ、10月にパレスチナのイスラム組織ハマスとイスラエルの衝突が始まり、情勢は混沌としている。

イランはイスラム教シーア派、サウジアラビアは同スンニ派の大国を自任し、中東のイエメン内戦などをめぐって対立。サウジが16年、自国内の反政府デモを率いたシーア派指導者を処刑したことなどをきっかけに、両国は断交に至った。

両国が関係を正常化した背景については、イランは長引く米欧の制裁で経済が疲弊する中、国際的な孤立が続くのを避けたかったとみられる。サウジは、自国の経済改革を成し遂げるため、周辺国との関係を安定させる必要があったといわれる。

◎

両国と中国による声明は23年３月に北京で署名された。米国が対中競争を念頭に安全保障の軸足をアジアに移す中、中東での中国の存在感の高まりを実感させる出来事だった。

イランは翌４月、サウジとの断交後に関係が冷え込んでいたアラブ首長国連邦（UAE）への大使を７年ぶりに任命。イスラエルとの関係を

**中東の主な外交の動き**

理由に1979年に断交したエジプトとの間でも、修復を図っている。

サウジは議長国を務めた５月のアラブ連盟首脳会議で、シリア内戦をめぐって対立してきた同国のアサド大統領を内戦後初めて出席させ、同国のアラブ世界復帰を後押しした。

サウジは、対立するイスラエルとも関係正常化の交渉に動いていることが一時伝えられていたが、10月にパレスチナ自治区ガザ地区でハマスとイスラエルの軍事衝突が始まると、交渉を中断〔◆51ページ〕。中東で相次いだ緊張緩和の動きはいったん止まり、先行きが不透明な状況になっている。　（テヘラン支局・佐藤達弥）

# トルコ大統領選、エルドアン氏再選

　中東の地域大国トルコで2023年5月に大統領選が行われ、現職のレジェップ・タイップ・エルドアン大統領が再選された。高インフレによる市民生活の苦境や、同2月に起きた大地震からの復興など、課題は山積している。ロシアによるウクライナ侵攻をめぐっては仲介役を担って国際社会での存在感を増す一方、約20年に及ぶ長期政権がさらに5年続くことになり、国内では強権体制がより進む懸念も出ている。

　エルドアン氏が率いる「公正発展党」（AKP）が02年の総選挙で圧勝。翌年に首相となり、その後は大統領として政権を担ってきた。経済を飛躍的に成長させ、インフラや医療を整備。また、イスラム教の価値観を重んじ、宗教保守層や低所得層などから強い支持を得てきた。

　ただ、今回は「これまでで最も厳しい選挙」と言われた。通貨の暴落や高インフレで市民生活は苦境に陥り、22年8月は消費者物価指数の上昇率が前年同期比で80%超に。大地震ではその対応をめぐって政権批判が高まり、支持者離れも指摘された。

　こうした中で行われた選挙は、エルドアン氏と野党統一候補の事実上の一騎打ちに。1回目の投票で決着がつかずに2週間後の決選投票にもつれ込んだが、エルドアン氏は得票率52.18%で続投を決めた。

　だが、政権の長期化で、メディアや反政権的な人への締め付けが強まるなど強権化が進み、市民の自由や人権がないがしろにされているとの不満も出ている。

　一方、ロシアのウクライナ侵攻〔◯36ページ〕をめぐり、トルコは北大西洋条約機構（NATO）の加盟国でありながら、ロシアとの密接な関係を生かして仲介役を担った。ウクライナからの食料輸出を国連とともに仲介し、選挙結果の行方は国際社会の注目も集めた。

（イスタンブール支局・高野裕介）

## PLUS ONE
## トルコ・シリア大地震

　23年2月6日、トルコ南部とシリア北部でマグニチュード7.8と7.5の地震が連続して発生。地震大国のトルコでは、建国史上最悪の5万人以上が死亡した。救助隊到着の遅れに加え、耐震基準を満たさない「手抜き」工事の建物が見逃されてきたことが被害の拡大につながったとの批判も出た。シリアでは、在英の反体制派NGO「シリア人権監視団」によると、約6800人が死亡した。

# タイ、政権交代

　タイの下院総選挙（定数500）が2023年5月に実施され、軍の影響を排した民主的な政権を訴えていた革新系野党の前進党が第1党となった。だが、国会の首相指名選には軍政期に指名された上院議員（定数250）が加わることから、前進党のピター党首の首相指名は阻止された。一度は前進党など野党による共闘に合意していた第2党のタクシン元首相派のタイ貢献党は、「旧敵」だった親軍政党や保守派と大連立を組む結末となった。

　14年に陸軍司令官としてクーデターを実行したプラユット氏は軍政トップの暫定首相となり、民政移管した19年の総選挙では軍寄りの連立政権ができて首相に選出された。23年総選挙は親軍勢力が政権を維持するか、民主派に政権交代するかが注目された。

　王室を中傷、侮辱した場合に3〜15年の禁錮を科される不敬罪の改正、徴兵制の廃止などを訴えた前進党は第1党に躍進。最大野党だったタイ貢献党は第2党に甘んじたが、野党8党は計312議席を得て連立政権樹立で合意した。

　しかし、国会の首相指名選は軍政期に制定された憲法で上院議員も投票に加わると定められている。首相指名選で上院議員の大半は不敬罪改正を公約とする前進党を拒否し、ピター氏は必要な上下両院合計の過半数票を獲得できなかった。さらに保守派の影響下にあるとされる憲法裁

**タイ総選挙 主要各党の獲得議席数** タイ選挙管理委員会発表

| 野党 | | 中道 | | 親軍勢力 | | | |
|---|---|---|---|---|---|---|---|
| 前進党 ピター党首 | タイ貢献党 ペートンタン氏 | タイ名誉党 アヌティン副首相 兼保健相 | 国民国家の力党 プラウィット副首相 | タイ団結国家建設党 プラユット首相 | 民主党 ジュリン党首 | その他各党（合計） |
| 151議席 | 141 | 71 | 40 | 36 | 25 |

**議席総数500**

判所はピター氏の議員資格を一時停止する決定を出した。

　前進党は連立交渉を貢献党に委ねた。貢献党は前進党を外して親軍政党を含む旧与党と連立を組む方針に転換。政権を手放したくない旧与党側も敵であるはずの貢献党の枠組みに乗った。結局、貢献党のセター・タウィシン氏を首相とする大連立政権が発足した。

　軍や保守派エリート層の支配からの脱却を求める民意は総選挙の結果から明らかだった。しかし、貢献党も含めた「旧勢力」は理念よりも政権という実利を優先させ、民意を裏切るかたちとなった。

（アジア総局・翁長忠雄）

# 民主化遠のくミャンマー

　2021年にクーデターを決行した国軍が権力を握り続けるミャンマーでは、国軍と民主派勢力の武力衝突が各地で続き、市民の犠牲者や住まいを追われた避難民が増え続けている。国軍は治安の悪化を理由に非常事態宣言の延長を繰り返しており、総選挙による事態正常化のめどは立っていない。国家顧問だったアウンサンスーチー氏は拘束されたまま。高齢でもあり、体調の悪化が懸念されている。

　国軍は21年2月のクーデターでアウンサンスーチー氏を拘束した。国軍は、スーチー氏率いる「国民民主連盟」（NLD）が圧勝した前年の総選挙で「不正があった」ことを理由にしたが、国軍に一定の権力を認める現行憲法が改正されることに国軍が危機感を抱いたためではないかとの見方もある。

　民主派勢力の一部は武装して国軍との戦闘を続けている。国軍は民主派を「テロリスト」とみなし、武力弾圧を正当化。22年7月には、日本人の映像作家、久保田徹さんが国軍への抗議デモを撮影中に拘束され、扇動罪などで計10年の禁錮刑判決を受けた。久保田さんは約3カ月半後に解放されたが、現地の人権団体「政治犯支援協会」によると、23年10月時点で4千人以上の市民が死亡し、約2万人が拘束されている。

　国軍は、軍統治の根拠とする非常事態宣言を延長し続けている。23年7月には、4度目の延長を発表。憲

軍事クーデターから2年。ミャンマー大使館前で、軍による市民への弾圧を批判する在日ミャンマー人たち＝2023年2月、東京都品川区

法は非常事態宣言の解除後半年以内に総選挙を実施すると定めているが、宣言解除の見通しは立たないままだ。

　情勢不安から現地通貨チャットは下落。23年夏のコメの平均価格はクーデター前から3倍近く高騰した。国民生活は苦しさを増している。

　スーチー氏は拘束後、汚職などの罪で計33年の刑期を言い渡された。23年7月に国軍による恩赦で刑期が計27年に短縮されたが、独立系メディアの報道では、スーチー氏は歯周病などを患って食事に支障があるなど、健康状態が心配されている。

　　　　（ヤンゴン支局・笠原真）

# ベトナム新国家主席就任

ベトナムで2023年3月2日、新たな国家主席にボー・バン・トゥオン氏が就任した。国の最高意思決定機関の共産党政治局では当時、52歳で最年少メンバー。前任のグエン・スアン・フック氏は新型コロナウイルス対策に絡む汚職事件が相次いだことの責任を問われ、1月に辞任していた。共産党による一党独裁体制を敷くベトナムで、党のナンバー2の権力を持つ国家主席が任期途中で退任するのは、極めて異例のことだった。

国家主席は憲法で国家元首とされ、内政や外交で国を代表する。ベトナムは共産党書記長、国家主席、首相、国会議長の「4本柱」の指導体制を取り、4人がそれぞれ動いて全方位外交を展開するのが特徴だ。権力を分散させることで国民や外交相手国との間でバランスを取ってきた。

新国家主席のトゥオン氏は最高権力者のグエン・フー・チョン共産書記長の側近とされ、党の要職を歴任してきた。交代と後任人事には、「反汚職闘争」を進めるチョン氏の意向が強く働いたとされる。

11年から党書記長の座に就くチョン氏は汚職撲滅を掲げ、現職閣僚や党幹部らの不正を厳しく処分してきた。国民から一定の支持を得る一方、党主導の責任追及が党書記長の権力を強くしてきた側面がある。

そうした中で20〜21年、コロナ検査キットや特別帰国便に絡む政府高官らの贈収賄事件が続発した。フック氏は国家主席就任前の21年4月ま

**「4本柱」のベトナム指導体制**

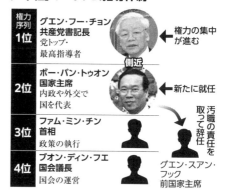

| 権力序列 | | |
|---|---|---|
| 1位 | グエン・フー・チョン 共産党書記長 党トップ・最高指導者 | ←権力の集中が進む |
| 2位 | ボー・バン・トゥオン 国家主席 内政や外交で国を代表 側近 | ←新たに就任 |
| 3位 | ファム・ミン・チン 首相 政策の執行 | 汚職の責任を取って辞任→ |
| 4位 | ブオン・ディン・フエ 国会議長 国会の運営 | グエン・スアン・フック 前国家主席 |

で首相としてコロナ対策を主導していたことから、引責辞任に追い込まれる形となった。

トゥオン新国家主席は就任演説で「断固とした姿勢で汚職と闘い、清潔で強い国家機構を構築する」と表明。「特に若い世代が公平で透明な発展の機会を得て、国に貢献できるような環境をつくる」と語った。

異例の国家主席の交代劇を経て、最高権力者の党書記長にますます権力が集中していく可能性がある。

（アジア総局・大部俊哉）

# カンボジア、世襲の新政権誕生

　カンボジアで2023年8月22日、新政権が誕生した。首相に就任したのは、38年にわたって政権を率いたフン・セン前首相の長男、フン・マネット氏。これに先立つ7月の下院総選挙では、最大野党が排除されたことで与党・人民党が圧勝し、全議席の96%を獲得していた。フン・マネット政権は、強権的な政治手法や権力の「世襲」に国内外から批判が集まる中での船出となった。

　フン・マネット氏は米国の陸軍士官学校をカンボジア人として初めて卒業し、米国と英国で経済学の学位を取得。さらに、国軍では陸軍司令官まで務めた文武両道のエリートだ。ただ、政治経験はなかった。

　フン・セン前政権は内戦の終結や経済成長に尽力した一方、独裁色を強めた。18年の総選挙では、前年に有力野党だった救国党を解党に追い込み、人民党は全議席を独占した。

　事実上の一党独裁体制が続く中、フン・セン氏は21年末にフン・マネット氏を首相の後継者に指名し、23年の総選挙に臨んだ。選挙は「世襲」に対する信任投票の意味合いを帯び、政権は圧倒的な勝利を収めることに腐心した。

　選挙前の2月、フン・マネット氏に関する疑惑を報じた独立系メディア「ボイス・オブ・デモクラシー」（VOD）の事業資格を剥奪。5月には選挙管理委員会が「書類の不備」を理由に最大野党・キャンドルライト党の政党登録を拒否した。

　その結果、人民党は125議席中120を獲得した。選管によると、投票率は前回より高い84.59%で、野党支持者による「批判票」として注目された無効票の割合も5.06%で前回より下がった。権力移譲を決断する決め手の一つになったとみられる。

　ただフン・セン氏は人民党の党首を続け、当面は「院政」を敷くとの見方が強い。

（アジア総局・大部俊哉）

## カンボジアとフン・セン親子をめぐる動き

| | |
|---|---|
| 1977年 | フン・セン氏がベトナムに亡命。フン・マネット氏が生まれる |
| 79年 | ポル・ポト政権崩壊。親ベトナム政権の下で内戦に突入 |
| 85年 | フン・セン氏が首相に就任 |
| 91年 | パリ和平協定が締結され、内戦が終結 |
| 92年 | 国連平和維持活動（PKO）で日本がカンボジアに自衛隊を派遣 |
| 93年 | 国連の下で初の総選挙。支援活動中の日本人2人が殺害される |
| 99年 | アンロンベンを拠点にしていたポル・ポト派が消滅 |
| 2013年 | 野党・救国党が総選挙で人民党に迫る躍進 |
| 17年 | 救国党が解党に。野党勢力への弾圧が強まる |
| 18年 | 人民党が総選挙で全議席独占。事実上の一党独裁に |
| 22年 | リアム海軍基地の拡張工事に中国が資金援助 |
| 23年 | 総選挙で人民党が圧勝。フン・マネット氏が首相に就任 |

# 活発化する中国外交

　3年に及ぶ「ゼロコロナ」政策をやめて海外との往来を復活させた中国が、コロナ禍前にも増して外交活動を活発化させている。米国との対立の長期化は避けられないとの見通しを踏まえ、アジアやアフリカなど「グローバルサウス」と呼ばれる国々との結びつきを深め、米国との対抗軸を形成しようとする狙いが鮮明だ。ウクライナ情勢では実質的にロシアを支えつつ、傷んだ欧州主要国との関係も経済をテコに立て直そうとしている。

　2023年3月、16年から断交していたイランとサウジアラビアが中国を仲介役に立てて電撃的な国交正常化合意を果たした〔→52ジ〕。この合意は、米国が安全保障を含む国際戦略の資源を中東からアジア太平洋に移していた矢先だっただけに世界に衝撃を与えた。国交正常化協議はもともとイランとサウジが進めていたものだが、国際社会での中国の影響力の高まりを印象づけた。

**習近平国家主席の主な首脳外交**

| | | |
|---|---|---|
| | 10月 | 共産党大会で習近平氏が総書記続投 |
| 2022年 | 11月 | インドネシアで開かれた主要20カ国・地域（G20）首脳会議でバイデン米大統領と初の対面会談 |
| | 12月 | 初の中国・アラブ諸国首脳会議に出席。サウジアラビアのムハンマド皇太子らとも会談 |
| | 2月 | 訪中したイランのライシ大統領と会談 |
| | 3月 | ロシアを訪問し、プーチン大統領にウクライナとの停戦協議を呼びかけ |
| 2023年 | 4月 | 訪中したマクロン仏大統領の地方視察に付き添うなど厚遇 |
| | | ウクライナのゼレンスキー大統領と電話協議 |
| | 5月 | 初の中国・中央アジア諸国首脳会議を陝西省西安市で開催 |
| | 6月 | 米国務長官として5年ぶりに訪中したブリンケン氏と会談 |

　ウクライナ情勢〔→36ジ〕でも中国は23年2月、停戦と話し合いによる解決などを求める12項目の和平案を唱えて仲介外交を展開し始めた。ただ、ロシア寄りの姿勢を崩さぬ中国へのウクライナ側の不信は根強く、建設的なリーダーシップを発揮しているとは言いがたい。

　米国との対立が深まる中で、中国は「グローバルサウス」〔→45ジ〕と呼ばれるアジアやアフリカの新興・途上国に積極的な外交攻勢をかけ、着実に取り込みを進めている。

　大きな成果の一つが、新興5カ国でつくるBRICSの加盟国拡大だ〔→44ジ〕。8月に南アフリカで開かれた首脳会議ではイランやエジプトなど新たに6カ国の加盟を決定。米欧中心の国際秩序の修正を図るためBRICSの拡大を主導した習近平氏は、「歴史的だ」と意義を誇った。

　一方、米国との対立に耐え抜くために重視しているのが欧州との関係だ。ウクライナ情勢もあり、欧州諸

国の対中不信は強まっているが、中国の巨大なマーケットや豊富な資源は無視できない。4月に訪中したマクロン仏大統領を習氏が厚遇するなど、中国は欧州諸国の切り崩しに注力し、米国が仕掛けるサプライチェーンや技術のデカップリング（切り離し、➡30ミ゙）に対抗しようとしている。

　巨大経済圏構想「一帯一路」に代表されるように、中国はこれまで経済力を背景とする「アメ」も使いながら精力的な外交を進めてきた。しかし、相手国のニーズや国力を度外視した過剰な投資は「債務のわな」と呼ばれる問題を引き起こしたほか、アジアの周辺国とは領土や海洋権益をめぐる火種も抱える。コロナ後の国内経済の回復状況が思わしくない中で、これまでのような強気の外交姿勢を貫けるかが注目される。

（中国総局・畑宗太郎）

## 関　連　用　語

### ◆一帯一路と債務のわな

「一帯一路」は、中国の習近平国家主席が「シルクロード」をモデルに2013年に提唱した巨大経済圏構想。東南・中央アジアやアフリカ、東欧などに広がり、10周年の国際フォーラムには150カ国以上が集まった。

　目玉は途上国のインフラ整備への資金や技術の提供。ただ、有利子の融資が基本で、返済できなければ政策や外交で従属的立場に陥る「債務のわな」が批判されている。99年間の港湾運営権を譲ったスリランカが代表例。貿易面でも中国の得が多いとの指摘もあり、23年12月、主要7カ国で唯一の参加国イタリアは離脱を中国に伝えたと報じられた。

### ◆中国の「標準地図」問題

　中国の自然資源省が23年8月に最新版の「標準地図」を発表すると、南シナ海の権益をめぐって中国と争いを抱えるフィリピンやベトナムが

相次いで反発した。

「標準地図」は、中国国内で発行される地図の基準となる。政府の従来の主張に沿い、南シナ海のほとんどの海域を囲むように「9段線」が引かれており、さらに台湾の東側の海域にも1本の線が描かれる。従前と変わらない内容とされるが、東南アジアなどの国々から反発を招いたのは、フィリピン船への進路妨害などで一触即発の事態が続き、対立が深刻化していることの表れといえる。

# 曲がり角の中国経済

高い経済成長を続けてきた中国経済が曲がり角を迎えている。コロナ禍で感染拡大を抑えようと厳しい移動制限を強いる「ゼロコロナ政策」によって、経済活動が停滞した。政策終了後も不動産不況で住宅が売れず、経済成長率を押し下げる。民間企業では人員削減が広がり、若者は就職難に直面。先行きへの不安から人々は財布のひもを締め、消費は振るわない。すでに人口減少も始まり、高度成長期は終わった可能性がある。

中国の2022年の国内総生産（GDP）は、物価の影響を除く実質成長率が3.0％にとどまった。厳しい移動制限を強いる「ゼロコロナ政策」によって経済活動が停滞したためだ。習近平指導部が目標としていた「5.5％前後」には大きく届かなかった。

政策が終了した23年は目標とする5％前後に届きそうな情勢だ。だが、中国経済は変調したとの見方が広がる。改革開放以降に年平均で9％以上の成長を記録してきた中国経済にとっては低い数字だからだ。国際通貨基金（IMF）や証券会社などはそろって、24年は4％台に成長率が落ち込むとみている。

◎

大きな理由の一つが、GDPの3分の1を生み出しているとされる不動産市場の不況だ。住宅を買う人が減ったことで、地方都市を中心に住宅の価格は下がり、開発が進まずに企業は収益が改善しない。経営危機が続く中国恒大集団は、22年末で負債が資産を上回る債務超過となった。23年8月に米国で破産申請するなど債務再編を進めようとしているが、創業者の許家印会長が9月に当局に

経営危機が続く中国恒大集団の本社が入っていたビル

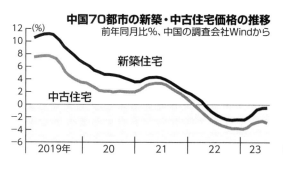

**中国70都市の新築・中古住宅価格の推移**
前年同月比％、中国の調査会社Windから

新築住宅

中古住宅

拘束され、先が見通せない状況だ。経営は堅調とされてきた業界最大手の碧桂園も経営危機を迎えた。

不動産以外にも理由はある。ゼロコロナ政策を機に中国の民間企業では業績悪化が相次ぎ、大企業でも人員削減が相次いだ。また公務員も給与の削減だけでなく、給与がもらえないまま働き続けている例が明らかになっている。16〜24歳の失業率は6月に21.3%と過去最高を3カ月連続で記録した後、中国国家統計局は発表を取りやめた。

こうした生活や雇用に対する不安から、人々はお金を使うよりも貯金するようになっている。外出できるようになったため旅行や飲食店の消費は回復しているが、耐久消費財と呼ばれる自動車や家電、スマートフォンなどの売れ行きは芳しくない。消費者物価指数は7月と10月に22年同月比マイナスを記録した。日本のようなデフレが起きているのではないかとの懸念がくすぶっている。

さらに中長期で成長率を押し下げる要因となりそうなのが、人口減少だ。22年には61年ぶりに人口が減ったことが明らかになった。女性の社会進出だけでなく、子育ての金銭的な負担の大きさを理由に子どもの数が減っているためだ。高齢化も急速に進んでいる。人口が減れば、経済成長が鈍化することは避けられない。

（中国総局・西山明宏）

## 関 連 用 語

### ◆中国不動産不況の原因

住宅信仰の根強い中国では、必ず値上がりするとして投資商品のように住宅を買う人が少なくなかった。不動産会社は、造れば高値で売れると次々に建設。大都市では平均価格が平均年収の40倍を超えるなど、庶民では手が出なくなっていた。

習近平指導部はこれを問題視。20年に導入した新規制で、資産に占める負債の割合が高いなど財務状態が悪い企業に新たな資金調達を制限した。これにより野放図な開発はできなくなった一方、中国恒大集団などの大手企業は資金繰りに窮し、不動産不況につながった。

### ◆進む人口減少

中国の22年末時点での総人口は14億1175万人となり、21年末から85万人減っていた。人口減は1961年以来、61年ぶり。少子高齢化のためで、2022年の出生数は956万人と建国以来最少となった一方、65歳以上は2億978万人と過去最多となった。

中国政府は人口爆発を恐れて、1979年から抑制策となる「一人っ子政策」を続けてきたが、2016年から2人目、21年から3人目を解禁した。ただ、効果は限定的とみられる。国連は23年4月、インドが中国を抜いて人口世界一になるとの推計を発表した〔●47ページ〕。

# 台湾総統選

台湾では1996年以降、有権者が４年に１度、直接選挙で総統を選んできた。選挙戦では中国との距離が主要な争点となり、主要政党が対中政策をめぐって論争を交わしてきた。2024年１月の選挙は、中台の現状維持を望む米国と、台湾統一をめざす中国の対立とも絡んで、世界的な関心を集めた。民進党・蔡英文 総統の後継者がどんな対外路線を歩むのかは、日本を含む東アジアの安全保障にも大きな影響を与える。

台湾は多党制ながら、主には蔡政権の与党・民主進歩党（民進党）、最大野党の中国国民党（国民党）、新興の第３勢力・台湾民衆党（民衆党）が世論の支持を分け合っている。

1986年に台湾で誕生した民進党は「中台は互いに隷属しない」という立場をとり、中国政府から「台湾独立派」として批判されてきた。これに対し、戦前に中国で生まれた国民党は「中台は一つ」という考えを持ち、中国政府から中台統一交渉のパートナーとみなされてきた。民衆党は対中姿勢を明確にしていない。

総統は、対中を含む外交・防衛政策を担うほか、内政面を取り仕切る行政院長（首相）を任命する権限を持つ。

2000年に民進党が初めて総統を出して以降、民進、国民の両党は政権交代を繰り返してきた。中国政府は民進党政権になると台湾に軍事や経済面で圧力をかけ、国民党政権の時代には融和姿勢で臨んだ。総統選の

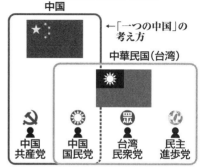

**中国と台湾各党の関係**

中国

←「一つの中国」の考え方

中華民国（台湾）

中国共産党　中国国民党　台湾民衆党　民主進歩党

結果が、中台双方と深い関係を維持している日本の外交や安全保障政策とも無縁でないのはこのためだ。

中国政府は過去の総統選で、台湾近海でのミサイル演習や中国在住の台湾商人への便宜供与などを通じ、中国と関係の深い国民党候補らを側面支援してきた。台湾では24年の選挙をめぐっても、中国政府が、経済圧力やフェイクニュースの拡散などの手段を使って、意中の候補に有利になるよう選挙に介入していたという見方が広がっていた。

（台北支局・石田耕一郎）

# 北朝鮮、偵察衛星打ち上げに「成功」

「万里を見下ろす『目』と、万里をたたく強力な『拳』をすべて手中に収めた」。北朝鮮の金 正 恩総書記が誇ったのは、軍事偵察衛星の地球周回軌道への投入の「成功」だ。偵察衛星という「目」を手にした一方、「拳」となる大陸間弾道ミサイル（ICBM）開発では、事前に発射の兆候をつかみにくい固体燃料型を初めて発射した。さらに南北の軍事境界線付近での敵対行為を禁じた軍事合意を事実上破棄し、緊張が高まっている。

北朝鮮は2023年5、8月の打ち上げ失敗を経て、3度目となる11月に偵察衛星「万里鏡1号」の打ち上げに「成功」し、偵察衛星運用室が任務を始めたと主張する。日韓も地球周回軌道に入ったことも認めている。

北朝鮮は21年に発表した国防発展5カ年計画で、偵察衛星の「25年までの運用開始」を掲げていた。沖縄県の米軍嘉手納基地や、米ホワイトハウスなどを撮影したと主張。一方で画像は公開しておらず、真偽や解像度は不明だ。韓国の情報機関・国家情報院は、偵察衛星として有用な水準には達していないとみている。

ただ、北朝鮮は「早い期間内に数個の偵察衛星を追加で打ち上げる」としている。今後性能を向上させ、本格的な運用に至れば、北朝鮮が敵軍の動向を監視する能力を手に入れ、より脅威が高まる恐れがある。

今回の「成功」にはロシアの影響も指摘されている。金氏は23年9月、ロシアのプーチン大統領と会談。軍事協力が話し合われたとみられ、ウクライナ侵攻で不足する弾薬の提供と引き換えに、ロシアの技術支援を受けたとの指摘もある。

一方、韓国政府は偵察衛星発射の対抗措置として、南北軍事合意のうち、飛行禁止区域の効力を停止。軍事境界線付近での偵察飛行を再開させた。これに反発した北朝鮮は、軍事合意の事実上の破棄を宣言。軍事境界線を挟む非武装地帯（DMZ）で軍監視所11カ所を復元させるなど、最前線での緊張が高まっている。

（ソウル支局・太田成美）

## 北朝鮮の核・ミサイル開発をめぐる主な動き

| 2021 年 | 1 月 | 国防発展5カ年計画を発表 |
|---|---|---|
| 22 | | 年間約70発の弾道ミサイルを発射。過去最多 |
| 23 | 3 | 「戦術核弾頭」と称する写真を公開 |
| | 4 | 固体燃料型の新型ICBM「火星18」を発射 |
| | 5 | 軍事偵察衛星の打ち上げに失敗 |
| | 7 | 「火星18」を再び発射 |
| | 8 | 偵察衛星の打ち上げに2度目の失敗 |
| | 9 | 核兵器開発の「高度化」を憲法に明記 |
| | 11 | 偵察衛星の打ち上げに「成功」 |

# 戦闘続くスーダン

　アフリカ北東部スーダンの首都ハルツームで2023年4月15日、スーダン国軍と準軍事組織「即応支援部隊」（RSF）による武力衝突が始まった。民政移管に向けた治安部門の改革における両者の統合プロセスをめぐって対立していた。RSFが支配的な西部ダルフールを中心に住民の虐殺や性暴力が多発。国連人道問題調整事務所（OCHA）によると、衝突から半年の時点で計590万人が避難し、そのほとんどが食料や医療へのアクセスが限られている。

　RSFはダルフールで活動していた民兵組織「ジャンジャウィード」が源流にある。1989年にクーデターで誕生したバシル政権は、2003年のダルフール紛争で反政府勢力に対抗するため、この組織を利用。13年にはRSFとして組織を合法化し、デモ隊の弾圧など「汚れ仕事」を担わせてきた。

　19年にバシル氏が追放されると、暫定政権トップに国軍のブルハン氏が就き、ナンバー2にRSFのダガロ氏が座った。RSFは国軍との協力関係を築く一方で、近隣国の紛争に派兵し、金鉱山の開発にも手をつけながら、資金力と軍事力の両面を拡大してきた。

　国軍とRSFは初めから対立含みだった。バシル政権後の民政移管で、どちらの勢力が権力を握るのか。ハルツームのエリート中心で官僚的な国軍と、ダルフールを出自として様々な民族が交ざる実力主義の

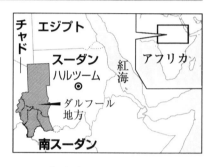

RSFが衝突するのは時間の問題でもあった。

　23年4月15日、首都ハルツームで武力衝突が発生。邦人を含む外国人が緊急退避する事態となった。衝突直後から、米国やサウジアラビアの仲介でたびたび停戦に向けた話し合いがもたれたが、半年経っても最終的な停戦のめどは立っていない。

　市街戦を得意とするRSFは、空軍力で勝る国軍と渡り合っている。特にダルフール地方では、RSFの市民への攻撃が相次ぎ、多くが隣国チャドに逃れている。

（ヨハネスブルク支局・今泉奏）

# アルゼンチン、極右ミレイ氏が大統領に

　南米アルゼンチンで2023年11月、大統領選があり、野党で極右のハビエル・ミレイ下院議員が初当選を果たした。ミレイ氏は政治経験の浅い「政界のアウトサイダー」で、中央銀行の廃止や通貨のドル化など過激な主張を重ねていた。だがアルゼンチンのインフレ率が100%を超える経済危機の中、「変革」を求める市民の声が高まり、既存の政治勢力ではないミレイ氏に支持が集まった形だ。

　ミレイ氏は経済学者出身で、21年から下院議員を務めている。2年ばかりの政治経験で最高権力者の座を手に入れた。

　リバタリアニズム（自由至上主義）の信奉者で、「小さな政府」を志向。中央銀行の廃止などのほかに、臓器売買や銃所持の合法化を主張し、人工妊娠中絶には反対している。左派のフェルナンデス政権から百八十度転換するような過激な政策を並べるミレイ氏は、当初「第3の候補」止まりだった。

　だがアルゼンチンの経済状況は悪化の一途をたどった。2〜10月には、消費者物価指数が9カ月連続で100%を突破。10月のインフレ率は前年同月比142.7%だった。ミレイ氏の対立候補だったセルヒオ・マッサ氏は与党で現職の経済相だったため選挙戦では大きな逆風が吹き、ミレイ氏への支持が集まった。

　フェルナンデス政権は中国との関係を深めたが、ミレイ氏は親米路線への転換を掲げており、外交姿勢は大きく変わることになる。中国の習近平国家主席やブラジルのルラ大統領を「共産主義者」と呼んだこともある。両国は重要な貿易相手国だが、政治的な交流は停滞する可能性が高い。アルゼンチンは24年1月に新興5カ国（BRICS）に加盟する予定〔→44ページ〕だが、方針は見直されるとみられている。

　　　　　（サンパウロ支局・軽部理人）

## PLUS ONE
## ブラジルと共通通貨を創設？

　アルゼンチンとブラジルは23年1月、両国の「共通通貨」創設に向けた協議を始めることで合意した。米ドルを使わずに決済できる貿易体制をつくることが目的だが、両国の自国通貨は存続する見通し。両国の大統領は「盟友」関係にあったが、新大統領のミレイ氏とブラジルのルラ大統領の関係は不透明で、共通通貨に向けた協議は停滞するとみられている。

# 経済を読むポイント

2023年は、新型コロナ禍からの本格的な回復期を迎えた年だった。日本経済のキーワードとなったのは「円安」と「訪日客（インバウンド）復活」、そして「値上げ」だ。

日本円は基軸通貨ドルに対し、記録的に安い水準が続いた。11月には円相場が一時、1ドル＝151円80銭台に下落し、約33年ぶりの円安水準に迫った。

円安を生んでいるのは日米の金融政策の違いだ。

コロナ禍を乗り越えて個人消費や企業活動が活発に動き出した欧米では、急上昇した物価を抑えるため、22年から中央銀行が金利を引き上げ始めた。出回るお金の量を抑制する金融政策の「引き締め」だ。一方で、日本銀行は金融緩和の路線を崩さず、マイナス金利政策を続けている。開いた金利差が通貨の人気の差となり、円が安くなっている。

## ▌円安、輸出企業に追い風
## インバウンド復活
## 値上げ、生活に打撃

日本企業の業績は、円安がプラスに働きやすい輸出産業を中心に好調に推移し、好景気を支えている。

上場企業の23年9月中間決算は、最終的な利益を表す純利益の合計が過去最高を更新した。

自動車産業は、世界的に販売が好調だったこともあり、大手7社のうちトヨタ、ホンダ、スズキ、マツダの4社で、純利益が過去最高を記録した。7社とも、23年度通期の純利益見通しを上方修正した。

海外で手広くビジネスを展開する商社も、大手5社がそろって24年3月期の純利益見通しを引き上げた。円相場が大きな要因となり、5社合わせて1800億円規模の上ぶれ効果を生んだ。

円安は、日本を訪れる外国人観光客らに割安感を与える。新型コロナの水際対策措置が完全撤廃されたこともあり、「安い日本」を訪れる外国人の数は増えている。日本政府観光局によると、23年10月の訪日外国人客数は251万6500人で、コロナ拡大前の19年同月（249万6568人）を超えた。

訪日客の消費は、国内の物販や飲食店、サービス業の収益に貢献している。観光庁が発表した23年7～9月の訪日客の旅行消費額は1兆3904億円で、19年の同じ時期より17.7％も増えた。鉄道や航空会社など、旅行に絡む産業にも広く恩恵をもたらしている。

一方、円安は海外から原材料を買う企業には、収益悪化の要因となる。それでも多くの会社が利益を出したのは、幅広い業界で値上げが浸透し

羽田空港の国際線カウンターで中国への帰国便の手続きを待つ旅行者＝2023年10月

たからだ。

象徴的だったのが電力業界だ。22年度には円安と資源高による燃料費の上昇で、赤字に陥る会社が続出した。だが、23年9月中間決算では、大手10社すべてが黒字を確保。8社が過去最高益も更新した。食品や外食企業でも、値上げ効果が利益に表れた。

値上げラッシュにより、日本でも物価高は進んでいる。総務省がまとめた23年1月の消費者物価指数は、前年同月より4.2％上がり、第2次石油危機があった1981年9月以来、41年4カ月ぶりの高い水準を記録した。その後も10月まで3％前後の上昇率が続いている。

問題は、物価が上昇して家計が痛むようになれば、消費の勢いが弱まり、景気が悪くなる恐れが出てくることだ。

厚生労働省によると、物価の影響を考慮した働き手1人あたりの「実質賃金」は10月に、前年同月より2.3％減った。19カ月連続で前年割れしており、賃金上昇が物価高に追いついていない状況が続く。

労働組合の中央組織・連合は、24年春闘で、統一要求の賃上げ目標を「5％以上」とする方針を決めた。企業側がどう応えるかが、日本経済の課題の一つとなる。

### ■ウクライナ侵攻に続きパレスチナ情勢も悪化技術革新競争が激化

世界に目を向ければ、ロシアのウクライナ侵攻が続き、中東のパレスチナ自治区ガザ地区でイスラエル軍とイスラム組織ハマスの戦闘が始まった。原油やガス生産と関係が深い地域の緊迫化は、世界のエネルギー市場にどう影響するかが注視されている。

不動産市況の悪化や低調な輸出で伸び悩む中国経済の先行きにも警戒が広がる。

23年の産業界は、文書や画像をつくる生成AI（人工知能）ブームに沸いた。前年秋に米オープンAIが一般公開した対話型の「ChatGPT」が火付け役だ。今後、あらゆる産業が生成AIを取り入れて進化するとみられ、インターネットの「検索」やスマートフォンの登場に並ぶイノベーションとして注目される。

今後は生成AIだけでなく、自動運転や自然エネルギーなど産業を転換しうる技術革新競争が世界で激化する。日本企業がいかに挑み、強みを発揮できるかが、日本経済の成長を左右することになる。

（経済部・和気真也）

# 止まらない物価上昇

　モノやサービスの値段が上がり続けている。総務省が毎月公表する消費者物価指数は2021年9月から上昇に転じ、高い水準の伸びが続いている。長引く円安に原油高が加わり、一時は米国の物価上昇率を約8年ぶりに上回った。景気回復に伴い賃金は増えているものの、物価の上昇分を差し引くと実質的にはマイナスだ。本来なら賃金が上がってから物価が上がるサイクルが望ましい。物価高克服には高い水準の賃上げがカギとなる。

　値動きの大きい生鮮食品をのぞく消費者物価指数の上昇率は、22年12月と23年1月に4％台をつけ、第2次石油危機のあった1981年以来、41年ぶりの高い水準になった。

　最も家計を苦しめているのは食品の値上がりだ。

　生鮮食品をのぞく食料の指数は、22年後半から伸び率が高くなり、23年4月には前年同月比9％台に達した。こちらは第1次石油危機後の1976年5月に9.1％を記録して以来、47年ぶりの水準だ。

　日本は小麦や大豆、砂糖をはじめ多くの食料を輸入に頼っており、歴史的な円安が価格高騰を招いた。さらにロシアによるウクライナ侵攻〔●36ペ〕に端を発した原油高で、輸送費や包装資材のコストがかさみ、電気代のアップも価格に跳ね返っている。

　帝国データバンクが主要食品メーカー195社の価格動向を調べたところ、2023年は3万1887品目が値上げ

された。前年を23.7％上回る水準だ。円安の長期化で、24年も値上げが断続的に続く可能性があるとみる。

　家計の消費支出に占める食費の割合を示す「エンゲル係数」も急上昇している。

　第一生命経済研究所の熊野英生・首席エコノミストが総務省の家計調査を分析したところ、直近1年間（22年9月〜23年8月）の平均値は29.0％だった。過去40年で最高の水準で、10年前に比べて3ポイント以上も高くなった。

　熊野氏は「年金生活者や所得の低い人たちは、なかなか食費を切り詰められず、負担は大きい」と話す。

　エネルギー価格の上昇も大きい。

　経済産業省の調べでは、レギュラーガソリン1Lあたりの全国平均価格は23年9月4日に186.5円となり、15年ぶりに過去最高値を更新した。足元の原油価格は高止まりしており、政府は9月末に終える予定だったガソリン価格に対する補助金を延長す

ることになった。

　10月にはイスラム組織ハマスとイスラエルとの軍事衝突〔→48ページ〕で中東情勢が再び緊迫化し、原油価格にも影響を与えている。政情不安が長引くほど、家計の不安も高まってゆく。

　日本銀行は2％のインフレ（物価上昇）目標を掲げている。消費者物価指数をみると、22年4月から目標

**実質賃金の減少は17カ月連続となった**

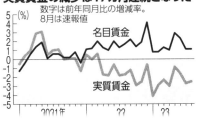
数字は前年同月比の増減率。
8月は速報値

を上回る状態が続いている。だが日銀は大規模な金融緩和の旗を降ろさず、政府も「デフレ脱却」を認めていない（23年10月時点）。

　政府は01年3月と09年11月の2度、「デフレ宣言」を出した。足元の経済状況はデフレではないものの、「物価高対策に取り組みつつ、デフレに後戻りしないための政策も必要」（政権幹部）という。

　その一つが賃上げだ。賃金の伸びが物価の伸びを上回らなければ、購買力の低下を招き、消費低迷につながるからだ。24年の春闘が前年を上回る水準で妥結すれば、積年の課題だったデフレ脱却も見えてくる〔→168ページ〕　　　（経済部・米谷陽一）

経済

---

## 関 連 用 語

### ◆消費者物価指数

　総務省が毎月20日前後に公表する統計調査で、全国の世帯が購入するモノやサービス計582品目の平均的な価格の変化を測定したもの。英語でCPI（Consumer Price Index）という。

　2020年を100とした値で表す。すべての品目の値動きを示す「総合指数」に対し、生鮮食品をのぞいた値を「コア指数」と呼ぶ。日本銀行のインフレ目標は、コア指数の前年同月比伸び率を使う。

　23年6月の総合指数は105.2で前年同月より3.3％上昇し、伸び率で米国を約8年ぶりに上回った。

### ◆実質賃金

　物価の影響を考慮した働き手1人あたりの賃金。物価が上がると、以前と同じ賃金をもらっていても、買えるモノやサービスが少なくなるため、「実質」の賃金は減る。逆に物価が下がると増える関係にある。

　厚生労働省の毎月勤労統計調査によると、23年8月は前年同月より2.5％減り、17カ月連続で前年水準を下回った。一方、従業員に支払われた金額そのものを示す「名目賃金」は20カ月連続で前年水準を上回った。賃上げの動きは続いているものの、物価の伸びに追いついていないことになる。

# 植田総裁就任と日銀の金融政策

新たな日本銀行の総裁に、経済学者出身の植田和男氏が就いた。前任の黒田東彦氏は、アベノミクスの柱である「大規模な金融緩和」を10年にわたって主導したが、賃金上昇を伴う形での物価上昇率２％の目標は達成できなかった。植田氏は2023年４月に就任すると、黒田氏が進めた緩和路線を続けると表明。物価目標を達成し、副作用も指摘される異例の金融緩和の「正常化」に踏み出せるかが焦点となる。

植田氏はマクロ経済学や金融論を専門とする経済学者だ。1998年から７年間、日銀の審議委員を務め、日銀が「ゼロ金利政策」を解除して金融引き締めを決めた2000年８月の金融政策決定会合で反対票を投じた。

過去の日銀総裁は、日銀と財務省（旧大蔵省）出身者でほぼ占められており、植田氏が戦後初の学者出身の日銀総裁となる。任期は５年。

日銀は13年４月、植田氏の前任の黒田総裁のもとで、物価上昇率２％の目標を実現するため、大規模な金融緩和策を導入した。大量に国債を買い入れて金利を引き下げ、景気を下支えすることを狙った。だが10年に及んだ黒田氏の任期中、日銀がめざす賃金上昇を伴う形での２％の物価上昇は実現しなかった。

ただし任期終盤の22年２月、ロシアによるウクライナ侵攻〔→36ジ〕をきっかけに原油などの原材料が高騰し、世界的に物価高が広がった。日本でも物価上昇率の前年比が２％を超え、日銀の目標を上回る状況が続いた。

米欧の中央銀行は物価高を抑えるため、政策金利を上げる金融引き締めに動いた。だが日銀は、賃金上昇を伴う「経済の好循環」ではないとして、金利を低く抑え込む金融緩和を継続。すると金利が高いドルを買って円を売る動きが広がり、円安ドル高が進んだ。これが輸入物価の高騰に拍車をかけた。

植田日銀は今後どう動くのか

日本銀行

24年の春闘で **賃上げ継続**　　春闘で **賃上げ失速**

賃上げを伴う形で物価上昇2%実現の見通し

いくつものリスク
・原油高・物価高が消費押し下げ
・海外経済の減速
・ウクライナ危機深刻化

経済の好循環の実現

経済の好循環実現せず

**大規模緩和から転換**
マイナス金利解除
長期金利の上限撤廃

**大規模緩和を継続**
↓
**さらなる円安も**

そんな中で23年4月、植田日銀がスタートした。植田氏は最初の金融政策決定会合で、黒田氏の緩和路線を続けると決めた。一方で1990年代後半から25年間に及ぶ日銀の金融緩和策について「多角的なレビュー」（検証）をすることも決定。政策の効果と副作用を検証する。

金融緩和を続ける植田日銀だが、政策の一部修正には動いた。23年7月の会合では、低く抑え込んでいる長期金利（新発10年物国債の利回り）の上限を0.5％程度から1.0％に事実上、引き上げた。10月会合で1.0％の上限を「めど」に改め、さらなる上昇も容認。この狙いを植田氏は政策の柔軟性を高めるためなどとし、

金融緩和は続ける姿勢を示した。だが長期金利の上昇を徐々に認める姿勢に、専門家からは「金融政策の正常化への一歩」との見方もある。

日銀は2％の物価目標の実現が見通せる状況になれば、マイナス0.1％の短期金利の引き上げや、長期金利を低く抑え込む政策の撤廃に動くとみられる。10年に及ぶ金融緩和の「正常化」に向け、焦点となるのが24年の春闘だ。23年の春闘〔➡168ジ〕では高い賃上げ率が実現しており、24年も続けば「経済の好循環」が実現したと判断しうるからだ。賃上げ率に加え、中小企業への広がりも目標達成を判断するうえで重要な要素となる。　　　（経済部・十居新平）

## 関　連　用　語

### ◆長短金利操作

日銀が16年9月に導入した金融緩和策で、イールドカーブ・コントロール（YCC）とも呼ばれる。長期金利と短期金利にそれぞれ誘導目標をもうけ、国債の満期までの残存期間ごとの利回り（金利）をつなげた利回り曲線（イールドカーブ）全体を押し下げ、景気を下支えする。長期金利を抑え込むのは世界でも異例の政策。日銀は国債を大量に買うことで長期金利を抑え込む。しかし、適正な金利水準が分からなくなり、債券市場の機能が低下するなどの副作用がある。このため日銀は抑える金利の上限を段階的に上げてきた。

### ◆金融政策決定会合

日銀の役割である物価と金融システムの安定を図るため、年8回、毎回2日間ずつ非公開で開かれる。金利の操作などの金融政策について、日銀総裁、副総裁2人、審議委員6人の計9人の政策委員が多数決で決める。政府の代表も出席して意見を述べることができるが、日銀の独立性を守るため、議案への投票権は与えられていない。原則として会合の6営業日後に会合での「主な意見」が、1カ月後には「議事要旨」が公表される。発言者を含む詳細な「議事録」は10年後に半年分ずつ公開される。

# 日経平均３万円超えとNISA拡充

日経平均株価が高水準で推移している。2023年５月に１年８カ月ぶりに
３万円台を回復してからバブル崩壊後の高値を立て続けに更新した。賃上
げや円安、株主への還元などが重なったことが要因で、証券会社の中には
数年かけて史上最高値の３万８千円台を更新するという見立てもある。24
年１月からはNISA（少額投資非課税制度）の大幅な拡充も控え、個人の
長期資金が市場に流れ込めば株価はさらに上がる可能性もある。

日経平均の３万円台はバブル期、コロナ禍、そして今回で３回目となる。1989年のバブル期には史上最高値となる３万8915円をつけた。その後バブルの崩壊とともに、株価は長い低迷期に入る。2009年の３月には史上最安となる7054円まで下落した。

約30年６カ月ぶりに３万円台を回復したのは21年２月。新型コロナウイルスの感染が拡大し、緊急事態宣言が出されていた。経済活動が大幅に制限される中で株価が好調だったのは、世界各国が打ち出した大規模な金融緩和政策と政府の財政出動による。だが、新型コロナの収束や金融政策の転換によって、21年９月を最後に再び３万円台を割り込み、一時は２万４千円台をつけた。５月の３万円台返り咲きはコロナ禍から脱しつつある日本経済と、日本企業への期待が反映されている。

株高を主に牽引したのは海外投資家だ。「買い」から「売り」を差し引いた買い越し額は３月末から６月にかけて12週連続プラスで累計６兆円に達した。03年以降で最大となる。

要因は複数あるが、歴史的水準が続く円安によって企業の業績が改善し、原材料の値上がり分を価格に転嫁して、モノやサービスの値段が上がった。利益を従業員に還元したことで23年の春闘では約30年ぶりの水準となる賃上げが実現した〔●68、168ページ〕。

東京証券取引所が23年３月に呼びかけた「資本コストや株

| 主な出来事 | 2001年9月11日 米同時多発テロ | 08年9月15日 リーマン・ショック | 13年4月4日 日銀が大規模緩和を開始 | 20年2月 新型コロナ感染拡大 |
|---|---|---|---|---|

過去最高値
３万8915円
89年12月29日

バブル後最安値
7054円
09年3月10日

１年８カ月ぶり
３万円台
23年5月17日

30年半ぶり
３万円台
21年2月15日

日経平均（円）

1990年　95　2000　05　10　15　20

価を意識した経営」が浸透してきたことも大きい。その象徴がPBR（株価純資産倍率）という指標。市場の映す企業価値（時価総額）が、投資家から集めたお金（純資産）の何倍かを示し、1倍を下回っている状況では、会社を解散して純資産を分配したほうが株主にはプラスともされる。23年3月末時点では東証プライム市場約1800社のうち、メガバンクや大手メーカーなどを含む約半数が1倍を割っていた。

23年3月期決算では、1倍割れの解消を意識した配当増や自社株買いなどの株主還元をアピールする企業が相次いだことも後押しした。

24年1月からはNISAが大幅に拡充される。従来は積み立て枠と一般枠の二つに分かれ、併用できない。新NISAは二つの枠を同時に使え、最大投資枠は年間360万円、生涯1800万円となる。日本証券業協会によると、証券会社におけるNISAの口座数は2014年末の約500万口座から23年6月末には約1300万口座まで増加している。日本銀行によると、23年3月末で個人の金融資産は2042兆円あるが、半分超は現金・預金。上場株や投資信託は10％程度にとどまる。

個人の現金・預金がNISAを通じて市場に流れ込めば、株価はさらに上昇していく可能性を秘める。

（経済部・東谷晃平）

## 関 連 用 語

### ◆日経平均株価

東京証券取引所プライム市場に上場する約2千銘柄の中から、日本経済新聞社が選んだ225社の平均株価。ルーツは1950年から算出されており、日本を代表する株価指数。「日経225」などと呼ばれる。年に2回、銘柄が入れ替えられる。日経平均が上がっていれば、多くの銘柄が値上がりしているという見方もできる一方で、株価水準が高い「値がさ株」が大きく動くと、影響する可能性もある。代表的な値がさ株はユニクロを運営するファーストリテイリング、東京エレクトロン、ソフトバンクグループなど。

### PLUS ONE
### PBR（株価純資産倍率）

1株あたりの純資産に対して株価が何倍かを表す。株価が資産価値と比べて割高か、割安かを判断するための指標として使われる。一般的には1倍割れの企業は解散したほうが投資家には利益となる。23年3月に東証が1倍より低い企業に改善を求めたことで、株価を意識した自社株買いや株主還元をする企業が増加した。3月末時点では東証プライム市場、スタンダード市場に上場している約3300社のうち、1倍割れ企業が半数以上を占め、欧米と比較しても非常に多い。

# 上場企業の利益、過去最高水準に

　上場企業の2023年3月期決算は、最終的なもうけを示す純利益が2年連続で過去最高となった。東京証券取引所の集計によると、主要1688社の純利益は連結ベースで前年度比5.47％増の42.5兆円だった。コロナ禍からの脱却で、海運や鉄道などの業績が回復。歴史的な円安を追い風に、商社などは過去最高益が相次いだ。一方で、欧米では利上げによる景気減速も見込まれ、先行きは不透明だ。

　23年3月期決算の売上高は前年比15.32％増の833.5兆円、本業のもうけを示す営業利益は7.87％増の53.2兆円だった。牽引したのはコロナ禍からの脱却だ。空運業は純損益が3年ぶりに赤字から黒字に転換した。ANAホールディングス（HD）、日本航空がいずれも3期ぶりに最終黒字に。陸運業は純利益を10倍以上増やした。JR主要3社（東日本、東海、西日本）はいずれも純損益が3年ぶりに黒字になった。

　商業施設や百貨店なども活気づいた。アウトレットモールなどを展開する三井不動産の23年3月期決算は、純利益が1969億円（前年比11.3％）で過去最高。百貨店の三越伊勢丹HDは、国内の富裕層を中心に高級ブランド品などが売れ、純利益が前年の約2.6倍となる323億円だった。特に都心部の店舗が好調で、伊勢丹新宿本店の売上高は3276億円と、バブ

ル期を超えて過去最高だった。

　コロナ禍で客足が低迷していたホテル業界も客足が戻った。22年の国内客による旅行消費額は19年比で8割近くまで戻った。インバウンド〔●76〕も回復している。日本政府観光局によると23年4月の訪日外国人は約195万人で、コロナ前（19年4月）の約7割まで戻った。

　帝国ホテルの23年3月期決算は純利益が19億円。3年ぶりの黒字に転換した。

　歴史的な円安と資源高に支えられたのが商社だ。三菱商事と三井物産は、総合商社として初めて純利益が1兆円を超えた。ともに円安による

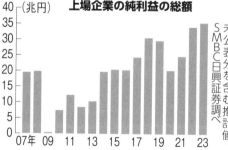

上場企業の純利益の総額

各年3月期。旧東証1部上場で金融業を除く。23年は未公表分を含む推計値。SMBC日興証券調べ

利益の上積みが前年比で1500億円規模になり、増益幅の6、7割を占めた。自動車も円安の恩恵が半導体不足による生産停滞や原材料の高騰を打ち消した。売上高は過去最高だった。

一方、好調だった企業の陰で、材料費の高騰により食品、生活用品のメーカーや小売店は苦しんだ。ハウス食品グループ本社は香辛料や調味料といった原材料の値上がりなどが利益を圧迫し、営業利益は13.5%減の166億円だった。「エリエール」ブランドで知られる大王製紙は原料高などで、上場以来初めての営業赤字に転落した。

先行きはどうか。好業績は24年以降も続く可能性が高い。市場では24年3月期決算も過去最高益を更新するという見方もある。原材料・エネルギー高が落ち着き、半導体不足が改善することが大きな要因だ。

ただ、足元では歴史的な円安水準が続く。一般的に円安は輸出企業の業績を膨らませることが多いが、日本経済全体にとっては必ずしも好ましいとは限らない。このまま円安基調が続けば、家計への負担が重くなって消費が滞ったり、価格転嫁ができない中小企業の経営を圧迫したりする恐れもある。世界に目を向けると、欧米の中央銀行は物価高を抑えるために利上げを進めており、世界的な景気減速の懸念も強まっている。

（経済部・東谷昇平）

## 関　連　用　語

### ◆円安

外国の通貨に対して、円の価値が下がること。たとえば、「1ドル＝100円」が「1ドル＝120円」になること。一般的に輸出産業にポジティブ、輸入産業にはネガティブな影響がある。輸出産業にとっては海外で稼いだ外貨を多く円にすることができるため、利益が増える。また、海外へ商品を安く売ることができるようになるため、競争力が高まる。一方で輸入産業にとっては石油や原材料の価格が上がることで、消費者や企業にとっては負担が増える。22年の為替相場は円安が進み、32年ぶりに150円を超えた。

### PLUS ONE
### 原材料費の高騰

20年、新型コロナウイルスの感染拡大で経済活動が制限され、原油価格は急落した。感染が落ち着くと、資源価格は上昇した。急激に原油価格の高騰や穀物高を招いたのはロシアのウクライナ侵攻〔●36ジ〕だ。侵攻直後には原油の国際的指標であるWTI原油先物価格は1バレル＝100ドルを超えた。

23年後半にはパレスチナ自治区ガザ地区を実効支配するイスラム組織ハマスとイスラエルの軍事衝突〔●48ジ〕により、中東情勢は不安定化している。

# 復活するインバウンド需要

インバウンド（訪日外国人）が急増し、新型コロナウイルス感染拡大前の水準に回復した。2022年10月に入国規制がほぼ撤廃され、コロナ禍前に近い状態に戻ったためだ。円安が進んだことで、外国人にとっては国内の商品やサービスの割安感が強まり、「訪れやすい国」になっている。23年8月には最大市場である中国が日本への団体旅行を解禁。訪日客は今後も増加が見込まれる。

日本政府観光局（JNTO）の訪日外客統計によると、23年10月の訪日客数（推計値）は251万6500人で、コロナ禍前の19年同月を0.8％上回った。月間の訪日客数が初めてコロナ禍前を超えた。

国・地域別では、韓国が63万1100人（19年同月比3.2倍）、台湾が42万4800人（同2.7％増）で続いた。アジアや欧米の多くの国が、コロナ禍前の水準を大きく上回っている。

ただ、コロナ禍前に首位だった中国は、訪日団体旅行が解禁されたばかりで、3位の25万6300人（同64.9％減）にとどまった。東京電力福島第一原発の処理水放出〔●138ジ〕を受け、日本への旅行を控える動きも一定程度影響しているとみられる。

コロナ禍では、政府は厳しい「水際対策」をとり、外国人の新規入国を原則禁止した。21年の訪日客数は24万5900人にまで落ち込んだ。

22年5月、岸田文雄首相が訪日客の部分的な受け入れ方針を表明。当初は感染リスクの低い国・地域に限ったうえで、旅行者の健康状態を管理しやすいよう、パッケージツアーのみが認められた。それでも規制はまだ厳しく、訪日客数の伸びは鈍かった。その後、政府は国内の感染状況などを踏まえ、段階的に入国者の上限を引き上げた。同10月11日には上限撤廃のほか、個人旅行も解禁し、コロナ禍前の状態にほぼ戻った。

これをきっかけに訪日客数は急速に回復。月間の訪日客数は同12月に100万人を突破した。23年に入って円安傾向となったこともあり、同6月に200万人を超えた。

訪日客が急増し始めたのは東日本大震災後の12年。13年に1036万人と

（万人）／2019年10月／訪日客数がコロナ禍前の同じ月を初めて超えた

2022年10月 水際対策が大幅緩和

数字はのべ人数。日本政府観光局の統計。23年9月、10月は推計値

2019年 20 21 22 23

なり、初めて１千万人を超えた。それがコロナ禍前の19年には３倍の3188万人になった。増えた約２千万人の９割はアジアからの訪日客だ。7.3倍となった中国が圧倒的だが、タイやマレーシア、シンガポール、インドネシアも約３倍になった。

背景にあるのはアジアの経済成長だ。富裕層だけでなく、中間層の人たちも日本を訪れるようになった。長年デフレが続いた日本では、買い物や飲食などに割安感があり、海外から旅行者が集まった面もある。

日本政府も訪日客の受け入れに力を入れ、外国人へのビザ（査証）の要件緩和を進めた。格安航空会社（LCC）が続々と誕生し、日本への旅行が身近になった。

政府は23年３月に閣議決定した「観光立国推進基本計画」で、年間訪日客数を25年までに19年の水準を超えるという目標を掲げている。このままの水準が続けば、１年前倒しの24年に達成できる可能性がある。

日本の産業競争力がしぼむ中、観光は成長産業の一つだ。持続的な成長のカギとなるのは、訪日客の「数」から「質」に軸足を移すことと、１人あたりの消費額が増えるよう、観光地の魅力を高めることとされる。宿泊者の大半は東京や大阪、京都に集中していることから、地方への呼び込みも課題となっている。

（経済部・平林大輔）

# 関連用語

## ◆オーバーツーリズム

国内外の観光客の急増に伴って、一部ではオーバーツーリズム（観光公害）が問題となっている。

例えば、京都や箱根などでは曜日や時間帯によって、電車や路線バスが大混雑し、地元住民が乗りづらくなることも。写真を撮るため私有地に無断で入ったり、路上にゴミを捨てたりするマナー違反もある。

政府は23年10月、「オーバーツーリズムの未然防止・抑制に向けた対策パッケージ」をまとめた。ただ、多くはこれまで実施されている取り組みであるうえ、地域によって課題は千差万別で、実効性が課題となる。

### PLUS ONE
### 旺盛な消費額

観光地や繁華街はインバウンド消費に沸く。観光庁の調査によると、宿泊や交通、買い物、飲食などを合わせた23年７〜９月の旅行消費額は１兆3904億円。19年の同じ期間を17.7％上回り、コロナ禍前の水準を初めて上回った。

国・地域別の総額は中国が最も多く、台湾、韓国が続いた。ただ、１人あたりでみると、滞在日数が比較的長い欧米が29万〜35万円ほどと多い。

政府は、訪日客の旅行消費額を年５兆円にする目標を掲げており、23年中に達成できる可能性がある。

# ゼロゼロ融資返済本格化と倒産件数増

中小企業向けの実質無利子・無担保の「ゼロゼロ融資」の返済が本格化する中、中小企業の倒産が増えている。コロナ禍で苦しむ中小企業の資金繰りを支え、倒産を防ぐ効果があった一方、もともと稼ぐ力のない企業の「延命」につながった可能性も指摘されていた。コロナ関連の公的支援が薄くなっていくのに伴い、企業の実力そのものが試される局面に入っている。

コロナ禍の初期、多くの中小企業は経営の見通しが立たなくなった。放置すれば、金融機関が貸し出しをためらい、世の中のお金の流れが滞る恐れがあった。資金繰りに行き詰まる企業が増え、倒産が相次ぐと、コロナ禍からの経済回復は一段と難しくなる。

そこで、金融機関が企業にお金を貸し出しやすい環境をつくるため、ゼロゼロ融資ができた。ゼロゼロ融資は利子を3年間、国や都道府県が肩代わりし、返済されない場合、公的機関の信用保証協会が肩代わりする。金融機関は、貸し倒れの損失を自らかぶるリスクがないこともあり、融資に積極的になった。

ゼロゼロ融資などの手厚い公的支援により、コロナ下での倒産件数は歴史的な低水準に抑えられた。東京商工リサーチによると、2021年度の倒産件数は5980件。1964年度以来、57年ぶりの少なさだった。

だが、制度が始まってから3年が経ち、無利子期間が終わったことで、企業による返済が本格化してきた。中小企業庁によると、民間金融機関によるゼロゼロ融資の返済開始は2023年7月にピークを迎え、24年4月にもう一度ピークが見込まれる。23年3月末時点で約5割が返済中で、完済は全体の2.7%にあたる約3万7千件にとどまる。

中小企業の倒産はコロナ

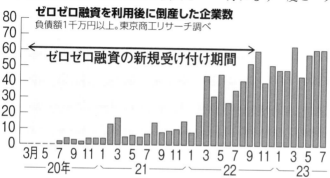

**ゼロゼロ融資を利用後に倒産した企業数**
負債額1千万円以上。東京商工リサーチ調べ

ゼロゼロ融資の新規受け付け期間

3月 5 7 9 11 1 3 5 7 9 11 1 3 5 7 9 11 1 3 5 7
—20年— —21— —22— —23—

下を上回るペースで増えている。東京商工リサーチによると、新型コロナの感染症法上の分類が「5類」に移行〔●126ぷ〕した23年5月の中小企業の倒産件数は704件（前年同月比34.3％増）、ゼロゼロ融資の返済開始がピークを迎えた7月は758件（同53.7％増）だった。電気、ガス料金の値上げや物価高などの負担も重しになった。

中小企業の経営が行き詰まるのを防ぐため、政府は23年1月、ゼロゼロ融資から低金利で借り換えられる制度を始めた。中小企業庁によると、6月下旬までに1.3兆円の借り換え保証が行われた。

金融庁も金融機関に対し、貸し出し条件の緩和など、中小企業を支えるよう呼びかけている。全国銀行協会の加藤勝彦会長（みずほ銀行頭取）は7月の会見で、「コロナという危機を脱した今、改めて中小企業が経営課題に向き合う機会、タイミングが来ているのでは」と話した。

無利子・無担保とはいえ、借金であることに変わりはなく、経営者は返済資金を用意する必要がある。もし全額返済がなされなければ、最終的には税金で穴埋めされ、国民みんなの負担になる。危機対応だった支援策が次々と終わる中、抜本的な経営の見直しを迫られる中小企業が今後も増えそうだ。

（経済部・山本恭介）

---

## 関 連 用 語

### ◆ゼロゼロ融資

金融機関が主に中小企業に対し、実質的に利子がなく（ゼロ）、担保もなし（ゼロ）でお金を貸し出す制度。新型コロナが広がった20年3月に始まった。本来なら払わなければいけない利子を3年間、国や都道府県が肩代わりする。

最初は日本政策金融公庫などの政府系金融機関が担ったが、申し込みが殺到したため、同5月に民間の金融機関にも拡大した。融資の新規受け付けは、民間金融機関が21年3月に、政府系の金融機関が22年9月に終えた。融資額は合計で約43兆円にのぼった。

### ◆信用保証協会

都道府県や市町村、地域金融機関などが資金を出して運営する公的機関。民間金融機関によるゼロゼロ融資が返済されない場合、信用保証協会が肩代わりする。

協会が被った損失の約8割は政府出資の日本政策金融公庫が補填する。原資は公庫に協会が支払っている保険料だが、足りない分は公費で補うことになる。損失の一部は自治体が負担する場合もある。

仕組み上、銀行側の目が甘くなりかねないため、経営が悪化した融資先企業を見つけ、経営支援で収益を改善させる役割も求められている。

経済

# 深刻な人手不足

コロナ禍で傷んだ経済の回復を受け、幅広い業種で人手不足が深刻になっている。その背景には急速な少子高齢化がある。「年収の壁」や「物流の2024年問題」に加えて、円安が進んで外国人の働き手の確保も難しくなっている。技能実習などの制度の見直しに加えて、DX（デジタル化）の推進や対話型AI（人工知能）「ChatGPT」の導入など、企業はあの手この手で人手不足を乗り越えようという動きも現れている。

信用調査会社の帝国データバンク新潟支店が23年4月、新潟県内に本社がある496社に尋ね、257社が回答した調査によると、正社員が不足していると答えた企業は51.8％あった。コロナ禍のさなかだった22年4月と比べて8.8ポイント増え、調査を始めた07年以降でみても、新入社員が入る4月としては最も高かった。

特に「サービス業」で最高の74.4％（22年4月比で14.4ポイント増）となり、次いで高かった「小売業」の68.8％も24.4ポイント増えていた。客と対面で接する機会が多い業界では、コロナ禍で事業をいったん縮小した企業も少なくなく、新型コロナの5類移行〔●126ジ〕による経済活動の再開では、人材不足が鮮明になっている。コロナ禍からの経済の回復に伴う人手不足が、事業を拡大しようとする企業の足を引っ張り、かえって経済の成長に冷や水を浴びせるという状況が起きつつある。

人手不足の主な原因は、少子高齢化による働き手の不足。これは全国でも同じ状況だ。アサヒビールを傘下に持つアサヒグループホールディングス（HD）の勝木敦志社長は、得意先である飲食店の状況について、「コロナ禍前から続いていた人手不足が今はさらに厳しい。席が空いているのに断られることも多くなった」と嘆く。

ファミリーレストラン「ロイヤルホスト」などを手がけるロイヤルHDの阿部正孝社長も「新入社員も中途社員も、採用に苦労している。競合他社も多く募集しているので、人の採り合いになっている」と明かす。加えて、パートやアルバイトで働く人たちが、年収の壁を越えない

**正社員「不足」と答えた企業の割合**
各年4月。帝国データバンク新潟支店調べ

ように勤務時間を調整するため、10〜11月が特に苦しいという。

また24年からは、トラック運転手の長時間労働を見直すため、運輸業界は今までより運転手を多くそろえる必要が出てくる。そのため運転手の人手不足が深刻化する「物流の2024年問題」〔●98ページ〕も待ち受ける。

また、都心部のコンビニや飲食店、建設業や農林水産業の現場では、外国から「技能実習生」〔●176ページ〕などとして来日し、実質的な労働力として働く人もこれまでは多かった。しかし今の日本は、物価の伸びに比べて賃金（給料）の伸びは低い〔●68ページ〕。そこに、日本円の価値が外国の通貨よりも下がる「円安」が重なれば、日本で働いて得られる賃金よりも、韓国やオーストラリアなど他の国で得る賃金のほうが多くなり、日本で働くメリットが失われ、働くために来日する人は減る。

政府は、技能実習などの制度を見直して、主に生産現場で働く外国人労働者が日本に永住できるようにする仕組みを考えている。

また企業の現場では、情報通信技術を進化させて業務を効率的にするDX化を進めるほか、森永乳業が対話型AI「チャットGPT」〔●159ページ〕を搭載した人型ロボットをつくり、スーパーの食品売り場の試食コーナーなどでの活用をめざすなど、新しい技術を採り入れることで人手不足を乗り越えようとする動きもある。

（経済部・上地兼太郎）

## 関 連 用 語

### ◆まん延防止等重点措置

政府が対象とした都道府県の知事が、特定の市町村などに地域を限定したうえで、飲食店や施設に対し、緊急事態宣言の期間でなくとも発熱などの症状がある人の入場禁止などの措置を求めることができる。さらに、営業時間の短縮などの要請や命令が出せる。

措置の要件として、その都道府県で感染の拡大の恐れがあり、医療の提供に支障が生じる恐れがあると認められることが必要だ。正当な理由がないのに命令に応じない場合の罰則は、20万円以下の過料となる。

### PLUS ONE
### 103万円の壁

パートやアルバイトで働く人の年収に対する、配偶者や親が支払う所得税の控除（税金が減る）の基準。年収が103万円を超えると、配偶者や親の扶養から外れることになり、控除がなくなって、配偶者や親が納める税金が増える。

このため、せっかく時給が上がったり多く働いたりしても、1年間で103万円を超えそうになった人は、超過を防ぐため、あえて労働時間を減らす動きが多くみられてきた。近年では見直しの議論も進んでいる。

# 新築マンション高騰

　首都圏（東京都、神奈川県、千葉県、埼玉県）の新築マンションの平均価格が上昇している。資材費や人件費、土地代などが高騰し価格を押し上げる。それでも高収入の共働き世帯「パワーカップル」らは低金利で「住宅ローン」を借りて購入している。郊外でも駅から近い立地のマンションは需要が根強い。しばらくは資材費や人件費の低下は見込めないため、マンション価格の高止まりは続きそうだ。

　不動産経済研究所によると、2023年上半期（1〜6月）に販売された首都圏の新築マンションの平均価格は、前年同期と比べて36.3％高い8873万円だった。上半期としては1973年の調査開始以来、最高となった。東京23区は1億2962万円で、バブル期にあたる91年の9738万円を超えて過去最高だった。三井不動産レジデンシャルと三菱地所レジデンスが分譲する「三田ガーデンヒルズ」（東京都港区）が引き上げたとみられる。同マンションは、都心の一等地に建ち全1002戸が供給される。第1期販売の最高価格は45億円だった。

　都心では1億円以上で売買される「億ション」はもはや当たり前のように販売されている。東京五輪・パラリンピックの選手村跡地の「晴海フラッグ」（東京都中央区）は、都心にありながらファミリータイプの部屋が6千万円台から7千万円台で供給された。実際に暮らすために購入する「実需」だけではなく投資目

的の購入希望も殺到し、抽選倍率は軒並み数十倍となった。

　都心以外でも価格は上昇する。神奈川県は前年同期比で7.6％高い5748万円、23区以外の東京都下は3.5％高い5609万円、千葉県は0.8％高い4766万円だった。埼玉県は前年同期に高価格物件が販売された反動で、14.7％低い5019万円となった。郊外は駅前で都心への交通利便性が高い物件や再開発エリアのマンショ

**新築マンション（首都圏）の平均価格と供給戸数の推移**

ンは販売が好調だが、駅からの距離がある物件は販売に苦戦するところもあるという。コロナ禍でテレワークが普及したため一時は郊外の物件に需要が高まったが、再び都心の物件に回帰している。

近畿圏は6％高い4774万円で、92年の4813万円に次ぐ高値となった。JR大阪駅北側の再開発地区に建設される「グラングリーン大阪 ザ ノース レジデンス」は、愛車で乗り入れられる専用のエレベーターとカーギャラリーがある最上階の一室が25億円と、関西で最高額となる。地上46階建てで、全484戸。最低価格も約1億円だ。

地方の都市部にも大手不動産会社が進出している。住友不動産は人口20万人以上の地方都市でマンションを供給する。主要駅の近くは交通も生活も便利で、共働き世帯や高齢者を中心に需要があるという。野村不動産は「プラウド」を広島市や金沢市、新潟市などで展開する。

不動産経済研究所の松田忠司・上席主任研究員は新築マンションの価格動向について「資材価格の高騰や人件費の上昇により緩やかな価格の上昇が続く」とみている。

（経済部・長橋亮文）

## 関 連 用 語

### ◆住宅ローン金利

住宅購入のために借り入れた額に対して支払う金利。金利が一定の「固定型」と、定期的に金利が変わる「変動型」がある。固定型は日本銀行の金融緩和策が修正されて長期金利（10年物国債の利回り）が上昇しているため金利が引き上げられている。マンション購入者の大半は現状では固定型より金利が低い変動型で借りている。変動型は短期の金利を指標としているが上昇していないため、金融機関は変動型の金利を変えていない。住宅ローン減税は、借入残高に応じて所得税や住民税を安くする制度。24年1月から省エネ基準を満たしていない住宅では減税が受けられない。

PLUS ONE
### パワーカップル

高収入の共働き世帯。家事や育児に忙しく、通勤時間を短縮するため、都市部の利便性の良い立地に住居を求める。夫婦それぞれの年収を基準にローンを組む「ペアローン」によって多額を借り入れる。2本のローンを組むので住宅ローン減税を双方で受けられる。ニッセイ基礎研究所の久我尚子・上席研究員のまとめでは、夫婦ともに年収700万円以上の世帯は13年は21万世帯だったが、22年には37万世帯に増加した。大手不動産会社の幹部は「パワーカップルはすぐに売却しても値段が変わらない高額物件を購入する傾向がある」と指摘する。

# 進む地銀の経営統合

　全国で100近くあり地域経済を金融から支えてきた地方銀行。地域の企業にとっては圧倒的な存在感があるが、いま全国で再編の動きが活発になっている。特にこれまでライバル関係にあった同じ県内を営業エリアとする地銀同士による経営統合が目立ち、政府もこれを後押しする。相次ぐ「再編ドミノ」の背景には、人口減少による地域の衰退と、長引く低金利による地銀の苦境がある。

　地方銀行で最大手の横浜銀行（横浜市）と、第二地銀の神奈川銀行（同）の両頭取が2023年2月、横浜市内の会見場で並んだ。横浜銀の片岡達也頭取は「5年後、10年後を見据え、先手を打つ」と説明。神奈川銀の完全子会社化を発表した。

　地銀の経営統合は地方で特に進んできたが、首都圏でも初めて、同じ県内の地銀が一つのグループに集約されることになった。

**同一県内の地方銀行の統合の動きが相次いでいる**

| | |
|---|---|
| 青森 22年4月 | 青森銀、みちのく銀が経営統合 |
| 新潟 21年1月 | 第四銀と北越銀が合併し、第四北越銀に |
| 福井 21年10月 | 福井銀が福邦銀を子会社化 |
| 長野 23年6月 | 八十二銀が長野銀を子会社化 |
| 神奈川 23年6月 | 横浜銀が神奈川銀を子会社化 |
| 愛知 22年10月 | 愛知銀、中京銀が経営統合 |
| 三重 21年5月 | 三重銀と第三銀が合併し、三十三銀に |
| 福岡 23年10月 | ふくおかFGが福岡中央銀を子会社化 |

　経営強化のための地銀再編の動きは近年、全国で相次いでいる。三重県では21年、三重銀行（四日市市）と第三銀行（松阪市）が合併し、三十三銀行が誕生した。金融再編の機運の乏しかった愛知県でも22年、愛知銀行（名古屋市）と中京銀行（同）が経営統合し、あいちフィナンシャルグループが発足した。

　各地の再編の背景には人口減や少子高齢化に加え、日本銀行の金融緩和がある〔➡70㌻〕。日銀は13年から大規模緩和を実施して金利を下げ、投資や消費の活性化を図った。一方で、資金を貸す際の利ざやを収益の柱にする銀行の経営は厳しくなった。

　政府は地域経済を支えるために地銀の経営基盤の強化が重要とし、再編を後押ししてきた。21年からは5年間限定で、合併時のシステム統合などの費用を最大30億円補助す

る制度を始めた。日銀も統合などで経費を削減した地銀が日銀に預ける当座預金の金利を、0.1％上乗せして支援する制度を20年度から3年間限定で実施した。

こうした支援もあり、青森県の青森銀行（青森市）とみちのく銀行（同）は21年、経営統合で基本合意。先立つ20年に地銀の経営統合を10年間限定で独占禁止法の適用除外とする特例法を政府が施行しており、独禁法の適用除外となる初のケースとなった。県内の貸出金シェアが8割にも上る地銀グループが誕生した。

時限的な特例措置で地銀の再編が今後も続くことが予想される。金融庁幹部は「いま動かなければ将来的な存続に関わるのではないか。各地銀に考えてほしい」と話す。

経営統合により店舗を減らすなどコスト削減が見込まれる一方で、地域の人口減の方向性は変わらない。統合を銀行の一時的な延命で終わらせないために、事業の多角化など収益力の向上が求められる。

コロナ禍で資金繰りに苦しんだ中小企業は、特例的に設けられた実質無利子・無担保の「ゼロゼロ融資」〔●78ページ〕を活用した。その返済が23年から本格化しており、体力のない企業の倒産が予想される。地元企業の伴走役となれるか、地銀は正念場を迎えている。

（経済部・大屋奉之）

## 関 連 用 語

### ◆包括的業務提携

もともと銀行同士のライバル意識は根強く、経営統合のハードルは高いものがあった。統合後のグループ内の融和にも時間がかかる。そこで組織再編を伴わない包括的業務提携（アライアンス）も広がってきた。

15年発足のTSUBASAアライアンスは千葉銀行など10行が参加する広域なグループで、システムの共通化などを実施している。

またネット金融大手SBIホールディングスは、19年の島根銀行への出資を皮切りに全国でアライアンスを拡大し、「第4のメガバンク」構想として成否が注目される。

### ◆改正銀行法

銀行は財務の健全性を保つために業務範囲を厳しく規制されてきたが、経営強化のため段階的に緩和されてきた。16年の銀行法改正で、銀行は子会社を通じて金融とITを融合したフィンテックや地域商社を営むことが可能になった。さらに21年の改正で人材派遣や広告、ITシステムの販売などが可能になった。

プログラミング教室や農業法人、再生可能エネルギーなど従来の銀行では考えられなかったユニークな事業も出てきた。低金利で本業の融資で利益を出しにくい環境が続き、地銀は多角化に活路を見いだす。

# 日産、ルノーとの資本関係対等化と EV シフト

日産自動車は2023年２月、仏自動車大手ルノーと資本関係を対等にすることで合意した。1999年に経営危機を脱するためルノー傘下に入ったが、幾度も経営統合を迫ってくるルノーの存在は悩みの種になっており、資本関係の見直しは日産の「悲願」だった。合意に至った背景には、自動車業界が直面する電気自動車（EV）シフトの波があり、資本の束縛から解放された日産が、新しい戦略を打ち出せるかが今後問われることになる。

日産自動車と仏ルノーは23年11月８日、互いの出資比率を15％にそろえる契約が発効したと発表した。ルノーは日産株の43.4％を保有しているが、28.4％を仏信託会社に移し、議決権を「中立化」させるという。日産はルノー株の15％を保有しているため、互いの出資比率が対等になる。ルノーは信託した日産株を将来的に売却する見通しで、競合他社などに渡るのを防ぐため、日産を売却先の優先的候補にすることが契約に盛り込まれている。

これまではルノーの保有比率が高かったため、フランスの法律による制限で、日産が持つルノー株には議決権がなかった。日産社内では「不平等条約」とも言われてきたが、今回の契約によって日産側の議決権が復活する。

◎

**ルノー、日産、三菱自の資本関係**
数字は出資比率

15%に引き下げへ

ルノー → 43.4% → 日産（NISSAN）

日産 → 15% → ルノー

設立 最大約960億円出資へ

三菱自 34%

EV新会社 アンペア ← 出資検討 ← 三菱自（MITSUBISHI MOTORS）

両社の資本関係は、日産が経営危機に陥っていた1999年にさかのぼる。日産は２兆円超の有利子負債を抱え、ルノーから６千億円の出資を仰いだ。ルノーから最高執行責任者に送り込まれたカルロス・ゴーン氏は、５工場の閉鎖や２万１千人の人員削減などを断行し、経営を立て直した。

ゴーン流の剛腕経営で危機を脱した日産は、業績面でも技術力でもルノーを上回るようになる。しかし、力関係が逆転した後も資本関係の不平等は変わらなかった。2018年11月には、双方のトップに君臨し、提携の「要」だったゴーン氏が、巨額報酬の扱いをめぐって東京地検特捜部に逮捕された。両社の経営は混乱に陥り、19年にはルノー株の15％を保有する仏政

府の意向を受けたルノーが、一方的に経営統合を迫った。日産の徹底抗戦で統合は立ち消えになったが、ルノーに対する不満は強まっていった。「悲願」の資本関係の見直し（リバランス）が進んだきっかけは、自動車業界のEVシフトだ。ルノーが主戦場にする欧州市場ではEV化に向けて法規制が厳しくなっており、ルノーも30年までに新車をすべてEVにする目標を立てるなど対応に追われている。開発を加速させるため、ルノーはEV部門を分社化した新会社「アンペア」を11月に設立し、24年前半に上場する方針だ。その成功に欠かせないと踏んだのが日産の電動化技術だった。

アンペアへの出資の打診に対して、日産はリバランスを持ち出し、セットで協議を進めることで24年越しの悲願を達成した。アンペアへの出資額は最大6億ユーロ（11月初旬のレートで約960億円）で合意。両社と「3社連合」を組む三菱自動車も最大2億ユーロ（同約320億円）の出資を決めており、新たな協力関係の第一歩が始まった。

ただ、自動車業界はEVシフトなど「100年に一度の変革期」を迎えている。資本関係の制約から解き放たれた日産が、どのような戦略を描くのか。戦略と実行力が真に問われるのはこれからだ。

（経済部　若井琢水）

## 関 連 用 語

### ◆資本業務提携

企業同士が業務提携する際、提携先に出資することで関係性を強める手法。機微な技術の共同研究開発など、より深い領域まで協力できるメリットがある。互いに出資し合うケースもある。

ただし、提携先に株主として議決権を与えることになるため、出資比率によっては取締役人事や新たな提携先の決定などに介入され、経営の自由度を損なう恐れがある。自動車業界では、電動化への対応に巨額な投資が必要になっているため、大手同士が資本業務提携を結んで技術協力する事例が急増している。

### ◆EVシフト

地球温暖化など環境問題の深刻化を受けて、二酸化炭素（$CO_2$）を排出するガソリン車への規制が世界的に強まり、EVへの移行が進んでいる。ガソリン車が主力だった自動車大手はEV開発や電池の調達に苦戦する一方で、米テスラや中国BYDなど新興EVメーカーが台頭している。日本勢は欧米メーカーと比べてEVシフトの遅れが指摘されてきた。

しかし、35年にガソリン車の新車販売を禁止する方針だった欧州連合（EU）が、環境負荷の小さい合成燃料で走る車は認めるよう方向転換するなど、EVシフトを見直す動きもある。

# 見通し立たないリニア開業時期

「夢の超特急」といわれるリニア中央新幹線の開通が、見通せない状態になっている。工事を進めるJR東海と、自然環境への悪影響を懸念する川勝平太・静岡県知事との対立がいまだに解けず、静岡県内で着工できないからだ。巨額の公的資金を融資して、工事を後押ししてきた政府は、関与を強めて事態の打開を図ろうとしている。「国策」の色合いが、急速に濃くなりつつある。

リニアの工事は2014年12月に始まった。東京・品川−名古屋の285.6kmを最速40分で結ぶ。そんな異次元の高速鉄道を、27年から走らせる予定だった。

これが大きく後ずれするのは必至だ。JR東海は27年の開業は困難と認めるが、どれだけ遅れるかは示していない。「静岡工区」に着工できる時期が不明だからだという。

静岡工区は静岡県北部の8.9km。

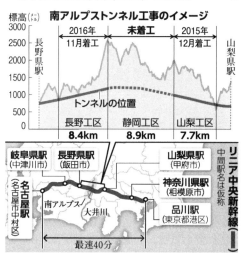

南アルプスの地下にトンネルを掘り、工事の完了まで7年半ほどかかる見込みだ。川勝知事は県内を流れる大井川の水量が減りかねないとして、河川法に基づく工事の許可を出していない。大井川の水は、住宅や農家、工場などで使われている。

事態を重くみた国土交通省は20年、静岡工区の問題を検証する有識者会議を設置。21年12月、十分な対策をとることで大井川の水量への影響は抑えられるという見解をまとめた。これを受けてJR東海は、水力発電用の取水を一時的に減らして川の水量を維持する具体案を固めた。

だが、静岡工区には懸念がほかにもあると、川勝知事は指摘。希少な生物や植物が育つ生態系への影響や、トンネルを掘る工事で出る残土の置き場所などだ。

◎

リニアの原型は、国鉄時代に構想された新幹線網の一つ。07

年にJR東海が自らの資金でつくると表明し、いまの計画が動き出した。民間事業として進めることで、政治家の介入によって経営が悪化した国鉄の二の舞いを避ける狙いもあった。その姿勢が崩れて国策色を強めたのは、16年に安倍晋三首相（当時）が経済成長戦略の目玉にリニアを位置づけたからだ。JR東海に低金利で3兆円を融資し、リニアの大阪までの延伸を37年に早める目標も掲げた。

政府の関与はその後も続いている。国交省は23年10月、リニアの大阪までの延伸後に東海道新幹線の静岡県内での停車が1.5倍に増えるという試算を公表。乗客の一部がリニアに移って東海道新幹線のダイヤに余裕が生じるからだという。実際にダイヤを決めるJR東海に先んじて、政府が独自に見通しを示すのは異例だ。リニアの駅が静岡県内にできないことから、県民はリニアのメリットを感じにくいといわれる。その通説を覆し、県民の支持が頼みの川勝知事を揺さぶろうとしている。

JR東海にとっては、政府の後押しは「両刃の剣」になり得る。引き換えに経営への介入を許せば、国鉄と同じ道をたどりかねない。リニアの総工事費は、すでに当初の想定を大きく上回って10兆円を超す見込みになっている。（経済部・内藤尚志）

## 関　連　用　語

### ◆大深度地下

通常は利用されない40mより深い地下。01年に施行された法律により、3大都市圏では用地買収や住民の同意なしで工事をできるようになった。ただ、これを使って地下の工事を進めた東京・調布の住宅街では、20年に道路の陥没が起きている。

リニア中央新幹線の工事でも、首都圏や愛知県で対象の区間がある。だが、トンネルを掘る大型の機械「シールドマシン」の故障が相次ぐなどして、順調には進んでいない。そうした工事の停滞により、静岡工区の問題がなかったとしても開業が遅れた可能性があるとみる有識者もいる。

### PLUS ONE
### 新幹線の自動運転

JR東海は28年ごろに東海道新幹線で自動運転システムを導入する予定だ。発車から停車までの作業は基本的に不要になるが、運転士は運転席に座って緊急時などに備える「半自動運転」を想定。負担が減る運転士がほかの仕事も兼ねることで要員数も減らす方向だ。こうして人件費を抑えるのは、リニア中央新幹線の工事費を捻出する狙いもある。

そのリニアは運転士が乗車せず、離れた指令室から遠隔操作して走らせる。一方、JR東日本は上越新幹線で運転士が不要になる「ドライバレス運転」の実現をめざしている。

# スペースジェット開発撤退

三菱重工業が、国産初のジェット旅客機「スペースジェット」（SJ、旧ミツビシ・リージョナル・ジェット＝MRJ）の開発を断念した。日本のものづくりの新たな柱として航空機産業を育てようと、国も支援した一大プロジェクトだった。しかし、実現へのハードルは機体の開発だけではなく、商業飛行に必要な証明の取得などにも及び、新型コロナウイルスの感染拡大も相まって、開発開始から15年で撤退に追い込まれた。

三菱重工がSJの開発に本格着手したのは2008年だった。小型旅客機市場では、カナダのボンバルディアとブラジルのエンブラエルの寡占状態が続く中、より燃費が良く、排ガスや騒音を抑えて勝負する予定だった。トヨタ自動車や三菱商事、三井物産などが出資し、全日本空輸（ANA）からの発注も受けて、13年の就航を目標に掲げて走り出した。

国も開発を後押しし、設計や開発などに計約500億円を支援した。国産旅客機を実現させるプロジェクト

### スペースジェット開発と断念の経緯

| 2008年 | 3月 | 開発に本格着手 |
|---|---|---|
| 09年 | 9月 | 設計変更で納入延期 |
| 12年 | 4月 | 部品工場の検査態勢の不備で納入延期 |
| 13年 | 8月 | 部品の仕様変更で納入延期 |
| 15年 | 11月 | 名古屋空港から初飛行に成功 |
| | 12月 | ソフトウェア改修などで納入延期 |
| 16年 | 10月 | 米国で飛行試験を開始 |
| 17年 | 1月 | 設計変更で納入延期 |
| 19年 | 6月 | 名称をMRJからスペースジェットに変更 |
| 20年 | 2月 | 試験機の完成が遅れて6回目の納入延期 |
| | 10月 | 泉沢社長が「開発はいったん立ち止まる」と発表 |
| 23年 | 2月 | スペースジェット事業から撤退を表明 |

は、1970年代半ばに生産が終了した「YS11」以来。三菱重工を含む国内の航空機メーカーは長年、欧米メーカーに旅客機の胴体やエンジンを供給する「下請け」にとどまり、SJの開発で下請けから脱却し、ものづくりの裾野を広げたい考えもあった。

しかし、開発は難航した。三菱重工は商業飛行に不可欠な、旅客機の安全性を証明する「型式証明」の取得に苦戦した。ノウハウがないため、途中から海外メーカーで経験を積んだ外国人技術者を積極的に採用するなどしたが、うまくいかなかった。納入の延期も相次ぎ、09年の設計変更を皮切りに、部品の仕様変更や検査態勢の不備など計6回にも上った。

20年には新型コロナウイルスの感染が拡大した。試験用の機体を米国に飛ばすことができなくなったほか、SJ以外の事業も打撃を受け、20年10月、三菱重工の泉沢清次社長が「いったん立ち止まる」と開発の中断を表明。年間1千億円以上あてて

いた投資額を、3年間で200億円にまで圧縮し、体制も大幅に縮小した。そして、23年2月、開発からの撤退を発表した。

15年に初飛行に成功して以来、3900時間超の試験飛行を行うなど、機体の完成度を上げるための努力は続けていた。しかし、開発に時間がかかる中で、当初計画で1500億〜1800億円程度と見込んだ開発費は、

試験飛行に向け離陸するスペースジェット＝2020年3月、県営名古屋空港

累計で1兆円に膨らんだ。さらに航空業界では二酸化炭素の排出量が少ない燃料など新たな技術が登場。これから就航させるには、さらなる設計の見直しも迫られ、追加の費用がかかる。泉沢社長は「必要な期間と資金の面で、事業性が見通せない」とした上で、「技術がなければ試験飛行はできなかった。ただ、技術を事業にするための十分な準備、知見が足りなかった」と振り返った。

SJの開発を手がけていた子会社の三菱航空機は「MSJ資産管理」に社名を変え、人員は防衛関連の事業に配置転換し、知見を次期戦闘機の開発などに生かすという。経済産業省は、検証のための有識者会議を立ち上げた。　（経済部・杉山歩）

---

## 関 連 用 語

### ◆型式証明

航空機の安全性を証明し、旅客機の商業飛行に不可欠なもの。TC（＝Type Certificate）とも呼ばれる。開発国と運航国の両方の航空当局から取得する必要があり、設計段階から安全性を確認する。強度や構造など、審査項目は約400に及び、航空機の電子化や過去の事故などに対応してハードルが高くなっていった。基準は示されるが、証明する方法はメーカー側が考えなければならないため、経験が重要となるほか、取得には当局との密なやりとりが必要となる。

### PLUS ONE
### ホンダジェット

ホンダが製造した小型ジェット機。航空機の開発は創業者の故・本田宗一郎氏の悲願で、1986年にエンジンなどの基礎研究を始め、主に米国で開発していた。事業打ち切りの危機を乗り越え、2015年に1号機を顧客に納入した。

最大巡航速度は時速782kmで、一般的な小型ジェット機よりも速く、燃費が良い点が特徴だ。最新型の23年度の価格は695万ドル（約10億円）。米国の会社経営者らを中心に、23年6月末までに236機が売れた。

# インボイス制度開始

消費税のインボイス（適格請求書）制度が2023年10月に始まった。30年以上の歴史を持つ日本の消費税制度の一つの転換点だ。インボイスは税率（8％か10％）ごとの税額や、登録番号を記した請求書のことで、複数税率となったことを理由に導入された。取引をする事業者間で税額の認識を一致させ、公平に納税するための制度。ただ、発行できるのは課税事業者に限られるため、免税事業者を中心に不安の声も出ている。

事業者はモノやサービスを売った時に得た消費税額から、仕入れにかかった消費税額を差し引いて納める。消費者だけでなく事業者も商品などを仕入れる時に消費税を払っているためだ。この差し引く仕組みは「仕入れ税額控除」と呼ばれ、23年10月からはインボイスの保存が要件になった。

インボイスは消費税を納める課税事業者しか発行できないため、個人事業主など年間売上高1千万円以下の免税事業者からの仕入れだと原則、控除が出来なくなった。そのため、取引相手を免税事業者から課税事業者に変えたり、価格の引き下げを求めたりといった動きが懸念されている。一方で、免税事業者が課税事業者になればインボイスは発行できるが、新たに税負担が生じる。

インボイスは19年10月に始まった軽減税率で、消費税率が10％と8％の2種類になったため、売り手と買い手の税率の認識に食い違いが起き

ることを防ぐために導入が決まった。消費税と同じ仕組みの「付加価値税」を採用している欧州など多くの国で採用されている。

日本でも消費税導入を議論していた当時からインボイスの必要性が指摘されていたが、事業者の事務負担への懸念などから導入は見送られた。

**インボイス制度のイメージ**

インボイス（適格請求書）
- 仕入れ額や消費税額を記載
- 課税事業者のみ発行可
- 売上高1千万円以下の免税事業者は発行できない

例

2000円　3000円

原材料メーカー　仕入れ　製造・販売店　販売　消費者

支払い 2000円＋200円（消費税）　支払い 3000円＋300円（消費税）

200円を納税　100円を納税

売り上げにかかる消費税（300円）－仕入れにかかる消費税（200円）＝100円

仕入れ時に払った消費税額分を差し引いて納税

国

消費税導入後も単一税率が続き、取引総額から税額が簡単に計算できたため、これまでは税込み価格のみが記された請求書などでも仕入れ税額控除が可能だった。

免税事業者からの仕入れでも控除できると、消費者が負担する税額の一部が国庫に納まらないことになるため、インボイスは仕組み上は「合理的」ともいわれる。だが、零細業者である免税事業者が、負担増や取引排除の恐れがあることに変わりはない。そのため、国は様々な激変緩和措置を設けた。

免税事業者から課税事業者になった時に使えるのが、3年間は売り上げにかかる税額の2割を納めればよい「2割特例」だ。3年間経過後も、小規模事業者は今もある簡易課税制度を使える。業種ごとに決めた「みなし仕入れ率」を売り上げにかけて控除額を決める。免税事業者から仕入れる課税事業者も、3年間は仕入れ税額相当額の8割分を、次の3年間は5割分を控除できる。

免税事業者に一方的な価格引き下げを通告した発注側が、公正取引委員会から注意を受ける事例も出ている。公取委は独占禁止法などで問題となりうる行為を公表し、注意を呼びかけている。発注者と受注者が対等に適正に価格交渉できる環境の整備がいっそう重要になる。

（政治部　楢山尚幹）

## 関 連 用 語

### ◆価格交渉力

インボイス制度に対しては、個人事業主を中心に経済的負担や事務負担が増えることへの懸念が強い。報酬が上がれば、課税事業者に転換した時の税負担も吸収できるが、取引先との価格交渉は容易ではない。

取引ごとに消費税額が別記されるインボイスの導入によって、税抜きの本体価格で価格交渉しやすくなる、との指摘もある。だが、業界によっても価格交渉力は大きく異なり、発注者側による搾取構造になりやすい分野もある。フリーランス〔●178㌻〕の団体は、価格転嫁できるような報酬の適正化を訴えている。

### PLUS ONE
### 簡易課税はインボイス不要

消費税には免税制度の他に簡易課税制度もある。免税制度は課税売上高1千万円以下が対象だが、簡易課税は5千万円以下の中小事業者が使える。実際の仕入れ額にかかわらず、事業の種類ごとに定められた「みなし仕入れ率」を使って、売上高から納税額を計算する。

仕入れ率は卸売業は90％、製造業は70％、サービス業は50％などとなっている。売上高のみから納税額を計算できるため、仕入れ税額控除をするために仕入れ先が発行したインボイスは必要ない。

# ビッグモーターの保険金不正請求問題

中古車販売大手ビッグモーター（BM）が、自動車保険の保険金を不正に請求していたことが発覚した。修理工場で車に故意に傷をつけたり、不要な修理・塗装をしたりして保険金を水増し請求する悪質な手口が判明し、自動車の修理や保険に対する消費者の信頼を大きく傷つけた。BMの社長や、不正発覚後に停止していたBMとの取引を再開した損害保険ジャパンの社長が引責辞任に追い込まれたが、信頼回復への道のりは険しい。

大手損害保険会社の要求を受けてBMが立ち上げた、外部の弁護士らによる特別調査委員会が2023年7月に公表した報告書には、目を疑うような不正の手口が記されていた。

事故車を修理する際、ゴルフボールを入れた靴下を振り回して車をたたき、ひょうの被害で受けた傷の範囲を広げたり、ドライバーで車体にひっかき傷をつけたり……。報告書は「刑法の器物損壊罪にも当たり得る非常に悪質な行為」と指摘した。

事故車の修理代金は車の損傷の程度で決まるものだ。営業努力で増やせるものではないのに、BMは修理の工賃と部品の交換から得られるもうけの合計額を「@」と呼び、その額を1台あたり14万円前後にするよう工場にノルマを課していた。積極出店を進める拡大路線で業界最大手へと急成長を遂げる陰で、不合理な目標が社員に押しつけられ、不正が横行していた。

BMは創業者の兼重宏行氏らの資産管理会社が全株式を持つ非上場のオーナー企業。兼重氏は不正への自身の関与を否定したが、報告書の公表を受けて社長を引責辞任した。長男の宏一副社長も退任した。

東京海上日動火災保険、三井住友海上火災保険など大手損保3社は、自動車事故に遭った保険契約者にBMの修理工場を紹介。BMは保険代理店として、中古車の購入客に各社の自動車保険を販売し、互いに客

**ビッグモーターをめぐる不正の構図**

特別調査委員会による報告書や取材から

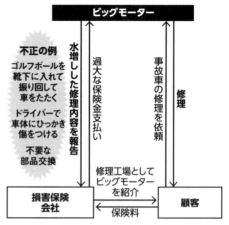

を融通し合う関係だった。

損保ジャパンは他の大手2損保とともに、不正の情報を得てBMとの取引を一時停止したが、損保ジャパンだけが取引を一時再開。BMとの関係悪化や競合他社にシェアを奪われることを懸念する白川儀一社長が取引再開を促していた。しかし、再開後もBMの不正は続いていた。契約者の保護をないがしろにし、大口取引先のBMを優先した経営判断の責任を問われ、白川氏も23年9月に引責辞任すると表明。BMの不正は、損保大手のトップ辞任に発展した。

一連の不正では、保険を使う必要のない修理で保険金が支払われ、保険の等級が下がって顧客が払う保険料が増えるケースが出ている。保険料率の上昇を招き、保険加入者全体の不利益にもつながりかねない。

消費者の信頼回復には監督当局の厳格な調査が不可欠。国土交通省は立ち入り検査したBMの全国34店舗の工場すべてで法令違反を確認し、民間車検場の指定を取り消すなどの処分をした。金融庁もBMの保険代理店登録を取り消す重い処分をした。

不正発覚後の客離れは深刻で、行政処分に伴う業務縮小による企業価値の毀損（きそん）も進んでいる。BMは自主再建を諦め、伊藤忠商事の支援を得て再建をめざす考えだが、伊藤忠はBMの資産査定を慎重に進めている。再建の行方は予断を許さない。

（経済部・木村裕明）

---

## 関 連 用 語

### ◆自賠責保険

交通事故の被害者救済のため、すべての車やバイクに法律で加入が義務づけられている強制保険で、「自動車損害賠償責任保険」の略称。対人事故のみが補償の対象で、物損事故は対象にならない。

BMは中古車販売の際に取り次ぐ自賠責保険を、事故車の紹介数に応じて大手損害保険各社に割り振っていた。不正の情報を得ていた損保ジャパンがBMとの取引を再開した背景には、自賠責保険の割り当てを他社に振り向けられることへの懸念があったとされる。

**PLUS ONE**
### 中古車売買めぐる相談急増

保険金の不正請求問題を受け、BMの主力事業である中古車の売買に関する消費者からの相談が急増している。消費者庁によると、BMに関する23年4〜8月の相談件数は1425件。5カ月間で22年度の件数（1491件）に迫る勢いで急増した。うち中古車の購入・売却に関する相談が約7割を占め、車の修理や車検に関する相談を大きく上回った。中古車の売買をめぐるトラブルからBMに損害賠償を求める訴訟も起きている。

# ビール類酒税改正

ビール系飲料などお酒にかかる税金（酒税）の税率が、2023年10月1日から変わった。ビールは減税で安くなる一方、発泡酒や「第3」のビールは増税されて高くなった。これらのビール類にかかる酒税は26年10月に統一される。ビールメーカー各社は今後、「ビール回帰」が進むとみて、新商品を相次いで投入したり、自社以外の地ビールも飲食店に提供したりして、業界全体を盛り上げたい考えだ。

23年10月1日からの価格変更は、ビール系飲料などお酒にかかる税金（税率）を変えたからだ。ビール、発泡酒、「第3」の税率を26年10月には統一する。

350mLあたりの税額でみると、ビール（70円）が63.35円に下がった一方、「第3」（37.8円）は46.99円に上がった。「第3」は10円近く増税されて、発泡酒と同じとなり、大きな売りだった割安感はなくなった。

発泡酒は今回、46.99円のままだが、26年にはいずれも54.25円となる。またワイン（果実酒）や清酒（日本酒）にかかる酒税も今回、350mLあたり35円に統一され、ワインは増税、日本酒は減税された。

◎

発泡酒はもともと1990年代、バブル崩壊後の長引く不況で消費が落ち込む中でも、手頃な値段でビールの風味を楽しみたいという消費者の求めと、ビールメーカーの開発努力が生んだ商品だ。続けて2000年代には、発泡酒よりも安い「第3」も登場した。

そもそもなぜ、酒税を変えるのか。国税庁を傘下に持つ財務省は、「類似する酒類間の税率格差が商品開発や販売数量に影響を与えている状況を改め、酒類間の税負担の公平性を回復する等の観点から、税収中立の下、酒税改正を実施する」と説明する。同じよ

### 段階的に統一される酒税

税額はいずれも350mL換算

ビール　77円　70円　63.35円　54.25円
発泡酒　46.99円
第3のビール　28円　37.8円
日本酒　42円　38.5円　35円
ワイン　28円　31.5円
チューハイなど

20年10月　23年10月　26年10月

うな商品には同じような税金の負担を、というわけだ。

　実際に、メーカーの開発努力で、発泡酒も「第3」もビールに近い味わいになり、同じように飲まれている。だが税率に差があるのは公平ではない、というわけだ。メーカーにとっても、「第3」のビールが多く売れると、値段が高い分、利幅も大きいビールの売れ行きが減ってしまうジレンマがあった。加えて、国全体の税収も減るため、酒税を変えることにした。

　こうした中、メーカー各社は「ビール回帰」が進むとみて戦略を練っている。アサヒビールの松山一雄社長は「酒税が統一される26年に向けて、小売店の棚もビールが増える」とみて、ビールを普段飲まない若年層らを意識した低アルコールのビールを投入し、「新しいユーザーを取り込む戦略商品」と意気込む。一方、キリンビールの堀口英樹社長は「コロナ禍を経験したことで、おいしいものにはお金を惜しまない文化ができた。その需要を取り込む」として、自社以外の地ビールも取引のある飲食店へ提供し、業界全体の底上げにつなげる考えだ。サントリーやサッポロビールも、新商品の投入やリニューアルを重ねている。

（経済部・上地兼太郎）

## 関 連 用 語

### ◆発泡酒と第3のビール

　両方とも見た目は琥珀色（こはく）で泡の出るアルコール飲料だが、原材料の種類や使用比率によって分けられる。麦芽の使用量が少ないと「発泡酒」となるが、国の政令で指定された副原料以外を使うと、麦芽を多く使っていても発泡酒として扱われる。主な銘柄は「淡麗」（キリンビール）など。

　第3のビールは「新ジャンル」とも呼ばれる。麦や麦芽以外を原料にしているものと、発泡酒に法令で定められたスピリッツなどのアルコール飲料を加えたものに分けられる。こちらは「金麦」（サントリー）などがある。

### PLUS ONE
### 新ビール続々登場

　ビール各社はビールの新商品に力を入れている。サントリーは23年4月に「サントリー生ビール」を発売。アサヒビールはアルコール度数を3.5％に抑えた「アサヒスーパードライ ドライクリスタル」を、サッポロビールも糖質とプリン体を7割減らした「サッポロ生ビール ナナマル」を10月にそれぞれ売り出した。一方でキリンビールは「スプリングバレー」といった高価格帯のクラフトビールに注力する。また、地元の果物などの特産品を加えて個性豊かなビール・発泡酒をつくる「マイクロブルワリー」も全国で増えている。

# 物流2024年問題

生活を支える大動脈である物流業界が正念場を迎えている。労働基準法の改正で、トラック運転手の残業時間の上限が2024年4月から規制される。長時間労働が常態化している物流業界では、人手不足が進み、これまで通りものが運べなくなる「2024年問題」が懸念されている。物流事業者や荷物を出し受けする企業だけでなく、消費者自身が行動と意識を変える必要がある。23年に数々の政策が打ち出されたが、残る課題は多い。

24年度以降、それまでなかったトラック運転手の時間外労働の上限は年間960時間となり、年間拘束時間も短縮される。違反した事業者には罰則が科せられる。

全産業平均に比べ労働時間が約2割長く、賃金は5〜10%程度低い。高齢化も顕著で人手不足の傾向が続く。何も対策を取らないと離職がさらに進み、24年度にはトラックの輸送量の14.3%が運べなくなると指摘した民間予測がある。これは運転手約14万人分に相当する。

政府は国土交通省を中心に、23年6月に示した「政策パッケージ」で各所に協力を求めて解消を図る。

生活との関わりが深いところでは、ネット通販の普及で取り扱いが増えている宅配の分野で、1割以上ある再配達の割合の半減をめざす。宅配ボックスや玄関前への置き配で受け取る習慣づけが求められ、政府も1回での受け取りにポイントを付与する実証実験を検討中だ。通販サイトでの「送料無料」の表示も見直す。

しかし、さらに影響が大きいのが、「幹線輸送」と呼ばれる高速道路などでの長距離輸送だ。例えば九州から関東まで1人の運転手が運ぶことが困難になる。賞味期限のある生鮮食品の輸送は特に危ぶまれる。

トラック運転手の増員は現実的に難しく、いかに効率良く運び、生産性を上げられるかが重点となる。

荷物を出したり受け取ったりする

## 「物流の2024年問題」にどう対応するか

何も対策を取らないと
2024年度には輸送能力の**14.3%が不足**する

| 対策の内容 | 施策なし | 施策あり | 効果 |
|---|---|---|---|
| ドライバーの荷待ち、荷役を減らす | 3時間 | → | 事業者の3割が達成 2時間（1運行あたりの平均時間） | 4.5ポイント |
| 積載の効率を上げる | 38% | → | 事業者の2割が達成 50% | 6.3ポイント |
| 鉄道や海運などの輸送に転換する（モーダルシフト） | 3.5億トン | → | 3.6億トン | 0.5ポイント |
| 再配達を減らす | 12% | → | 6% | 3.0ポイント |

物流の関係閣僚会議の資料から

**14.3%分**

「荷主」の協力で従来の商習慣を変えるのが不可欠だ。トラック事業者の約6割は保有車両10台以下と小規模。荷主の依頼を受ける立場として改善を申し出るのが難しかった。

タイトな納期や低い運賃、無駄な待ち時間など課題は山積みだ。それでも危機感を覚えるメーカーや小売り事業者では、発注から納品までに余裕を持たせる動きが出ている。

物流事業者にも、運転手の負担を減らす工夫はたくさんある。複数の運転手で分担して運ぶ「中継輸送」は今後ますます広がる見通し。同業者間で荷物を持ち寄り同じトラックに載せる「共同輸配送」や、デジタル技術による輸送効率の最適化で、積載率を上げることも重要だ。

輸送手段をめぐっては船や鉄道に切り替える「モーダルシフト」が注目される。政府は約10年間で輸送量を2倍に増やす目標を掲げた。ドローンや自動運転といった新技術を物流に生かす開発や実験も相次ぐ。

注視が必要な政策もある。高速道路でのトラックの速度規制を時速80kmから引き上げる検討が警察を含めて始まっているが、一部の現場からは危険だと反対する声が上がる。

24年を越えれば終わりではなく、始まりにすぎない。関係者の見方は一致する。物流事業者、荷主、消費者の三位一体で課題に取り組み続けることが肝心だ。（経済部・高橋亭）

---

## 関　連　用　語

### ◆働き方改革

労働人口が減る中、柔軟で多様な働き方を選べる社会をめざすとする取り組み。政府が18年の通常国会で成立させた一連の法案で、非正社員の待遇改善を図る「同一労働同一賃金」とともに柱となったのが残業時間の上限規制だった。同時に盛り込まれた高年収の一部専門職を労働時間規制から外す「高度プロフェッショナル制度」には反対意見が集中した。また、人手不足が深刻な業界では適用が19年から5年間猶予された。そのため、トラック運送業と同じく、バス・タクシーの運転手や建設業にも24年春に適用される。

### PLUS ONE
### ドライバーによる荷役

荷物を積んだり下ろしたりする作業を「荷役」と呼ぶが、ドライバーが担うケースが多く、長時間労働の一因と指摘されてきた。商習慣を見直すなどして荷主側でこうした負担を軽減することが求められている。積み下ろしを待つ「荷待ち」を伴う事業者では、一度の運行で荷役と合わせて平均で3時間ほどかかっているが、政府は2時間以内に収める目標を掲げた。大手の荷主や物流事業者には削減を義務づけ、対策が不十分な場合は法的措置をとれるようにする法改正が検討されている。

# セブン＆アイのそごう・西武売却、スト実行

小売り大手セブン＆アイ・ホールディングス（HD）が、子会社で百貨店を運営するそごう・西武を米投資ファンドのフォートレス・インベストメント・グループに2023年9月に売却した。西武池袋本店（東京都豊島区）にはフォートレスと連携する家電量販ヨドバシHDが進出する予定だ。そごう・西武の労働組合は事業継続や雇用維持に向けて納得できる説明がないとして、大手百貨店では61年ぶりとなるストライキを実行した。

そごう・西武は、かつて業界で売り上げ日本一を誇ったそごうと、バブル期に消費文化をリードしたセゾングループ中核の西武百貨店が源流だ。ともにバブル景気の崩壊で危機に陥り、03年に経営統合したが、06年からはコンビニやスーパーを運営するセブン＆アイの傘下に入った。

しかし、低価格で衣料品を販売する専門店や郊外型のショッピングモール、インターネット通販の台頭で百貨店の苦境は続いた。そごう・西武は07年2月期には28店を展開していたが、不採算店の閉鎖を進め、近年は首都圏と広島、秋田、福井の10店まで縮小。さらにコロナ下での外出自粛が追い打ちをかけ、21年2月期には営業赤字を計上した。

22年に入ると、コンビニ事業に経営資源を振り向けるセブン＆アイがそごう・西武の売却を検討していることが判明。売却先を募る入札には複数の投資ファンドが応じた。

赤字で苦しみ、約3千億円の有利子負債を抱えていたそごう・西武。ファンドが目をつけたのは不動産の価値だった。主要ターミナルである池袋駅に直結し、国内有数の売上高を誇る旗艦店の西武池袋本店をはじめとして保有する土地や建物があり、その活用を見込んだ。

優先交渉先にはフォートレスが選ばれたが、同店の顔とも言える低層階にヨドバシが入る案が浮上すると、地元から「海外ブランドショップの撤退をもたらし、長年育ててきた顧客や富裕層も離れ、今まで築き上げてきた『文化』のまちの土壌が喪失してしまう」（高野之夫・豊島区長＝23年2月死去）などと反発が起きた。そごう・西武の3割以上の売上高を占め、利益面の貢献も大きい同店の大部分が家電量販店になれば百貨店事業への影響は不可避で、そごう・西武労働組合からも雇用維持などを懸念する声があがった。

セブン＆アイ側は売却完了に向けて地元関係者らへの説明を進めた。

しかし、そごう・西武労組は、実質的な権限を持ちながら直接の労使関係にないセブン&アイから十分な情報が得られず対応が不誠実だとして7月下旬にストライキ権を確立。8月に入り両者は協議を重ねたが、労組は納得できる説明がないまま売却されそうだとして31日に西武池袋本店でストを実行し、全館が休業した。

同じ日にセブン&アイは売却完了を決議し、約3千億円の負債があったそごう・西武への貸付金の一部916億円の債権放棄も発表。同社の企業価値を2200億円とした上で残る負債などを勘案し、実際の売却額は8500万円の見込みだと明らかにした。フォートレスは同店などの不動産を約3千億円でヨドバシに売却し、資金をそごう・西武の負債返済にあてた上で店の一部を借りて事業を続けることを検討。早速、9月に役員を送った。店舗閉鎖は当面ない見通しだが、会社をどう立て直すのか注目が集まっている。（経済部・末崎毅）

西武池袋本店にはストライキの実施を伝える貼り紙が掲示された＝2023年8月、東京都豊島区

## 関 連 用 語

### ◆投資ファンド

経営不振の企業を買収して経営に関わり、企業価値を高めた上で転売して利益を得ようとする企業買収ファンドなど様々なタイプがある。

フォートレスは1998年の設立で、世界的に不動産投資ファンドを運用している。日本には2006年に進出し、近年では不動産会社ユニゾホールディングスの買収騒動への関与やアパート建設大手レオパレス21への出資で話題になった。

17年からソフトバンクグループの傘下だったが、アラブ首長国連邦（UAE）アブダビ首長国の政府系ファンド、ムバダラ・インベストメントへの売却が発表された。

### ◆労働組合

労働者が団結し、賃金や労働時間などの労働条件や職場環境の改善を図る組織。日本では企業ごとに労働組合がつくられることが多い。経営者側は労働組合から求められた団体交渉を正当な理由なく拒むことができないほか、組合に加わったことを理由に社員に対して解雇や嫌がらせをすることも禁じられている。

労働者が主張を貫くために団結して行う争議行為は憲法で保障された団体行動権の行使とみなされるが、争議行為の代表的なものが集団で働くことをやめるストライキだ。ストで損害を受けても会社は賠償を請求することができない。

# 英国、TPPに加盟

日本など11カ国でつくる環太平洋経済連携協定（TPP）に英国が加盟することになった。関税撤廃や投資、サービスの自由化などを目的に2018年に発効したTPP。新たなメンバーが加わるのは初めて。これでTPPは世界の国内総生産（GDP）の約15％にあたる経済をカバーする貿易協定となる。なぜ太平洋から遠く離れた英国がTPP加盟を求めたのか。

TPPはモノの関税撤廃だけでなく、サービスや投資の自由化を進め、知的財産、金融サービスなどの新たなルール構築をめざす。16年2月に日本や米国、豪州、シンガポール、チリなど12カ国が署名した。しかし、17年1月に米国のトランプ大統領（当時）が国内産業に悪影響があると主張して離脱を宣言。11カ国で18年12月に発効した。

11カ国は23年7月にニュージーランドで開いた閣僚会合で、英国の加盟を正式に決めた。英国がTPPを求めた理由は、加盟が大筋合意された際、スナク英首相が出した声明が物語っている。

「この合意は、欧州連合（EU）離脱後の自由がもたらす経済的利益を象徴している」。つまり、インド太平洋地域の市場にアクセスしやすくなることで、経済成長が見込めるというのだ。

EU離脱後の「成果」をTPPに求めたとも言える。英国はジョンソン政権の20年12月にEU離脱を完了。直後の21年2月にTPPに加盟申請した。英国はEU離脱後の外交構想「グローバル・ブリテン」に基づき、21年に公表した外交・安全保障の指針で「インド太平洋への深い関与を追求する」と宣言。具体

**■ TPP加盟国**

**2018年の協定発効以来、初の新規加盟**

英国

Trans-Pacific Partnership Agreement
環太平洋経済連携協定

# TPPとは
関税撤廃や投資のルールなどを共通化する協定

中国 ─ 台湾

米国

**復帰を求める**

米国 ──── 2017年に離脱

中国 ────
**加盟を申請**
台湾 ────

エクアドル、コスタリカ、ウルグアイ、ウクライナ ──**加盟を申請**──→

米国

**TPP 12カ国**
日本
豪州
ニュージーランド
シンガポール
ブルネイ
マレーシア
ベトナム
カナダ
メキシコ
ペルー
チリ
**英国**

策に「TPP加盟」を挙げた。

　こうして英国はTPPに加盟することになったが、実際の経済効果はどの程度なのか。21年6月に公表した報告書で、GDPにもたらす増加分を18億ポンド（約3千億円）と試算。英国のGDP約2.2兆ポンドの0.08％にとどまる。すでに英国は日本などと個別に貿易協定を結んでいるためだ。

　ただ、英国の加盟を日本は歓迎している。米国にTPP復帰を呼びかけるにあたり、英国の存在が援軍になるとみているからだ。しかし、米国が復帰する可能性は低い。

◎

　これからTPPはどこに向かうのか。

　23年11月現在、加盟申請しているのは中国、台湾、エクアドル、コスタリカ、ウルグアイ、ウクライナの6カ国・地域。競うように申請した中国と台湾の扱いが最大の焦点だ。

　日本は台湾の加盟申請を歓迎する一方、中国は「戦略的な観点や国民の理解を踏まえながら対応していく」とのスタンスだ。中国は経済的手段で他国に圧力をかける「経済的威圧」を繰り返すなど、TPPの理念とは相いれない動きをみせている。TPP自体が台頭する中国を牽制する意味合いがあるだけに、加盟を認めたくないのが本音だ。一方で、中国は日本以外の加盟国に水面下で働きかけを強めている。　（政治部・相原亮）

## 関 連 用 語

### ◆インド太平洋経済枠組み（IPEF）

　米バイデン政権がTPPに代わって打ち上げた経済圏構想。米国、日本、豪州、ニュージーランド、韓国のほか、インドネシアやマレーシアなどの東南アジア諸国連合（ASEAN）7カ国、インド、フィジーの計14カ国が参加。「貿易」「サプライチェーン（供給網）」「（脱炭素などの）クリーン経済」「（資金洗浄対策などの）公正な経済」の4分野を扱う。23年11月現在、「貿易」を除く3分野で議論がまとまっている。中国に対抗する狙いがあるが、TPPのように関税の撤廃・削減には踏み込まない。

### ◆FTAとEPA

　自由貿易協定（FTA）は特定の国や地域の間で、モノの関税やサービス貿易の障壁などを削減・撤廃することを目的とした協定。

　一方、経済連携協定（EPA）は二つ以上の国や地域との間で、FTAの要素に加えて投資や知的財産の保護、競争政策上のルール作りなど、様々な分野での協力の要素を含む協定。

　23年11月現在、日本は24カ国・地域とTPPを含む計21の協定に署名し、発効済み。21年に発効した日本と英国のEPAは、日本とEUのEPAをほぼそのまま引き継いでいる。

# 闇バイト、広域連続強盗

「闇バイト」で実行役を募る強盗事件が全国で相次ぐ中、2023年1月に東京都狛江市で起きた事件では女性が亡くなる事態に発展した。警視庁はこれら事件の指示役として、フィリピンを拠点とする特殊詐欺グループの幹部らを逮捕した。幹部らは匿名性の高いメッセージアプリ上で「ルフィ」や「キム」などと名乗って実行役に指示を出していたとみられている。グループの実態解明や闇バイトへの対策が急がれる。

広域強盗事件が社会問題化したのは、一連の事件で唯一の死者が出た東京都狛江市の事件がきっかけだった。この事件では戸建て住宅で23年1月、当時90歳の女性が暴行を受けて死亡し、高級腕時計や指輪（計約60万円相当）を奪われた。

事件後、広域的に発生した強盗事件の捜査は本格化。警視庁は殺人や強盗など強行犯罪を扱う捜査1課、汚職や特殊詐欺など知能犯罪を扱う捜査2課、窃盗を扱う捜査3課から捜査員を集め、数十人の「特命チーム」を結成。関係する府県警と合同捜査本部を組み、情報共有を進めた。

一連のものとみられる強盗事件や窃盗事件は全国各地で発生し、各警察が実行犯らを摘発。「闇バイト」で実行役などを集め、「ルフィ」や「キム」、「ミツハシ」などと名乗って匿名性の高い通信アプリで指示するなど、全国の強盗事件の共通性が判明。逮捕した実行役の供述などから、指示役としてフィリピンを拠点

とする特殊詐欺グループが浮かんだ。

狛江事件の約3週間後の2月には、フィリピンの収容所にいたグループ幹部の男4人が強制送還された。グループによる特殊詐欺被害は60億円超（18年11月ごろ〜20年6月ごろ）といい、警視庁は特殊詐欺事件の窃盗容疑で4人を複数回ずつ逮捕した。

警視庁は、実行役らが使っていた

**特殊詐欺、認知件数及び被害額の推移**

（億円）
被害額 年累計
認知件数 年累計
2.0（万件）
上半期
2013年 14 15 16 17 18 19 20 21 22 23

スマートフォンを解析したり、収容所にいた人物の証言を集めたりするなど強盗事件の捜査を進め、グループ幹部らを指示役と特定。グループ幹部が八つの強盗事件に関与した疑いがあるとみて捜査を進めた。

警視庁は23年6月、京都市の時計店で22年5月に起きた強盗を指示したとして幹部4人のうち1人を逮捕した。千葉県の強盗致傷、東京都足立区の強盗予備の両事件でも幹部らを立件。同9月には、狛江市の事件の指示役として幹部4人を逮捕した（うち3人を強盗致死罪で起訴）。その後も、広島市で起きた強盗殺人未遂事件などに関与しているとみて、グループ幹部の立件を順次進めた。

これらの事件が社会問題化し、政府も対策に動いた。「国民の間で不安が広がっている」として、23年3月に犯罪対策に関する閣僚会議を開き、闇バイトなどの緊急対策プランをまとめた。四つの柱で構成されている。実行犯を生まない▷実行を容易にするツール（道具）の根絶▷被害に遭わない環境の構築▷首謀者を含む早期の検挙、だ。具体的には、闇バイトに関するインターネット上の情報の削除を進めたり、違法・有害な求人広告を締め出したりするなどの対策を打ち出した。ただ、闇バイトに応じる若者は後を絶たず、さらに踏み込んだ対策が求められている。（社会部・山口啓太、福冨旅史）

## 関 連 用 語

### ◆特殊詐欺

電話をかけるなど対面せずに被害者を信用させ、指定した預貯金口座に振り込ませたり受け取ったりする方法で不特定多数の人から現金などをだまし取る犯罪。03年に親族などをかたるオレオレ詐欺が目立ち始め、その後、サイト利用料名目の架空請求や医療費などの還付金名目など、手口が多様化した。「振り込め詐欺」などと呼ばれていたが、警察庁は12年版の警察白書から「特殊詐欺」と称するように。警察庁によると、22年の被害額は370億8千万円（確定値）で、前年を31.5％上回って8年ぶりに増加に転じた。

### ◆匿名通報ダイヤル

犯罪に関する情報を匿名で求める警察庁の専用窓口。児童が被害者の犯罪などを対象に07年から始まった制度で、対象は暴力団が関与する犯罪や薬物・拳銃に関する情報、特殊詐欺など。23年10月から対象が広がり、SNSなどで緩やかに結びつく組織「匿名・流動型犯罪グループ」が関与する犯罪や、特殊詐欺や強盗の実行役などの「闇バイト」を斡旋する人物に関する情報が追加された。一定の基準を満たせば情報料が支払われ、犯罪組織の壊滅につながる有力な情報であれば最大100万円が支払われる。

# ジャニーズ性加害問題

ジャニーズ事務所の創業者である故ジャニー喜多川氏による未成年の少年たちへの性加害問題が明らかになった。元ジャニーズ Jr. のミュージシャンが実名顔出しで記者会見し、喜多川氏からの性被害を告白したことから、被害の告白が相次ぎ、社会問題化。同社への被害の申し出は、2023年11月時点で800人超という。スポンサー企業が CM へのタレント起用を見直すなどの動きも加速、ジャニーズ事務所は社名の変更などを余儀なくされた。

故ジャニー喜多川氏の性加害問題については、1980年代から被害に遭ったという元アイドルらによる暴露本が出版されるなどしていた。

99年から2000年にかけては、週刊文春が14週にわたって、喜多川氏による「ホモセクハラ」(誌面での表現)や少年たちの飲酒、喫煙問題などジャニーズ事務所を追及するキャンペーンを張った。事務所側は名誉毀損で提訴。一審の東京地裁では文春側が880万円の賠償を命ぜられた。

二審は「セクハラ」については事実と認めて賠償額を120万円に減額。判決は04年に最高裁で確定した。しかし、全国紙2紙で小さな記事になっただけで、喜多川氏の性加害は社会問題化されなかった。

ジャニーズ事務所は「SMAP」など国民的アイドルを育て、芸能界を席巻。喜多川氏が19年に87歳で死去したときも功績ばかりが報じられた。

23年3月、英公共放送BBCが喜多川氏の性加害疑惑を取り上げたドキュメンタリー番組を放送し、メディアを含む日本社会の「沈黙」を指摘。その放送をきっかけに元ジャニーズ Jr. でミュージシャンのカウアン・オカモトさん(当時26)が4月12日に日本外国特派員協会で会見し、実名で性被害を告白した。

以降、事務所に所属した元タレントや元 Jr. たちが相次いで被害を訴え、オカモトさんの会見を当初は報道しなかったテレビ局などもこの問題を取り上げ始めた。

ジャニーズ事務所は5月14日に会社ホームページで見解を発表。藤島ジュリー景子社長(当時)は約1分の動画と書面を公開し、性加害については「知らなかった」とした。

6月末には、被害を訴える元Jr.らによる「ジャニーズ性加害問題当事者の会」が発足。来日して聞き取り調査した国連人権理事会「ビジネスと人権」作業部会のメンバーが、8月4日に被害者の実効的救済などを求める声明を出した。8月29日に

は、事務所が設置した再発防止特別チームが、中学生世代を中心に一部高校生を含む「ジャニーズJr.の思春期少年に対する性加害は、長年にわたり広範に行われていたことは紛れもない事実」などとする調査報告書を公表。被害者は数百人といって不自然ではないとした。

会見で話す藤島ジュリー景子氏＝2023年9月、東京都千代田区

ジャニーズ事務所は9月7日に初めて会見を開き、性加害の事実を認めて謝罪。所属タレントの東山紀之氏の新社長就任を公表した。

その後、スポンサー企業がジャニーズタレントのCMなどへの起用の打ち切りや契約を更新しない方針を相次いで表明。ジャニーズ事務所は10月2日に2回目の会見を開き、当初は変えないとしていた社名の変更を発表した。同17日に社名は「SMILE-UP.」となった。同社は被害者への補償が終われば廃業の方向。タレントのマネジメント業務を引き継ぐ新会社も設立された。

（編集委員・大久保真紀）

社会

---

## 関 連 用 語

### ◆ジャニー喜多川氏

1931〜2019年。米国生まれ。2歳で母を亡くし、4歳上の姉メリー氏が母親代わりになった。戦時中は和歌山に疎開し、戦後にきょうだいで渡米した。

美空ひばりらの通訳をしてショービジネスを学んで帰国。米軍関係で朝鮮半島に滞在した後に在日駐留米軍軍事顧問団に勤務。少年野球チームからメンバーをスカウトし、62年にジャニーズ事務所を設立した。

11年には「最も多くのナンバーワン・シングルをプロデュースした人物」としてギネス世界記録にも認定されたが、性加害問題で23年に公式サイトから削除された。

**PLUS ONE**
### 立場を利用した性暴力

教師やスポーツ指導者、施設の職員、会社の上司など、被害者と関係する人たちが自身の強い立場を利用して性加害をすることが少なくない。被害の申告は極めて難しい。履歴書を見ることからテレビへの出演、デビューなどを一手に決めていた故・喜多川氏はその典型。アイドルになる夢を持つ少年たちにとっては生殺与奪の権を握る絶対的な立場にいた。児童虐待防止法で通報が義務づけられている「虐待」は保護者からのものと定義されているため、立場を利用した性加害も対象にするよう法改正を求める声があがっている。

# 性犯罪の刑法改正

性犯罪の処罰に関する規定を大幅に見直した改正刑法などが国会で成立した。意に反した性的行為を確実に処罰するため、あいまいさが指摘されてきた成立要件を具体化。子どもの被害を防ぐための規定や盗撮を処罰する新法も設けるなど、被害者の声を幅広く反映した内容だ。今後は、性教育の充実など、性被害に対する意識を浸透させる取り組みが課題になりそうだ。

従来の強制性交罪と準強制性交罪を統合し、意に反する性的行為を処罰する「不同意性交罪」に名称を改めた。見直しのポイントは、性的行為に応じるかどうかを決める被害者の意思を重視した点にある。

強制性交罪には「暴行または脅迫を用いて」という要件があった。罪が成立するには被害者の抵抗が「著しく困難」な状況にあることが必要だと解釈されてきた。

だが、被害者からは「恐怖で声をあげることすらできない」などと現実との乖離を訴える声があった。2019年には性暴力をめぐる事件で無罪判決が相次ぎ、性犯罪の被害者らが実名で怒りの声をあげる「フラワーデモ」につながった。

今回の改正では、「暴行・脅迫」に加え「恐怖・驚愕」「地位利用」など性犯罪の原因になりうる事由として8項目を例示。それによって性的行為に同意しない意思を「形成」「表明」「全う」するのを難しくさせ

たと認められれば罪が成立すると改めた。恐怖で性的行為に同意しないと言い出せないケースや、虐待が影響して拒否しようという発想すらできない場合も処罰の対象だ。

公訴時効も5年延長し、18歳未満で受けた被害は、18歳になるまでの年月を加えてさらに時効を遅らせる。

## 改正刑法などの主なポイント
施行日 2023年7月13日（一部をのぞく）

### 成立要件を明確化
従来の強制性交罪と準強制性交罪を統合して「不同意性交罪」に

1. 暴行・脅迫
2. 心身の障害
3. アルコール・薬物の影響
4. 睡眠など意識不明瞭
5. 意思を示すいとまがない
6. 恐怖・驚愕（きょうがく）
7. 虐待
8. 経済的・社会的地位利用

＋ 被害者を、性的な行為に同意しない意思の形成・表明・全うが困難な状態にさせる

### 公訴時効を5年延長
不同意性交罪　10➡15年
不同意わいせつ罪　7➡12年

### 性交同意年齢を引き上げ
13➡16歳に

### 「わいせつ目的要求罪」を新設
わいせつ目的で16歳未満を懐柔し、面会を求める行為などを処罰

### 「性的姿態撮影等処罰法」を新設
性的な部位の盗撮などを処罰

子どもの被害を防ぐための見直しもなされた。性的行為に同意できるとみなす「性交同意年齢」を13歳から16歳に引き上げた。16歳未満への行為は、原則として同意の有無にかかわらず処罰対象となった。

わいせつな意図を隠して子どもを懐柔する「性的グルーミング」と呼ばれる行為の処罰規定も新設した。SNSの普及で、孤独感をもつ子どもに悪意を持った大人が接触するケースはあとを絶たない。新設された規定では、わいせつ目的が認められれば、16歳未満をだますなどして面会を求めた時点で処罰できるようになった。

性的な部位や下着姿の盗撮、画像

の提供などを処罰する「性的姿態撮影等処罰法」も新設された。一連の法整備について、被害者や支援者は「声が届いた」などと評価した。

「ノー」という明確な意思表示がないからといって、同意が得られたとは限らない――。そんな法改正の趣旨を社会にどう浸透させるのかが今後の課題になる。改正刑法の付帯決議は、法改正の周知のほか、子どもへの性教育の重要性に言及。「すべての学校段階」で十分な教育をすることを求めた。また、被害者の心身の治療や司法手続きのサポートを担うワンストップ支援センターの整備推進も提言した。

（社会部・久保田一道）

## 関　連　用　語

### ◆性交同意年齢

性的行為に同意するかを自分で決められるとみなす「性交同意年齢」は、刑法が制定された明治時代から13歳とされてきた。性的行為の意味を認識できるかどうかという観点で設定されたものだ。法務省は年齢を16歳に引き上げた背景として、性的行為の意味だけでなく、「行為が自分に与える影響」まで考えられる必要があるとの見解を示した。16歳未満との性的行為は同意の有無にかかわらず原則として処罰されるが、若者同士の恋愛関係に基づく行為を対象から除くため、5歳以上年長の者を処罰対象とする。

### ◆撮影罪

盗撮行為はこれまで、都道府県の迷惑防止条例などで処罰されることが多かった。一方、条例の処罰対象は都道府県ごとに異なる。また、過去には航空会社の客室乗務員を盗撮したとする条例違反容疑で逮捕された男について、どの都道府県の上空で盗撮したのか特定できないとして不起訴にしたケースもあった。新たに成立した「性的姿態撮影等処罰法」は、性的な部位や下着姿の盗撮を「撮影罪」として統一的に処罰できるようにし、3年以下の拘禁刑または300万円以下の罰金とする罰則を設けた。

# 岸田首相襲撃事件と要人警護強化

　2023年4月、和歌山市の選挙演説会場で、岸田文雄首相のそばに爆発物が投げ込まれる事件が起きた。首相は無事だったが、会場にいた聴衆の男性ら2人がけがを負った。警察が厚い警備体制を敷く中で、聴衆に紛れ込んだ男による襲撃を許してしまった。前年に奈良市で安倍晋三元首相が銃撃され死亡した事件を教訓に、警察は要人警護の取り組みを強化してきたが、不十分さを露呈し、さらなる対策を迫られた。

　岸田首相襲撃事件は23年4月15日午前11時半ごろ、和歌山市の雑賀崎漁港で開かれた衆院補選の演説会場で起きた。聴衆の中にいた木村隆二被告が「パイプ爆弾」を放り投げ、約10m先にいた岸田首相のそばに落下。約50秒後に爆発した。この間、首相のそばにいた身辺警護員が首相を退避させ、首相にけがはなかった。聴衆と警察官が軽傷を負った。また、爆発した筒は約40m先のいけすに、ふたのような金属片は約60m先の倉庫まで飛んでいた。

　木村被告はその場で取り押さえられ、逮捕。鑑定留置での精神鑑定を踏まえ、和歌山地検は9月、殺人未遂や爆発物取締罰則違反などの罪で起訴した。木村被告は、兵庫県川西市の自宅などで、火薬とパイプ爆弾を自分で製造したとされる。

　動機は明確になっていないが、木村被告は22年6月、公職選挙法が定める年齢に満たないため参院選に立候補できなかったとして、国に損害賠償を求める訴訟を起こしていた。裁判の書面などでは、安倍元首相の国葬を閣議決定した岸田首相を批判。裁判は22年11月に訴えが棄却された。このころから、爆弾などの材料を調達していたという。

◎

　警察庁は23年6月、当時の警護の問題点と対策をまとめた報告書を公表した。それによると、県警と主催者の自民党県連、地元漁協による事前の打ち合わせでは、来場者が漁協関係者らに限られると説明された。県警は金属探知機での検査などを要請したが、実施されず、木村被告に対する手荷物検査も行われなかった。報告書は会場出入り口における確認が不十分で、聴衆エリアへの侵入を許したのが問題だと指摘した。

　こうした課題を踏まえ、警察は主催者に丁寧に説明し、出入りの管理や警護対象者と聴衆の距離の確保などの安全対策をとる必要があると指摘。手荷物検査や検査の事前告知の

実施のほか、政治家が聴衆と拳を合わせるグータッチも避けるのが望ましいとした。

安倍氏銃撃事件を受け警察は、従来は都道府県警任せだった要人警護に警察庁が関与する仕組みに改め、警護の体制強化や資機材の配備なども図ってきたが、岸田首相襲撃を許した。再発防止に向けて警察庁は、

筒状の物体を投げた男を取り押さえる警察官ら＝2023年4月、和歌山市の雑賀崎漁港

選挙の際の政党側との情報共有や調整を進めるといった対策に取り組んでいる。

事件は、組織に属さない「ローンオフェンダー（単独の攻撃者）」と呼ばれるタイプの犯罪への対応の難しさも浮き彫りにした。木村被告や安倍氏銃撃の山上徹也被告はこの類型に含まれる。組織に関係する者と違い、その存在や犯罪の準備を警察が事前に把握するのが難しい。

対策として警察庁は、銃や爆発物の製造に関するネット上の情報や、犯罪実行に関するSNSの書き込みをつかむための監視体制の強化といった取り組みを進めている。

（編集委員・吉田伸八）

---

## 関　連　用　語

### ◆安倍元首相銃撃事件

22年7月8日午前11時半ごろ、奈良市の近鉄大和西大寺駅前で、参院選の応援演説をしていた安倍元首相が銃撃され、死亡した。同市の無職山上被告が逮捕され、精神疾患の有無などを調べる鑑定留置を経て、殺人罪などで起訴され、裁判の争点を絞り込む公判前整理手続きが行われている。銃撃には、手製の銃が使われた。

事件をきっかけに、宗教法人「世界平和統一家庭連合（旧統一教会）」による信者の献金被害が問題化し、23年10月に教団の解散命令請求に至った〔→112ページ〕。

### PLUS ONE
### パイプ爆弾

金属製などの筒の中に火薬を詰めた構造の爆弾。筒をふたで密閉し着火すると内部の圧力が高まり爆発するといった仕組みだ。1960〜70年代を中心に過激派による鉄パイプ爆弾を使ったテロやゲリラ事件が多く発生。70年の日航機「よど号」ハイジャック事件でもメンバーが鉄パイプ爆弾で武装した。海外のテロでも使われている。

材料は量販店で購入が可能で、製造方法もインターネット上で調べることができるため、作らせないための対策は難しい。

# 旧統一教会に対する解散命令請求

文部科学省は2023年10月、「世界平和統一家庭連合」（旧統一教会）から宗教法人格を剥奪（はくだつ）すべきだとして、東京地裁に解散命令を請求した。文科省は献金被害などが長期間続き、民法の不法行為などがあったとして宗教法人にふさわしくないと判断した。教団側は、請求内容は不当だとして裁判所での審理で反論する方針。裁判所が双方の主張を基に、解散させるかどうか判断する。

宗教法人法という法律では、「法令に違反して、著しく公共の福祉を害すると明らかに認められる行為」や「宗教団体の目的を著しく逸脱した行為」などが宗教法人にあった場合、裁判所が解散を命じることができる、と定めている。

ニュースでよく使われる「解散命令請求」は、この解散命令を出してほしいと裁判所に求めることだ。

請求できる人は限られていて、法律では、宗教法人を所管している省庁や地方自治体、検察官、利害関係のある人と定めている。

請求は、宗教法人の主な事務所がある地域を管轄する地裁にすることになる。

地裁は、提出された資料を検討したり、請求した側や宗教法人の話を聞いたりして、事実関係の調査を行ったうえで、解散命令を出すか、請求を退けるか判断する。

過去には裁判官が、検証のため法人の施設に赴いたこともあった。通常の裁判とは異なり、審理は非公開で進められる。

請求に対して地裁が出した判断については、高裁に不服を申し立てることができる。この手続きを即時抗告という。高裁の判断に不服がある場合は特別抗告という手続きをして、最高裁まで争うことができる。

文化庁によると、法令違反で裁判所が解散命令を出し、確定したのは過去に2例しかない。

一つ目は、1995年に地下鉄サリン事件を起こした「オウム真理教」のケースだ。東京地裁が解散命令を出したのは請求から4カ月後。最高裁で命令が確定したのは請求から7カ月後だった。

二つ目は、霊視商法詐欺事件で幹部らが摘発された「明覚寺」の事例。請求から和歌山地裁の解散命令までは約2年、最高裁で命令が確定するまでは、請求から約3年かかった。

旧統一教会の場合も教団側が徹底的に争う姿勢をみせており、最終的

な結論が出るまで年単位の時間がかかるとみられている。

仮に、裁判所の解散命令が確定した場合、裁判所が選んだ清算人が、財産の処分などを行う。

清算手続きが終われば、法人格が剝奪（はくだつ）され、税優遇がなくなる。

ただ、法人格のない任意団体として存続することは可能で、宗教活動自体は続けることができる。

高額献金の被害救済の原資となる教団の資産流出を防ぐため、与野党は具体策を検討したが、立場は異なる。

自民、公明両党などの案では、被害者が多数確認され、解散命令が請求された「対象宗教法人」について、文科省のような所轄庁が資産の流出を把握できるようにする法改正を想定する。また、解散命令の請求原因となった不法行為などをめぐり、被害者が法テラスを利用する際には資力を問わず援助することも盛り込む。

一方、立憲や維新は法案を一本化。財産の処分や移動に制限をかける「財産保全」の措置を可能にする立法を主張する。

（社会部・久永隆一）

教団の資産流出を防ぐための特別措置法を求める声明を読み上げる全国霊感商法対策弁護士連絡会事務局長の川井康雄弁護士（左から2人目）＝2023年5月、東京都千代田区

## 関 連 用 語

### ◆霊感商法

例えば、身内の病気や不幸な出来事に悩む人に対して、「献金すれば好転する」などと持ちかける行為を霊感商法と呼ぶことがある。旧統一教会の場合、先祖の因縁を持ち出し、供養するために献金を求めたり、印鑑やつぼの購入を勧めたりする事例が指摘されてきた。購入費を工面するために通常の支払い能力を超えて支出したケースが社会問題として扱われ、国が今回、旧統一教会への解散命令を裁判所に請求する論拠にもなった。

### ◆不当寄付勧誘防止法

「悪霊がついている」などと霊感の話を持ち出して、このままでは重大な不利益が生じると不安をあおる、といった六つの「不当な寄付勧誘行為」を禁じる法律。違反した勧誘による寄付は最長10年間、取り消しができる。寄付を求める側には、適切な判断が難しい状況に陥らせないようにするといった三つの配慮を求めている。23年6月に全面施行された。旧統一教会の高額献金問題が改めて社会問題として着目され、与野党の賛成多数で成立した。

# 児童生徒の自殺最多に

2022年に自殺した児童・生徒は全国で514人だった。過去最多となり、政府は23年6月に「こどもの自殺対策緊急強化プラン」を公表。児童・生徒に1人1台配っているタブレット端末などを使って不安や悩みを早期発見する取り組みの全国展開などを盛り込んだ。大人も含む自殺者全体は減少傾向にある。少子化で子どもが減少するが、子どもの自殺の増加傾向に歯止めはかかっていない。日本は国際的にも若年層の自殺率が高い。

厚生労働省がまとめた統計によると、小学生から高校生までの年代を指す「児童・生徒」の自殺者数は22年に514人だった。

データのある1980年以降で初めて500人を超え、過去最多になった。

514人の内訳は小学生17人、中学生143人、高校生354人だった。

児童・生徒の自殺の原因や動機は、小中高生のいずれも「学校問題」が最多。具体的な内容をみると、「学業不振」「進路に関する悩み」のほか「学友との不和」が目立った。「家族関係」に苦しんだ子も多く、小学生を含めて「家族からのしつけ・叱責」もあった。

22年の大人も含む自殺者の総数は、2万1881人で2年ぶりに増加した。ただ、11年（3万651人）を最後に自殺者の総数は3万人を切り続けている。12年から22年までの推移をみると2万人台の後半から前半へと減少傾向にあった。

一方、同じ期間を児童生徒に絞ってみると、11年は353人だったが、19年には399人へと増加。翌20年にはさらに100人も増えて499人。500人台が目前の状態だった。

少子化が進んで子どもの数が減っているのに、自殺にまで追い込まれて、亡くなる子が増えている。

これが今の日本の現実だ。

厚労省が世界保健機関の資料（23年）をもとにまとめたデータによると、先進7カ国（G7）で10代の死亡原因の第1位が自殺だったのは、日本だけだった。

国際的にも若年層の自殺が多いと以前から言われていた日本。

政府は22年の子どもの自殺者数が過去最多になったことで重い腰を上げた。そして23年6月、「こどもの自殺対策緊急強化プラン」を公表した。

文部科学省のGIGAスクール構想〔→180ジ〕によって全国の児童生徒に配布された「1人1台」のタブレ

ットなどの端末を使用する対策も入った。

子どもに端末に表示される質問に答えてもらい、リスクを判断するシステムを導入している学校もあり、政府は、こうした試みの全国展開を想定している。

同7月には、端末を使って子どものSOSをキャッチするためのマニュアルを文科省が初めて作成して全国の教育委員会などに通知して周知

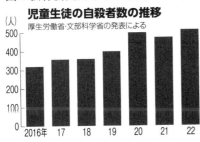

**児童生徒の自殺者数の推移**
（人）　厚生労働省・文部科学省の発表による

| 年 | 2016年 | 17 | 18 | 19 | 20 | 21 | 22 |

した。

今後、政府はこども家庭庁〔➡208ジー〕の下に各省庁が持つ子どもの自殺に関するデータを一元化した上でその要因について分析を行う方針だ。

警察庁の自殺統計や文部科学省が学校から集めた資料、総務省消防庁の救急搬送データの活用も検討されている。データの集約自体は23年度から始めて、24年度から分析を進める上での課題を探る調査研究を本格化させる。

自殺の背景にある要因を詳しく把握できるようにすることで、これからの若い命を守るための予防策を打ち出していきたい考えだ。

（社会部・久永隆一）

## 関 連 用 語

### ◆自殺対策基本法

大人も含む自殺者の総数が1998年から年間3万人を超える状況が続く中、06年にできた法律。「個人の問題」と捉えられがちだった自殺を「社会の問題」と位置づけ、対策を進める原動力になった。この法律に基づき、自殺対策の基本的な方向性を示す自殺総合対策大綱が5年ごとにつくられる。最新の大綱は22年版で、子ども・若者の自殺対策の推進は13ある重点施策の一つとして位置づけられた。このほか女性の自殺対策や自殺未遂者の自殺を防ぐこと、遺族への支援充実も重点施策になっている。

### ◆オーバードーズ

薬物の過剰摂取のこと。特にドラッグストアで購入できる風邪薬や咳止めなどの市販薬を大量に摂取する行為を指す言葉として、近年知られるようになった。「OD（オーディー）」という略称が使われることが多い。10代や20代の若者の間で自傷行為として行われることがある。つらい気持ちを紛らわせるためにする子ども、若者もいる。いじめや虐待、親との不和といった子どもたちが抱える「苦しみの表れ」や「声なきSOS」として捉えることもできる。現象だけではなく、背景を把握することが重要だ。

# ひきこもり、全国に146万人

15〜64歳の約50人に１人がひきこもり状態にある――。内閣府は2023年３月、子どもから中高年までの全世代を対象にしたひきこもりに関する初めての調査結果を発表した。ひきこもり状態にあると推計されたのは計146万人。このうち約６割を男性が占めた。ひきこもりをめぐる課題は複雑化しており、厚生労働省は、本人や家族への支援体制を構築するため、支援に関する新たなガイドライン作りに乗り出した。

ひきこもりに関する調査はこれまでも実施されてきたが、対象とする年齢が限られ、網羅的な推計はなかった。

背景には、内閣府が当初、ひきこもりは若年層の問題と捉えていたことがある。15年度の調査では、15〜39歳の実態を調べ、54.1万人と推計。その後、ひきこもりが長期化しているとして、18年度に初めて40〜64歳の中高年を対象に調べて、61.3万人がひきこもり状態にあると明らかにした。

15〜64歳の幅広い世代に関する初めての調査は22年11月に実施。全国で無作為に抽出した10〜69歳の３万人を対象に生活状況などを聞いた。義務教育課程にある10〜14歳と、退職した人が多い65〜69歳を除いて、15〜64歳のひきこもり状態にある人が146万人いると推計した。この年代の約50人に１人がひきこもり状態に該当する計算になる。

調査では、就学や就労などの社会的参加を避けて、自室や家からほとんど出ない状態が６カ月以上続くことを「ひきこもり」とした。近所のコンビニに買い物に出たり、趣味のときだけ外出したりする人も含める「広義のひきこもり」を算出したのが特徴だ。ひきこもり期間や理由などについては、15〜39歳と40〜69歳の年齢層別に分析した。

146万人のうち男性が約６割を占め、女性は約４割だった。ひきこも

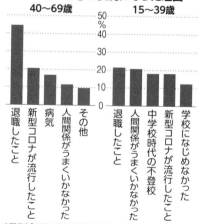

**「ひきこもり」の状況になった理由**

内閣府の「こども・若者の意識と生活に関する調査」(2022年度)から

りとなった主な理由を複数回答で聞くと、若者（15〜39歳）と中高年（40〜69歳）のいずれの年齢層でも、最も多かったのは「退職」だった。次いで、若者では「人間関係がうまくいかなかった」「中学校時代の不登校」が多かった。中高年では「病気」も目立った。

一方、全体で約2割の人が新型コロナウイルスの流行を理由にあげた。内閣府の担当者は、ひきこもりの一部には、コロナの感染を恐れて外出を控えている人も含まれている可能性があると説明する。

ひきこもり期間は、若者では6カ月〜1年未満が21.5%、3〜5年未満が17.4%だった。長期化している状況もみられ、「5年以上」としたのは、若者で29%、中高年で34%を占めた。

調査から浮かび上がるのは、ひきこもり状態にある人が抱える苦悩や背景は、世代や個人によっても様々に異なるという課題だ。厚生労働省は現在、支援現場で使われているガイドラインの策定から10年以上が経過し、問題はさらに複雑化しているとして、新たな指針づくりに着手。各地で対応している支援事例などを集約や類型化して、支援体制の強化を図る考えだ。

（くらし報道部・中村靖三郎）

# 関 連 用 語

## ◆8050問題

80代の高齢の親と同居する働いていない50代の未婚の子どもがひきこもり状態になるなどして社会的に孤立し、貧困をはじめとした様々な課題を抱える問題。ひきこもり状態が長期化することで、親の介護や「親亡き後」の子どもの生活をどうするかなど、複雑で深刻な問題に直面している世帯の増加が社会問題化している。支援制度のはざまに落ち込んでいることが少なくなく、亡くなった親の遺体が放置され、死体遺棄事件として表面化することもある。厚生労働白書は、「分野横断的な対応が求められる課題」の一つと指摘している。

## ◆子ども・若者育成支援推進法

子どもや若者のひきこもり、不登校、いじめ、児童虐待などの問題が深刻化する中で、総合的な育成支援策を推進するために、10年4月に施行された。同法に基づき、政府は子ども・若者育成支援推進本部（本部長は首相）を設置。重点課題などを盛り込んだ大綱を策定するなどして取り組みを進めてきた。しかし、法施行から10年以上たつ現在、子どもの貧困や自殺などがより深刻化しているだけでなく、ヤングケアラーやSNSを介した犯罪の広がりなど、子どもを取り巻く環境は厳しさを増している。子どもの居場所づくりや専門人材育成などが急務となっている。

# 有機フッ素化合物、各地で検出

「永遠の化学物質」とも言われ、高濃度で長く摂取すると健康への影響があると懸念されている有機フッ素化合物（総称PFAS）が全国各地で検出されている。かつてフライパンや泡消火剤などに広く使われ、今も地下水や土壌に残っていると考えられている。環境省は専門家会議を立ち上げ、対応を強化する方針だが、PFASの広がり方などの全容はまだわからないままだ。

PFASはPFOS（ピーフォス）とPFOA（ピーフォア）といった有機フッ素化合物の総称。水や油をはじく性質があり、フライパンなどのコーティングから泡消火剤まで、様々な用途で使われてきた。20年ほど前から米国で発がん性の疑いが指摘されるなどし、規制が厳しくなったが、自然界では分解されにくい「永遠の化学物質」と呼ばれ、各地に残っている。

国内ではPFOSとPFOAについて、政府は製造や使用を原則禁止。2020年には水質管理の暫定目標値を両物質の合計で1Lあたり50ナノグラム（ナノは10億分の1）と定めた。これは、体重50kgの人が毎日2Lの水を飲んでも健康に影響が生じないレベルとしている。現時点で有害性に関する知見が不十分なため、法的拘束力を伴う規制ではない。

海外でも基準があるが、知見がまとまっておらず国によって異なる。世界保健機関（WHO）の暫定指針値案は各物質が1Lあたり100ナノグラム。新たな指針値も検討中だが、まだ結論は出ていない。米国は、23年3月に発表した新たな規制値案で物質ごとに1Lあたり4ナノグラムとした。日本より厳しい。

高濃度で摂取し続けた場合、有害になる恐れを示唆する論文がある。米国では、化学工場周辺の住民が、

**地下水や井戸から国の暫定目標値（50ナノグラム）を超える有機フッ素化合物が検出された主な地域**

1LあたりPFOSとPFOAの合計。環境省の2020年度、21年度の調査、沖縄県の22年度夏の調査から

宮城県名取市
**790**ナノグラム

東京都立川市
**640**ナノグラム

神奈川県綾瀬市
**1300**ナノグラム

大阪市
**5500**ナノグラム

大分市
**1800**ナノグラム

沖縄県嘉手納町
**2100**ナノグラム

１Ｌあたり数千ナノグラムのPFOAを含む水を飲んでいた。約７万人の健康調査の結果、腎臓がん、精巣がん、高コレステロール血症、潰瘍性大腸炎、妊娠高血圧、甲状腺疾患といった病気と関連する可能性があるとされた。

◎

国内でも各地でPFASが検出されている。環境省の21年度の調査では、13都府県81地点の地下水などで暫定目標値を超えていた。日本水道協会の21年度の全国の水道水の水質検査の結果では、1247地点のうち２地点で暫定目標値を超えていた。環境省は化学工場や、泡消火剤を多く使ってきた米軍基地の周辺で残っているとみている。

こうした状況を受け、環境省は23年に専門家会議を立ち上げ、現在の暫定目標値を「環境基準」へと格上げすることも含めて議論している。環境基準は事業所への排水規制など法的拘束力を持った対応が可能になる。

一方、PFASの検出地域の住民らが、影響を調べるための血中濃度調査を求めているが、実施は決まっていない。環境省は100人規模のパイロット調査を定期的に行っており、将来的に拡大する可能性があるとするが、具体的な時期は未定だ。

（科学みらい部・市野塊）

## 関連用語

### ◆PFAS

有機フッ素化合物の総称で、世界中で約4700種類あるとされる。代表例はペルフルオロオクタンスルホン酸（PFOS）とペルフルオロオクタン酸（PFOA）。水や油をはじき、熱に強いため、1950年代ごろから、フライパンや防水・防汚加工の衣類、泡消火剤、半導体製造などに使われた。90年代から、人体への悪影響や野生生物への残留性などが指摘され始めた。PFOSとPFOAは国連のストックホルム条約会議で、製造や使用が原則禁止。国内では、PFOSは2010年に、PFOAは21年に、化学物質審査規制法で製造や使用、輸入が原則禁止された。

### ◆水質汚濁防止法

工場や事業所から排出される水が河川や湖沼などを汚し、周辺住民の健康に被害を与えるのを防ぐことを目的とする。公害病が問題視された1970年に制定された。

環境省が選んだ、カドミウムや六価クロム、ヒ素、水銀などに対し、工場などからの排出の限度となる濃度の「排水基準」を設定。違反した工場などは罰則を受ける。PFASは対象の物質ではないが、専門家会議で「環境基準」を設定することも含めて検討中。

環境基準ができれば、それを達成するために適当な排水基準が設定される可能性がある。

# LGBT 理解増進法成立

性的少数者への理解を広めるためとされる「LGBT理解増進法」が通常国会で成立し、2023年6月23日に施行された。「性的指向及びジェンダーアイデンティティーを理由とする不当な差別はあってはならない」と明記し、国や地方自治体に基本計画や指針の策定を義務づけている。「性自認」の表現をめぐり与野党で意見が割れていたが、自民党と日本維新の会の修正協議の末、「ジェンダーアイデンティティー」という表現が用いられた。

「LGBT理解増進法」はもともと、21年の東京五輪・パラリンピックに向けて、自民党や立憲民主党を含めた超党派の議員連盟が成立をめざしていた。当時、一定の合意形成にまで達していたものの、自民が党内で反発する保守派議員をまとめきれず、21年の法案提出は見送りとなった。

23年2月、岸田文雄首相が同性婚の法制化をめぐり「社会が変わってしまう」と答弁。それに関連して当時の首相秘書官（発言後に更迭）が、性的少数者や同性婚について、「隣に住んでいるのもちょっと嫌だ」などと差別発言したことで、法制化に向けた議論が再燃した。5月には首相が議長を務める主要7カ国首脳会議（G7サミット、●18ぢ）を控え、多様性をめぐる取り組みで後れをとる日本はサミットまでの法案提出を急いだ。

与党が滑り込みで提出にこぎつけたのは、サミット開催の前日。2年前の教訓を生かすため、党内議論で保守派に配慮し、超党派案から後退させた内容をまとめた。性自認については「性同一性」とし、「差別は許されない」という文言は「不当な差別はあってはならない」に変更。性的少数者の当事者からは、「法律の対象を小さくしてしまう」といった批判が寄せられた。

一方、与党案に反発する立憲と共産党、社民党の3党は「性自認」とす

### LGBT理解増進法の条文の変遷

| | 2021年の超党派合意案 | 与党案 | 衆院で可決した修正案 |
|---|---|---|---|
| 性自認の表現 | 性自認 | 性同一性 | ジェンダーアイデンティティー |
| 基本理念 | 差別は許されない | 不当な差別はあってはならない | 不当な差別はあってはならない |
| 国民の安心 | | | 新設 全ての国民が安心して生活できるよう留意する |
| 学校教育 | | | 新設 家庭および地域住民その他の関係者の協力を得つつ行う |
| 学校設置者の努力 | 学校の設置者の努力 | 削除 | 削除 |

る２年前の超党派案をそのまま国会に共同提出した。二つの表現が対立する中、日本維新の会も国民民主党と共同で、いずれにも訳せる「ジェンダーアイデンティティー」という「折衷案」を提出した。

同趣旨の３法案が並ぶ中、首相の「野党も取り込み幅広く合意形成を図りたい」という思惑から、審議入りを翌日に控えた６月８日、自民と維新は急遽（きゅうきょ）修正協議を開始した。協議の結果、与党は維新・国民案を受け入れ、「性自認」は「ジェンダーアイデンティティー」と修正した。また保守層への配慮として、出生時と自認する性が一致しないトランスジェンダーの人をめぐり、トイレして公衆浴場で発生しかねないトラブルや犯罪を念頭に「全ての国民が安心して生活できるよう留意する」との条文も新設した。政府や自治体による相談体制の整備、企業・学校などへの取り組みの要請は努力規定にとどめた。

修正された与党案はその後、維新と国民の賛成も得て衆参両院で可決。６月16日に成立した。立憲や共産などは反対に回った。ただ、本会議の採決では、一部の自民の保守派議員から退席者が出るなど、与野党では推進派と反対派双方からの反発が今も根強い。法律では基本計画や指針の策定が指示されているが、「理解増進」をどう具体的な政策に反映させていくかもあいまいで、政府の動きも鈍いままだ。

（政治部・松山紫乃）

# 関　連　用　語

## ◆ジェンダーアイデンティティー

LGBT法をめぐって、維新と国民が共同で提出した法案で初めて用いられた表現。与党は「性同一性」、立憲や共産などは２年前の超党派案に基づき「性自認」と表現していた。維新と国民は、与野党の２案が表現をめぐり対立していたことから、双方を英訳した「ジェンダーアイデンティティー」を採用。「折衷案」として共同案を国会に提出した。最終的に自民は維新との修正協議で、与党案の「性同一性」を維新・国民案に沿った「ジェンダーアイデンティティー」に修正した。

## ◆性的指向

恋愛感情または性的感情の対象となる性別についての指向。対象は異性や同性の場合もあれば、性別を問わない場合、男女のどちらにも恋愛感情を抱かない場合など様々だ。日本では同性婚が認められていない現状について、「違憲」とする判決が相次ぐ。「性的指向は人の意思で決定するものではなく、変更も困難なものであることは確立された知見」（札幌地裁）。LGBT法では、ジェンダーアイデンティティーとともに性的指向の多様性について、国民の理解を深めることを目的に掲げている。

# 改正入管法が成立

在留資格のない外国人の処遇や強制送還のルールを見直す改正入管難民法が、国会で成立した。強制退去が決まった後も送還を拒む外国人が増えたことを背景に、難民認定申請中は送還できないという規定を改め、3回目以降は送還できるようにした。国会論戦を通じ、野党からは難民認定手続きの透明性に疑問の声が相次いだ。日本で生まれ育ったのに、親の都合で強制退去が求められている子どもの保護も大きな論点になった。

難民認定の手続き中は一律に送還が停止される——。国会審議では、入管法のこうした規定を見直すことの是非が最大の論点となった。

在留期間が過ぎたり、重大犯罪で有罪になったりして強制退去処分を受けても、国外への強制送還を拒む「送還忌避者」は増加傾向にあり、2022年末時点で4233人だった。政府は、難民申請中の送還が停止される規定の「乱用」が送還忌避者の増加の要因になっていると説明。改正法では、3回目以降の難民認定申請者の送還を可能とした。

同様の見直し案は21年にも国会に提出されたが、入管施設でスリランカ人女性が死亡する事案が明らかになって世論の反発が高まり、廃案となった経緯があった。

立憲民主党などの野党や外国人を支援する市民団体は、日本の難民認定率が諸外国と比べて低いことを念頭に「母国で迫害される可能性がある人まで送還される恐れがある」と訴えた。政府から独立して難民認定を担う機関の創設も求めた。

国会論戦の中で政府が強調したのが、難民と認められなかった人の不服申し立てを審査する「難民審査参与員」の存在だ。外部の視点を採り入れる仕組みによ

| | 強制退去処分を受けた人の状況 | |
|---|---|---|
| 送還に応じる人 年間約1万人（18〜20年の平均） | | |
| 送還を拒む人 計3224人（21年末時点） | 仮放免された人 2546人 | |
| うち難民申請中 1629人（従来は一律に送還停止） | 仮放免され、逃亡した人 599人 | |
| | 収容された人 79人 | |

### 改正入管難民法のポイントと野党からの指摘

| | 送還について | | 収容について |
|---|---|---|---|
| 改正法（ポイント） | 難民申請中でも、3回目以降の申請者らの送還を可能に | 罰則付きの退去命令制度の創設 | 収容の代わりに、親族や支援者ら「監理人」の下で生活できる「監理措置」を創設 |
| 野党からの指摘 | 保護されるべき人が送還される恐れ | 日本で生まれた子どもが保護されるか不透明 | 監理人の負担が重く、なり手がいるか疑問 |

り、「慎重な審査が尽くされている」と繰り返した。ところが、国会審議の過程で一部の参与員に審査件数が偏っている実態が明らかになり、野党は運用が公正さを欠いていると批判を強めた。

賛否が激しく対立したまま、改正法は与党や日本維新の会、国民民主党などの賛成多数で成立した。一方、付帯決議には難民申請者への質問手続きの透明性を高める措置の検討などが盛り込まれた。

送還のルール強化に伴い、日本で生まれ育ちながら在留資格がない子どもたちの保護のあり方も問われた。

斎藤健法相（当時）は国会で、子ども本人に責任がないことが多いとし、保護を前向きに検討すると答弁。改正法成立後の23年8月、こうした子どもたちに対して人道的な理由から日本にとどまることができる「在留特別許可」を与える方針を発表した。

今回の改正法には、ウクライナなどの紛争から逃れてきた人を保護する仕組みも盛り込まれた。国際条約上の難民に該当しなくても、難民に準じて保護すべき人を「補完的保護対象者」と位置づける。最長で5年間滞在できる「定住者」の在留資格を付与し、日本語教育や生活ガイダンスも受講できるようにする。この規定は23年12月に施行された。

（社会部・久保田一道）

# 関 連 用 語

## ◆難民認定手続き

国際条約は人種や宗教などを理由に迫害される恐れがあり、母国から逃れてきた人を難民と定義する。日本も1981年に条約に加わった。外国人からの難民認定申請を受けた入管の調査官が本人から事情を聴いて審査している。「不認定」とされても不服を申し立てることができ、元外交官や研究者らで構成する「難民審査参与員」が二次的に審査し、法相に意見を述べることができる。22年までの41年間に難民申請をしたのは9万人以上にのぼるが、難民と認められた人は約1％にとどまり、「難民鎖国」との批判もある。

## ◆監理措置

改正入管法には、収容せずに強制退去の手続きを進める「監理措置」の創設が盛り込まれた。従来は「原則収容」とする規定があったが、収容の長期化によって健康上の問題が生じることがあった。一時的に収容を解く「仮放免」制度を使うこともあったが、逃亡するケースもあとをたたなかった。監理措置では、親族・知人や支援者らを「監理人」として選び、その監督下に置くことになる。ただ、監理人は無償で、入管庁への報告義務を課される。怠れば過料の対象になることもあり、なり手の確保を懸念する声もある。

# 自転車交通違反厳罰化と電動キックボード

　自転車の利用が進むのに伴い、歩行者らを巻き込む事故が増えており、警察庁は自転車の交通違反の取り締まりのあり方を見直す方針だ。車と同様、反則切符（青切符）を交付して反則金を納める交通反則通告制度の対象にすることを検討している。また、電動キックボードは「自転車並み」の交通ルールになった。こうした小型モビリティー（乗り物）が普及する中、道路交通の秩序をどう確保していくかが課題になっている。

　自転車による交通違反は、現状では悪質なものに限って刑事罰の対象となる交通切符（赤切符）だけで対応している。

　しかし、自転車が歩行者にけがを負わせるといった事故が増加。それを受け警察庁は違反取り締まりを強化し、従来は指導警告にとどめていた違反でも、悪質、危険なものについては積極的に赤切符で取り締まるようになった。警察庁のまとめでは、自転車の交通違反の検挙件数は2022年は2万4549件で、10年間で3.4倍に増えた。ただ、赤切符を受け検察に送致されても起訴や略式起訴されるのはごく一部で、車の違反に比べ、制裁の実効性が低いと指摘されてきた。

　このため警察庁は、より実効性のある制度に改めるべきだと判断。法律の専門家や自転車の製造・販売業者の団体、教育の関係者らで構成する有識者検討会で議論しており、車の運転者と同じく、反則切符（青切

符）を受け反則金を納めれば刑事罰を科されない「交通反則通告制度」を自転車にも導入することを視野に検討している。

　道路交通法が定める自転車の違反行為は多岐にわたり、現在の赤切符の適用では信号無視や一時不停止、遮断機が下りた踏切への立ち入りなどが多い。警察庁は、青切符の対象にした場合、どういった違反にどう適用するか、運用方法を検討。自転車は運転免許が不要で、子どもも乗るため、取り締まりの対象年齢も検討。有識者検討会では、取り締まりのほか、自転車の通行帯や横断帯など交通規制や、自転車をめぐる交通安全教育のあり方も議論中だ。

◎

　一方、搭載したモーターで動き、板状の車体に立って乗る電動キックボードは、改正道交法の施行で23年7月1日から「自転車並み」の扱いになった。

　従来は原動機付き自転車（原付き

バイク）にあたり、最高速度は30km
でヘルメット着用は義務だった。改
正法では、最高速度が20kmを超えず、
大きさなどの要件を満たす車体を
「特定小型原動機付き自転車」と新
たに分類。16歳未満は運転禁止だが、
16歳以上は運転免許が不要だ。ヘル
メットは努力義務になり、車道左側
や自転車レーンを走行する。要件を

**自転車による交通違反の検挙件数の推移**

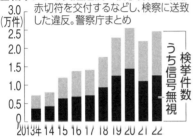

赤切符を交付するなどし、検察に送致
した違反。警察庁まとめ

満たせば歩道も走れる。

　普及に伴い、事故や違反が増えて
いる。警察庁のまとめでは、人身事
故は20年〜23年5月に計88件起き、
1人が死亡、91人がけがをした。死
亡事故は22年9月に東京都中央区で
酒を飲んで運転していた男性が転倒
したものだ。

　警察官による指導警告や取り締ま
りは、21年9月〜23年5月に4527件。
通行できない歩道を走るなどの通行
区分違反が1997件で、全体の4割強
を占めた。

　手軽な交通手段として利用がいっ
そう進むとみられるが、安全の確保
が課題だ。

（編集委員　古田伸一郎）

---

## 関　連　用　語

### ◆特定小型原動機付き自転車

　電動キックボードのうち、道路交
通法の規則が定めた一定の要件を満
たす車体。車体の大きさが「普通自
転車」と同じ長さ190cm以下、幅60
cm以下で、時速20kmを超える速度を
出せず、最高速度を複数設定できる
場合は走行中に設定を変えられない
ものが対象。また、最高速度を6km
以下に制御でき、鋭利な突出部がな
い車体は「特例特定小型原動機付き
自転車」として、自転車通行可の歩
道などを通行できる。利用者に貸し
出すシェアリング事業者の電動キッ
クボードの多くが「特定」にあたる
とみられる。

### PLUS ONE ヘルメット着用の努力義務化

　改正道路交通法の施行で23年4月
1日から、自転車に乗るすべての人
を対象に「ヘルメットをかぶるよう
努めなければならない」との努力義
務が課された。罰則はない。22年の
自転車乗車中の事故で、着用してい
なかった人が死亡する割合は着用し
ていた人の2.6倍にのぼる。警察庁
の23年7月の調査では、自転車乗車
時のヘルメット着用率は全国平均で
13.5％。

　また、一定の要件を満たした電動
キックボードもヘルメット着用が努
力義務となった。

# 新型コロナの5類移行

　新型コロナウイルス感染症の感染症法上の位置づけが、2023年5月に「5類」に引き下げられた。季節性インフルエンザなどと同じ位置づけとなり、感染拡大を防ぐための私権制限を伴う措置などは、とれなくなった。感染対策は個人の判断に委ねられ、患者は幅広い医療機関で受け入れる体制になった。国民生活に大きな影響を及ぼしたコロナ対応は「平時」への移行に向け、節目を迎えた。

　感染症法は、感染症を病原体の感染力の強さや症状の重さなど危険度に応じて1～5類に分類している。建物の立ち入り制限や交通の制限、「入院勧告」など、可能な措置が類型ごとに定められている。入院できる医療機関も類型で決められ、1、2類は感染制御の設備がある指定医療機関のみで、医療費は自己負担がない。1類にはエボラ出血熱やペスト、2類には結核や重症急性呼吸器症候群（SARS）などが位置づけられている。

　新型コロナは国内では20年1月に初めて患者が確認され、2月に病気やウイルスの特性に合わせて柔軟な対応ができる「指定感染症」に位置づけられた。

　その後、無症状者の存在などもわかり、すべてが入院対象となるような措置では対応しきれず、既存の5類型に当てはめるのが難しいことがわかってきた。21年2月に、指定感染症と同様の柔軟な対応が可能な「新型インフルエンザ等感染症」に位置づけ、結核などと同じ2類以上の強い措置がとられてきた。入院できる医療機関は一部に限定され、診療も院内で感染対策が可能な「発熱外来」に絞られた。

　22年初から、新たな変異株「オミクロン株」が流行。感染力が強く、感染者は増える一方、これまでよりも重症化しにくくなり、致死率は低下した。ワクチン接種の本格

| 感染症法上の分類と措置 / 主な感染症 | 外出自粛の要請 | 入院勧告 | 就業制限 | 無症状者への適用 | 健康状態の報告 | 感染者の全数把握 | 医療費 | 入院先 |
|---|---|---|---|---|---|---|---|---|
| 1類 エボラ出血熱、ペスト、天然痘 | × | ○ | ○ | ○ | × | ○ | 全額公費 | 指定感染症医療機関 |
| 2類 結核、SARS、MERS | × | ○ | ○ | × | × | ○ | 全額公費 | 指定感染症医療機関 |
| 3類 コレラ、腸チフス | × | × | ○ | × | × | ○ | 一部自己負担 | 一般医療機関 |
| 4類 デング熱、マラリア | × | × | × | × | × | ○ | 一部自己負担 | 一般医療機関 |
| 5類 新型コロナウイルス、季節性インフルエンザ、麻疹、風疹 | × | × | × | × | × | 一部 | 一部自己負担 | 一般医療機関 |

化や治療方法の確立も要因とされた。

軽症者が大半となり、感染症対策や医療、社会経済活動との両立を図る「ウィズコロナ」が加速する中で、類型に伴う厳しい措置がそぐわず、医療逼迫や社会活動の停滞を引き起こしているとも指摘された。

こうしたことから、政府は類型の変更を検討。23年1月に、5月に5類へ移行すると決めた。

◎

5類への移行によって、感染者への入院勧告・指示、感染者・濃厚接触者への外出自粛要請はなくなった。入院する医療機関は限定されず、感染対策は個人・事業者の判断に委ねられるようになった。新型インフル

エンザ等対策特別措置法（特措法）の適用からも外れ、政府と都道府県の対策本部は廃止に。緊急事態宣言などの行動制限も出せなくなった。

5類への移行は、医療機関や国民生活に大きな影響を及ぼす。厚生労働省にコロナ対策を助言する専門家組織の有志からは、医療機関の診療体制を確保し、逼迫時の調整機能を維持する必要があるとして、段階的に移行することが求められるとする見解が示されていた。

政府は、24年4月から通常の医療提供体制に移行するために、医療機関や患者の医療費負担への支援などを段階的に見直している。

（くらし報道部　神宮司実玲）

## 関 連 用 語

### ◆「危機管理統括庁」発足

政府の感染症対応の司令塔となる「内閣感染症危機管理統括庁」が23年9月に発足した。新型コロナの初動対応では、検査が十分に受けられない事態や、空港での水際対策や一斉休校による混乱なども起きた。こうした新型コロナ対応の反省を踏まえ、統括庁では行動計画の策定や訓練などを通じて次の感染症危機に備える。各省庁の縦割りを排し、平時から国民生活に関わる広い分野の対策にあたる。内閣官房に常設し、平時は38人の専従職員で構成される。有事には各省庁から職員が加わり、101人に増員される。

### ◆「日本版CDC」設置へ

政府は25年度以降、米疾病対策センター（CDC）にならった専門家組織「国立健康危機管理研究機構」（日本版CDC）を新設する。国立感染症研究所（感染研）と国立国際医療研究センター（NCGM）を統合する。

感染症に関する科学的根拠を集めるとともに、臨床機能を併せ持ち、病気の速やかな実態把握や、ワクチン・治療薬の早期開発も行う。未知の感染症が発生した際、病原体の基礎、臨床、疫学情報までを一体的に把握し、内閣感染症危機管理統括庁などに情報や知見を提供する。

# 医師の働き方改革

2024年４月から始まる「医師の働き方改革」によって、病院などで働く勤務医の時間外労働は、原則として年960時間（月80時間相当）に上限規制される。長時間労働が続いてきた医療現場で労働時間を減らすのは簡単ではない。大学病院から派遣されていた地域の医師が引きあげられるなど、すでに地域医療に影響が出始めた。医師の健康を守ることと、患者の命を守ることを両立するための模索が続く。

働く人の健康を守るため、罰則付きで時間外労働に上限を設けることを定めた「働き方改革関連法」が、19年４月に施行された。一般の職種は年720時間（休日労働は含まない）だ。医師の上限は月平均にすると80時間で「過労死」ラインに相当するが、人の命にかかわる仕事を担っていることや、診療技能を身につけるまでに時間がかかることなどを考え、この時間まで認めることになった。

### 派遣医師が引きあげる仕組み

勤務医の労働時間を短くすると、人手が足りない！

大学病院 → 地域の病院
- 医師の派遣
- 常勤として通常診療
- 非常勤として当直

医師の引きあげ
- 近くに同じ診療科をもつ病院がある
- 患者数が少なく経験を積めない

時間外労働（年間）が多い
大学病院1200時間、派遣先800時間、計2000時間の例も

### 時間外労働が年1860時間を超す医師の割合

大学病院の主な診療科。22年厚労省が全国82大学病院に調査

内科　小児科　精神科　外科　産婦人科　眼科　外脳神経科　救急科　全体

原則960時間、特例でも1860時間以内にする必要

ただ、人手の確保が厳しい建設業や自動車の運転手〔→98ページ〕などとともに、医師も24年３月まで５年間、適用が猶予された。患者に悪い影響が出ないよう診療の態勢を整えるには、時間がかかると予想されたためだ。

厚生労働省の19年の調査では、勤務医の37.8％は時間外・休日労働時間が年960時間を超えていた。５年間の猶予期間のうちに改革を進めるはずだったが、新型コロナウイルス感染症の影響により遅れが指摘されている。

一方、地域医療は、大学病院からの派遣医師に支えられている面が大きい。国立大学病院長会議によると、全国の42国立大学病院は22年度、延べ9628カ所の医療機関に勤務医を常勤や非常勤で派遣した。１大学病院あたり平均229カ所だった。

ただ、24年４月以降、時間外労働は大学病院だけでなく、派遣先の分も加えて年960時間に規制される。

高度医療を担う大学病院は、その機能を維持するため、医師数を増やして1人当たりの労働時間を減らそうとする。時間外労働の削減と要員確保の両面から、医師派遣の中止や削減につながっている。

大学病院は診療だけでなく研究や教育の機能も併せ持つため、長時間労働になりがちだ。産科や外科、救急科など、もともと人手が足りない診療科ほど影響が出やすい。

そこで厚労省は、地域医療の崩壊を招かないよう「激変緩和策」を用意した。一定の要件を満たした病院の医師は、時間外労働の上限を年960時間から年1860時間に拡大する特例を認める。現実的に対応しやすい水準にして、医療現場の混乱を防ぐことを狙う。

要件は、▷地域医療のため救急対応や医師派遣をしている▷医師の技能研修のために必要、の大きく二つ。大半は35年度末までに解消しなければならない。

地域医療への影響を緩和するには、勤務医の担い手を増やし、デジタル技術の導入を進めて負担を減らしていく必要がある。専門家は「国民は社会問題と捉え、病院や自治体に改革を促すべきだ。また、本当に必要な時しか救急車は呼ばないなど、一人ひとりが受診の仕方を見直す必要もある」と指摘する。

（くらし報道部・枝松佑樹）

## 関連用語

### ◆宿日直許可

夜間や土日、入院患者の急変や外来患者に対応するため医師が待機する「宿直」「日直」の業務内容が軽ければ、労働基準監督署の許可によって特例的に労働時間としてみなさなくてもよくなる。厚労省は、医師の労働時間が短くなることによる地域医療への影響を抑えるため、宿日直許可の数を増やそうとしている。一方、実際には働いているのに労働時間とみなされない「隠れ宿日直」の存在も明らかとなり、現場の医師からは「改革に逆行している」との声もあがる。疲れた状態で診療すれば医療事故の原因にもなり得る。

### ◆医師の自己研鑽

医師の仕事は患者の生命に直結するため、新しい薬や治療法を学ぶことは欠かせないが、自己研鑽（けんさん）か労働かの区別があいまいなものも多く、長時間労働の原因の一つとされてきた。厚労省は19年、「時間外に、本来業務と関係ないことを上司の指示なく行えば自己研鑽」とする考え方を通達。強制されていない学会参加、業務とは区別された研究論文の作成などを例示した。ただ、時間外労働を短く見せかけたい病院側が通達を拡大解釈し、実際は働いているのに一方的に自己研鑽として扱う例が明らかになっている。

# 「ゲノム医療法」が成立

遺伝情報（ゲノム）を活用した医療の推進と、遺伝情報による差別の防止などを定めた「ゲノム医療法」が2023年6月に成立した。ゲノムは、生まれながらに固有で変えられない「究極の個人情報」とも言われる。調べることでがんや難病の治療などにつながる可能性がある一方、生命保険や雇用などの場面で不利益な扱いを受ける懸念もある。多くの国で法整備がされ、日本でも必要性が指摘されていた。

法律の柱の一つが、遺伝情報に応じて一人ひとりに適した医療を提供する「ゲノム医療」の推進だ。

ゲノム医療法は基本理念に、「幅広い医療分野における世界最高水準のゲノム医療を実現」することを掲げ、そのための基本計画の策定を国の責務とした。

過去20年ほどの技術革新で、遺伝情報を解読するためのコストは下がり、解読の精度は上がってきた。

並行して、がんや病気の原因となる遺伝子変異などの研究も進歩した。日本でも、いくつかのがんや難病で遺伝情報を調べる検査が公的医療保険の適用対象になり、特定のがんに特化した抗がん剤や、難病に対する遺伝子治療薬なども使えるようになってきている。

こうした医療がさらに進歩することで、多くの人が健康を保ったり、より良い治療につながったりすると期待される。

◎

一方、遺伝情報の活用が広がることで懸念されるのが、不利益な扱いにつながる可能性だ。

ゲノムは一人ひとり生まれながらに固有の「究極の個人情報」とも言われる。調べた本人だけでなく、家族やこれから生まれる子孫にも関係する情報だ。

病気に関わる遺伝情報が判明することで、生命保険や就職、雇用、結婚や教育といった場面で不利益な扱いを受ける恐れもある。

**ゲノム医療のイメージ**

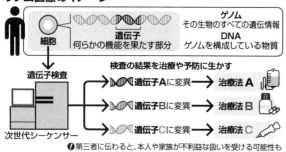

❶第三者に伝わると、本人や家族が不利益な扱いを受ける可能性も

17年に厚生労働省の研究班が約1万人に行った意識調査では、3％の人が、保険加入を拒否されるなどの経験があったと回答している。

生命保険協会は22年5月、保険の申し込みの受理や支払いに関して、遺伝情報の「収集・利用は行っておりません」とする文書を公表。ただ、この扱いを将来的に見直す可能性にも言及している。

米国やカナダ、欧州のいくつかの国などでは、すでに遺伝情報に基づく差別を禁止する法律がある。

日本では個人情報保護法の15年の改正で、遺伝情報について一定の保護が定められた。しかし、遺伝情報の利用を直接的に規制する法律はなかった。

今回成立したゲノム医療法では、研究などを通じて入手されたゲノムの情報について「保護が十分に図られ（中略）不当な差別が行われることのないようにする」と基本理念に明記された。ただ、罰則規定がないため実効性は課題だ。

ゲノムをめぐる科学技術は進歩を続けている。また、何が「不利益」かは時代によって変わっていく可能性もある。法律ができたことを第一歩として、社会的な合意作りや、必要に応じた修正も求められている。

（くらし報道部・野口憲太）

## 関 連 用 語

### ◆がん遺伝子パネル検査

がんの発生に関わる複数の「がん関連遺伝子」を調べる検査。患者のがん組織や血液を使って、がん細胞の数十〜数百の遺伝子を一度に調べることができ、効きやすい治療薬が見つかることもある。検査結果は「エキスパートパネル」と呼ばれる専門家の集まりで検討し、担当医はエキスパートパネルで話し合われた結果を参考に、治療法を患者に提案する。

日本では19年から、標準治療が終わった一部のがんの患者で公的医療保険の対象になり、国が指定した医療機関で検査が受けられるようになった。

### PLUS ONE
### ゲノム解読

遺伝情報を担う物質「DNA（デオキシリボ核酸）」の構造が解明されたのは約70年前だった。DNA配列を解読する手法が発明され、1990年には人間のゲノムを解読する国際プロジェクト「ヒトゲノム計画」がスタート。2003年に解読完了が宣言された。当時は1人分のゲノム解読に1千万ドル以上かかっていたが、より速く、安く、正確に解読できる「次世代シーケンサー」が登場・普及し、19年ごろには約1千ドルまで下がった。近年、さらに正確に読める第3、第4世代の技術も生まれている。

# iPS臨床10年

　iPS細胞を中心にした「再生医療」の実現をめざす研究に、政府が集中的な支援を始めて2023年で10年がたった。国内では、目の難病や心不全など10以上の疾患で臨床試験（治験）などが始まっている。現状は、研究の成果を製品化するまでの間にある、「死の谷」とも呼ばれる、様々な困難に挑んでいる段階だ。乗り越えられるかは、治療法の有効性や優位性を明確に示せるか、産業界とどう連携していけるかにかかっている。

　iPS細胞は、神経や筋肉など体の様々な細胞に変化できる能力を、人工的に持たせた細胞のこと。皮膚や血液の細胞を材料にして作る。

　京都大の山中伸弥教授らが、06年にマウスの細胞で、翌07年にヒトの細胞で、iPS細胞の作製に成功したと発表。山中さんは12年にノーベル生理学・医学賞を受賞した。

　iPS細胞を心臓の筋肉や目の網膜などの細胞に変化させて、病気やけがで損なわれた臓器・組織の機能を再生させる「再生医療」へ応用することが期待されている。

◎

　基礎研究などを所管する文部科学省は13年度から、再生医療研究への「10年で1100億円」の大型予算をたてて集中的な支援を開始。臨床試験（治験）などを所管する厚生労働省や、基盤となる製造技術などを支援する経済産業省も、年間数十億円の予算をたて、国を挙げて研究開発を後押ししてきた。

**iPS細胞に関する主なできごと**

| | |
|---|---|
| 2006年 | ●山中伸弥・京都大教授がマウスiPS細胞の作製発表 |
| 07年 | ●ヒトiPS細胞の作製発表 |
| 12年 | ●山中教授にノーベル生理学・医学賞 |
| 13年 | ●文科省の「10年1100億円」プログラムが開始 |
| 14年 | ●世界初のiPS細胞を使った移植。理化学研究所などが目の難病で |
| 15年 | ●京大が「iPS細胞ストック」の提供を開始 |
| 20年 | ●iPS細胞ストック事業が、京大から独立して公益財団化 |
| 23年 | ●「10年1100億円」の後継プログラム開始。5年間。初年度は約100億円 |

　14年には世界で初めて、目の難病「加齢黄斑変性」に対して、iPS細胞から変化させた細胞を患者に移植する臨床研究が行われた。その後23年までに、目の角膜や心臓、神経、膝関節の軟骨、一部のがんなど10以上の病気やけがを対象に、iPS細胞から変化させた細胞の移植による臨床研究や治験が実施されてきた。

　また、移植に使えるほど高い品質の「臨床用iPS細胞」を作って備蓄

する事業も進められた。細胞などを使った医療に使う製品の早期承認制度も整備された。

「10年1100億円」の支援事業は22年度で終了。23年4月から後継事業がスタートした。5年間の予定で同規模の支援が続く見通しだ。

◎

現在は試験段階にあるiPS細胞を使った治療法が、将来実際に「社会実装」されるかどうか。カギを握るのは民間企業だ。企業は、iPS細胞を使った医療用の製品を実際に製造・販売することになる。

22年度の特許庁の報告書によると、企業が関わる開発段階の治療法（22年4月）は日本7件、米国10件、中国3件、オーストラリア4件だった。

企業にとっては、治療法の安全性や有効性を確認することだけでなく、製品が使われて採算につながるかどうかも、開発参入の重要な判断要素になってくる。

再生医療への期待は大きいものの、iPS細胞を使った方法だからこそ得られる価値が示せるのか、現時点では未知数な面も多い。iPS細胞へ研究予算が集中したことの弊害を指摘する声もある。

基礎研究への息の長い支援を続けるとともに、企業が製品化をめざすときの課題を解消するための取り組みも、引き続き求められている。

（くらし報道部・野口憲太）

# 関 連 用 語

## ◆iPS創薬

再生医療への応用以外では、iPS細胞を使った創薬研究も注目されている。様々な病気の患者の細胞からiPS細胞を作り、病気に関係する細胞へと変化させて症状を再現。その症状に効果を示す薬剤を、多種多様な化合物の中から探す。患者自身の細胞を材料にできるため、従来の方法で薬剤を探すよりも有望な候補を見つけやすいと期待される。まだ製品化にこぎつけたものはないが、神経の難病「筋萎縮性側索硬化症」（ALS）などで、実際の患者に投与して有効性・安全性を確かめる臨床試験（治験）が始まっている。

## ◆遺伝子治療とゲノム編集

画期的な効果が期待される新しい治療法の一つに「遺伝子治療」がある。体外から入れた遺伝子に機能を発揮させて症状改善をめざすもので、①患者の体内に正常な遺伝子を直接入れる方法と、②一度体外に取り出した免疫細胞などに遺伝子を入れてから体に戻す方法がある。また、狙った遺伝子を改変する「ゲノム編集」技術で、患者自身の遺伝子が正常に機能するように変える製品も登場しようとしている。正常な赤血球が作れない「鎌状赤血球症」などの治療薬が、世界で初めて、英国で承認された。

# アルツハイマー病の新薬「レカネマブ」

アルツハイマー病の新薬「レカネマブ」（商品名レケンビ）の製造販売が2023年9月、承認された。認知症の前段階である軽度認知障害（MCI）と軽度の認知症の人を対象とする、進行を抑制する新たなタイプの薬だ。12月には公的医療保険の対象になることが決まり、20日に保険適用が始まった。期待の新薬だが、対象者をどう見極めるかや副作用への対応など課題は多く、価格は体重50kgの人で年約298万円と高額だ。

アルツハイマー病は脳の神経細胞が壊れ、認知機能が徐々に低下する病気。国内に600万人とも推計される認知症の人の約7割を占める。

症状が出る10年以上前から、脳内に「アミロイドβ」（Aβ）というたんぱく質がたまることが原因と考えられている。

エーザイと米バイオジェンが共同開発した「レカネマブ」は、病気の原因とされるAβを除去する効果が確認されている。病気の進行を止めたり治癒させたりするものではない。また、壊れた神経細胞を再生するのは難しいため、中等度や重度の認知症の人は使用対象にならない。

薬を使う前には、脳内にAβがたまっているかを、陽電子放射断層撮影（PET）や脳脊髄液などの検査で確認せねばならない。ただ、PET検査ができる施設は限られる。腰椎から針を刺して採る脳脊髄液の検査には医師の技術が必要で、患者の体への負担が大きい。多くの検査をす

るには、医療体制の地域ごとの整備が必要になってくる。

医師らには、患者や家族に薬の副作用のリスクなどを丁寧に説明して同意をとることや、対象とならない人のフォローも求められる。

2週間に1度、通院してもらい、約1時間かけて点滴をする。

約1800人を対象にした18カ月の臨床試験（治験）では、薬を使わない偽薬の人と比べて、使った人の認知機能の低下が27％抑制されていた。病気が根治しなくても、良い状態でいられる期間が延びると考えられている。

認知機能の低下を抑えられる期間が長く続けばそれだけ薬の効果が大きいことになるが、どのくらい続くのかは、承認段階ではわかっていない。

また、薬を使った人の12.6％に脳内の浮腫、14.0％に微小出血が報告されるなど副作用が確認された。「ア

リア」と呼ばれるこうした副作用は無症状のことが多いので、定期的な磁気共鳴断層撮影（MRI）検査が求められている。

薬の添付文書などによると、薬を使う前1年以内と開始後2カ月、3カ月、6カ月以内、以降は6カ月に1回などの検査を目安とする。アリアが見つかれば、その程度によって薬を中断する場合もある。

潜在的にこのタイプの薬の対象となる人は、多く見積もると国内に数十万人とされる。ただ、早期段階では「生活に大きな支障がない」と受診しない人も多い。治療できる医療機関は、設備が整い専門医がいる施設に限られる見込みとあって、薬を使う人は当初は限定的とみられている。

◎

高コストの抗体医薬品で、23年7月に先行して承認された米国では、1人年間2万6500ドル（体重75kgの場合、1ドル＝150円で約398万円）に設定された。

日本の保険適用時の値段「薬価」は23年12月に決まった。日本では、自己負担額が一定額を超えると払い戻されるなどの「高額療養費制度」があるため、個人の負担は抑えられる。

一方、使う期間は原則1年半と長く、対象者も認知症の人の増加とともに増えていく可能性が高い。国全体の保険財政への影響も心配されている。

（編集委員・辻外記子）

**レカネマブの治療の流れ**

**使う前に**
アミロイドβが脳内に蓄積していることを検査で確認

**使い方**
2週間に
1回の点滴

副作用（微小出血や浮腫）が出ていないか
**定期的にMRI検査**

**薬の対象となる人**

| 正常 | 軽度認知障害（MCI） | 認知症 | | |
|---|---|---|---|---|
| | | 軽度 | 中等度 | 重度 |

**関連用語**

**◆アルツハイマー病の薬**

レカネマブ以前に国内で承認され使われてきたのは、「ドネペジル」（商品名アリセプト）や「ガランタミン」（同レミニール）など4種。神経の情報を伝えやすくし、症状の進行をゆっくりとさせるものだ。

もっと効果が上がる薬を、と世界の製薬企業はMCIや認知症そのものの進行の抑制を狙う「レカネマブ」と同じタイプの薬の開発を長く続けてきた。これまでに約140の候補があったが、開発は難航。多くの失敗を経て、現在も複数の薬が開発されている。日本イーライリリーの「ドナネマブ」もその一つ。同社は23年9月までに、製造販売に向けた承認を厚生労働省に申請した。

# 経口中絶薬、国内で承認

2023年4月、初期の人工妊娠中絶のための飲み薬が国内で承認された。経口中絶薬は1988年に世界で初めて承認され、世界保健機関（WHO）は「効果的で安全な方法」と推奨している。80以上の国・地域で使用されているが、国内では中絶のタブー視も根強く、「安全な中絶を選ぶのは女性の権利」という考えは広まらず、薬の導入も遅れた。ただ、費用の高さや処方できる医療機関が限られるなどの課題は残されている。

承認された経口中絶薬「メフィーゴパック」は、2種類の薬からなる。一つ目を口から飲み、その36〜48時間後に二つ目の薬を使う。二つ目の薬から8時間以内に9割が中絶に至る。ただ、1割弱の人は中絶に至らず、手術が必要になる。薬の対象は、妊娠9週0日までの妊婦。

日本の初期中絶の方法は、細長い金属製の器具で胎嚢などを除去する「掻爬法」という手術が主流だった。世界では電動や手動で吸い出す「吸引法」が1990年ごろから標準的となり、日本でもここ10年で少しずつ吸引法に置き換わっているのが現状だ。

日本では中絶に配偶者の同意を必要とするが、世界的には少数派だ。女性が「自分の体のことを自分だけで決められない」として、女性の性と生殖に関する健康と権利の保障を求める声は強まっている。

経口中絶薬の承認によって、中絶の方法を選べるようになったが、「当分の間、入院可能な医療機関で使うこと」という条件がある。薬の使用後に緊急の処置が必要になることもある。まずは処方できる医療機関が限られる。費用も医療機関ごとに異なるが、手術と同程度の10万円近くかかるところもある。

経口中絶薬とは別に、避妊の失敗などの恐れがある場合に、性交後72時間以内に飲む緊急避妊薬を、医師の処方箋なしで買えるように求める声もある。23年度に、一部薬局で試験的に販売される。

（くらし報道部・後藤一也）

**経口中絶薬の特徴と課題**

| | 対象 | 妊娠9週0日までの妊婦 |
|---|---|---|
| | 入手方法 | 承認後しばらくは、入院設備のある一部の医療機関で受診後に処方 |
| | 価格 | 医療機関によって異なる見込み |
| | 主な副作用 | 下腹部痛（30.0%）、嘔吐（20.8%）など |
| | 法律上の課題 | 母体保護法により中絶に配偶者の同意が必要 同意を得ることが難しいと薬を使える期間を過ぎてしまう恐れ |

# HPVワクチン、積極的勧奨再開

　子宮頸がん予防のHPVワクチンについて、国は2022年4月から対象者に接種を勧める「積極的勧奨」を再開した。定期接種の対象は小学6年から高校1年相当の女性で、23年度からは9種類のHPV型に対応するワクチンも定期接種の対象になった。一方、ワクチンには男性のがんも防ぐ効果があり、厚生労働省は男性も定期接種に加えるかどうかの検討を始めている。すでに男性の接種に助成金を出している自治体もある。

　HPVワクチンは子宮頸がんなどの原因となるヒトパピローマウイルス（HPV）の感染を防ぎ、がんの予防をする。すでに感染したHPVを排除したり、子宮頸がんを治したりするものではない。

　HPVワクチンをめぐっては、接種後に体の広い範囲が痛むなどの「多様な症状」が報告され、接種の「積極的勧奨」が中止された。だが、多様な症状と接種との関連は確認されないとして、厚労省は22年4月、勧奨を再開した。

　がんを起こしやすいHPVは約20種類。23年4月からは9種類のHPVに対応する9価ワクチンが定期接種の対象となった。

　HPVは主に性交渉で感染する。男性が接種すると女性が感染する機会を減らすことにつながる。男性が接種できる4価ワクチンは、男性の肛門がんや良性のいぼを防ぐ効果もある。

　舌の根元あたりにできる中咽頭が

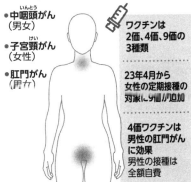

**HPVの感染が原因となる主ながんとワクチン**

- 中咽頭がん（男女）
- 子宮頸がん（女性）
- 肛門がん（男女）

ワクチンは2価、4価、9価の3種類

23年4月から女性の定期接種の対象に9価が追加

4価ワクチンは男性の肛門がんに効果
男性の接種は全額自費

んもHPV感染が原因の一つ。大阪府のがん登録でも、この25年で男性の中咽頭がんは約2.5倍に増えた。国内の中咽頭がんの患者は約5千人で、その半数がHPVが原因と推定される。

　厚労省は22年から男性を定期接種に含めるかどうかの議論を始めている。男性が接種することの効果や安全性について科学的知見をまとめる方針だ。一部自治体ではすでに男性の接種に対する助成金を始めている。

（くらし報道部・後藤一也）

医療・福祉

# 原発処理水の放出開始

東京電力は2023年8月、福島第一原発の処理水の海への放出を始めた。処理水は、汚染水から大半の放射性物質を除去し、さらに大量の海水で薄めることで、すべての放射性物質の濃度を法令基準未満にしたものだ。原子力規制委員会と国際原子力機関（IAEA）は東電の放出計画について、人や環境への影響を「十分に小さい」などと評価する一方、中国が放出直後に日本産の水産物を全面禁輸にするなど混乱も起こった。

「廃炉を進め、福島の復興を支援するためには処理水の処分は先送りできない課題だ」。岸田文雄首相は23年8月22日の関係閣僚会議でこう語り、放出を始めると表明。東電は2日後、処理水の放出を開始した。

福島第一原発内には1千基以上のタンクがある。「多核種除去設備」（ALPS）などで汚染水から大半の放射性物質を除去した水をためていて、貯蔵量はタンク容量の98％にあたる約134万t（同月時点）だった。地元にはタンクを減らすよう求める声があったほか、政府と東電は土地に余裕がないため、これ以上タンク

を増やすのは難しいと強調。処理水を放出した後に空になったタンクを撤去し、跡地は溶け落ちた核燃料（燃料デブリ）の保管場所などに充てたいと説明してきた。

一方、処理水を放出せざるを得なくなった最大の要因は、事故から12年以上が経っても汚染水の増加を止められないからだ。建屋に雨や地下水が入り込み、燃料デブリの冷却水と混じることで、様々な放射性物質を高濃度に含む汚染水が増える。地下水のくみ上げや、地面をアスファルトなどで覆って雨水の浸透を防ぐ対策などによって、汚染水の1日あ

**汚染水の処理や処理水放出の流れ**

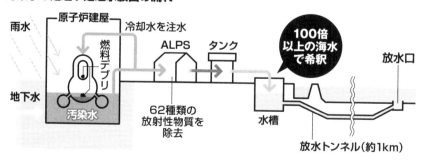

たりの増加量は15年度の490 t から、22年度は90 t に減少。28年度には50〜70 t に減らす計画だが、その先は不透明だ。

◎

東電は、23年度にタンク30基分に相当する約3万1200 t の水を海水で希釈して海に放出する計画だ。作業の流れとしては、初めにタンクにためている水を分析し、ALPSで除去できないトリチウム以外の放射性物質の濃度が法令基準未満になっていることを確認。クリアできた水だけを大量の海水で希釈し、トリチウム濃度を1Lあたり1500ベクレル（法令基準の40分の1）未満にして、沖合約1km

先の放水口から海に流す。すでにタンクにある水に加えて、今後の廃炉作業で出てくる分も含めて、廃炉完了の目標である2051年まで、約30年にわたって処理水を放出するという。

放出開始後は、東電や政府、福島県、IAEA が原発周辺の海水や魚のトリチウム濃度を測っている。23年12月1日までに公表された結果によると、水産庁が放水口の南北数kmでとったヒラメなど118検体の魚はすべて検出限界値（1kgあたり約10ベクレル）未満だったほか、海水についても東電が放出停止を判断するレベル（1Lあたり700ベクレル）を大きく下回った。　（科学みらい部・福地慶太郎）

## 関 連 用 語

### ◆福島第一原発の廃炉

政府と東電は、福島第一原発の廃炉を51年までに終える目標を掲げている。最難関の作業が、非常に線量が高いため遠隔操作が必要になる燃料デブリの取り出しだ。1〜3号機で推計880 t とされる燃料デブリのうち、数グラムの試験的な取り出しでも装置開発の遅れなどで延期を繰り返し、全量を取り出せる見通しは立っていない。原子力の専門家からも51年までの廃炉完了は困難という見方が出ている。燃料デブリを取り出せず、建屋に雨や地下水が入って汚染水が増える状況が続けば、それだけ処理水の放出期間も延びる可能性がある。

**PLUS ONE**

### 関係者の理解

処理水の放出をめぐり、大きな焦点となったのが、政府と東電が福島県漁連に15年に文書で伝えた「関係者の理解なしにはいかなる処分もしない」とした約束だ。同県漁連が放出への反対を続ける中、西村康稔経済産業相（当時）は放出開始の3日前、「関係者の一定の理解を得た」との認識を示した。一方、東電の小早川智明社長は放出開始当日の会見で繰り返し認識を問われたが、自らの考えは説明せず、放出開始は政府の関係閣僚会議が決めたと強調。「国の判断を厳粛に受け止めている」と言うだけだった。

# 原発60年超運転

最長60年とされてきた原発の運転期間が延ばせるようになった。東京電力福島第一原発事故を受けて定められたルールの転換だ。束ね法の「GX脱炭素電源法」が2023年5月に成立した。「原子力の憲法」といわれる原子力基本法も改正され、原発の活用に必要な措置をとることが「国の責務」と位置づけられた。政府は、ロシアのウクライナ侵攻によるエネルギー価格の高騰などを背景に、原発回帰の姿勢を鮮明にした。

11年3月の福島第一原発事故後、原発の運転期間は「原則40年」で、原子力規制委員会が認めれば「最長20年」延長できると定められた。

今回の法改正で、運転期間の定めは、原子力規制委員会が所管する原子炉等規制法（炉規法）から、経済産業省が所管する電気事業法に移された。規制委の審査や行政指導などで停止していた分を「運転期間」に含めないことで、60年超運転が可能になった。具体的な基準は今後、経産省が定めるが、仮に審査で10年間止まっていた原発であれば、70年まで運転できることになる。規制委は、今後は30年を起点に最長10年ごとに延長の可否を審査する。

停止中は、原子炉の金属が中性子を浴びてもろくなる「中性子照射脆化」は進まないとされる。だが、コンクリート構造物などは、運転の有無に関係なく年数が経つほど強度が低下する。規制委は、原発の劣化は炉ごとに異なり、科学・技術的に寿命を一律に決められるものではないと判断。60年超運転を可能にする経産省の方針を容認し、運転期間の定めを所管から手放した。

新ルールでは、事業者側の対応の遅れなどで審査が長引いた場合でも、その分だけ将来にわたって運転できる可能性がある。石渡明委員はこれらを理由に「安全側への改変とは言えない」として最後まで反対。重要な議題を全会一致ではなく多数決で決めるのは、規制委では異例のことだった。これまで、60年を超えて運転した原発は世界のどこにもない。厳格な審査ができるのか、廃炉の判断に踏み切れるのか、規制委の真価が問われる。

法改正の検討をめぐっては、規制委の事務局である原子力規制庁が、規制委に報告をせず秘密裏に経産省と面談を繰り返していたことも判明。原発事故の教訓である「推進と規制の分離」がゆがめられたのではと批

判された。

　政府は、原発事故以降、「原発依存度を可能な限り低減する」との方針を維持してきた。転機となったのは、22年2月に始まったロシアのウクライナ侵攻〔●36ジ〕だ。岸田政権は、燃料費高騰や安全保障などを理由に、同6月に原発を「最大限活用する」方針を閣議決定。12月には、原発の新規建設を進める方針も決めた。

　朝日新聞の23年2月の世論調査では、原発の再稼働について「賛成」が51%となり、福島第一原発事故後初めて過半数になった。

　ただ、高レベル放射性廃棄物（核

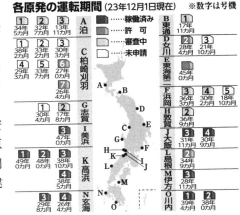

**各原発の運転期間**（23年12月1日現在）　※数字は号機

のごみ）の処分〔●142ジ〕など、原子力を使い続けるうえで避けられない課題は山積している。

（科学みらい部・佐々木凌）

環境・国土

# 関 連 用 語

## ◆原子力規制委員会

　事故を防ぐための原発の設計や運転のルールである規制基準を作り、運転しようとする原発が基準を満たすかの審査や、満たしているかの監視をする組織。委員は原子力や地質などに詳しい専門家5人で、事務局である原子力規制庁の職員が実務を担う。福島第一原発事故まで規制を担っていた原子力安全・保安院は、原発を推進する経産省に置かれていた。事故を防げなかった反省から、規制委は、公正取引委員会などと同じく独立性が強い「3条委員会」として12年9月に発足。環境省の外局だが、委員会の決定には大臣も口出しできない。

## PLUS ONE 審査の長期化

　電力会社はかねて、「停止期間を運転期間から除外してほしい」と要望していた。背景にあるのは、規制委の審査の長期化だ。1基あたり半年ほどという当初の見方に反し、審査開始から10年で実際に審査を済ませたのは、申請があった27基中17基にとどまる。長期化の最大の要因は、事故後に要求が厳しくなった自然災害対策に電力会社が対応できていないことだ。北海道電力泊原発では、北電が敷地内に活断層がない証拠としてきた火山灰の層が再調査で確認できず、審査が振り出しに戻ったこともあった。

# 「核のごみ」最終処分場の誘致問題

　原発で使い終わった核燃料から出る「核のごみ」をどこに処分するかは、未解決の難題だ。真横に立てば約20秒で死ぬほどの高い放射線を放つため、数万年単位で人間界から遠ざけなければならない。この「究極の迷惑施設」ともいえる最終処分場の誘致に向けた動きが、北海道や長崎県で相次いだ。建設前の調査を受け入れるだけで国からお金がもらえるためだ。ただ、賛否をめぐり住民、周辺地域の間に「分断」が生まれている。

　核のごみは、使用済み核燃料からウランやプルトニウムを再利用のため取り出した後に残る廃液にガラスを混ぜて固めたもの。ステンレス製の容器に収め、地下300mより深い岩盤に閉じ込める「地層処分」をすると日本は決めている。海外でも一般的な方法だが、処分場が決まっているのはフィンランドとスウェーデンにとどまる。

　日本の最終処分場の選定プロセスは3段階計20年に及び、受け入れた自治体は国から交付金がもらえる＝図。これらのルールを定めた法律は2000年にできたが、調査すら始められないまま20年が過ぎた。

　動きがあったのは20年夏から秋にかけて。北海道の寿都町と神恵内村の首長が相次いで調査を受け入れた。23年9月には長崎県対馬市議会が調査受け入れを求める請願を賛成多数で採択したが、市長が拒んだ。

　3市町村では、推進派はコロナ禍で低迷した地域経済を交付金で立て

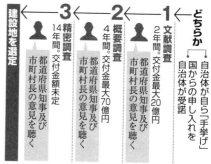

**「核のごみ」の最終処分場の選定プロセス**

建設地を選定 ← **3** 精密調査 14年間。交付金額未定 都道府県知事及び市町村長の意見を聴く ← **2** 概要調査 4年間。交付金最大70億円 都道府県知事及び市町村長の意見を聴く ← **1** 文献調査 2年間。交付金最大20億円 都道府県知事及び市町村長の意見を聴く ← どちらか 自治体が自ら「手挙げ」／国からの申し入れを自治体が受諾

直したいと考えた。一方、反対派は一度お金をもらえば後戻りできず建設されると心配した。住民の間には意見対立と不信感の溝ができた。

　そんな中、政府が力を入れるのは新たな候補地の掘り起こしだ。原発再稼働を加速させるのに合わせて23年4月、8年ぶりに最終処分の基本方針を見直した。適地の可能性がある全900自治体の首長を訪ねる。ただ、いくら自治体数が増えても地域に「分断」が持ち込まれるのであれば、この難題は解決しないだろう。

（経済部・伊沢健司）

# 高速炉開発再び

原子力規制委員会は2023年7月、日本原子力研究開発機構の高速実験炉「常陽」（茨城県）について、安全対策の基本方針が新規制基準を満たすと認めた。放射性廃棄物が減り、資源を有効利用できるとされ、「夢の原子炉」とも呼ばれる高速炉だが、これまで開発は難航。常陽の次のステップだった高速増殖原型炉「もんじゅ」（福井県）は廃炉が決まっているが、政府は常陽を柱とした高速炉開発の方針を堅持している。

常陽は高速炉の開発に必要な燃料や材料を試験するための実験炉で、1977年に初臨界した。実験装置の引き抜きに失敗するトラブルで2007年から停止しており、17年に再稼働に必要な審査を申請した。原子力機構は「26年度半ば」の運転再開をめざしている。

高速炉の特徴は、原子炉の熱をとる「冷却材」に水ではなく、液体ナトリウムを使うことだ。核分裂で出る中性子を高速のまま利用することで、消費量より多い核燃料を生み出す「増殖」ができ、放射性廃棄物の量や有害度も減ると期待されている。

ただ、ナトリウムは空気中の酸素や水分と反応して発火する性質があり、火災時も水をかけられないなど、扱いが難しい。「原型炉」のもんじゅは1994年に初臨界をしたが、ナトリウム漏れ事故やトラブルが相次ぎ、250日間しか運転できずに2016年に廃炉が決まった。それでも政府は、高速炉開発の方針を鮮明にしている。

23年7月には、原型炉の次の段階である「実証炉」の設計を担う中核企業に三菱重工業を選定した。40年代の運転開始をめざしている。

現在の実用化の目標は「今世紀後半」で、当初計画のほぼ100年遅れだ。識者からは「実用化ありきで進めるのではなく、過去の失敗や、本当に社会のニーズがあるかの検証が必要だ」との声も出ている。

（科学みらい部・佐々木凌）

| 日本の高速炉開発の歴史 | | |
|---|---|---|
| | 1956年 | 原子力委員会が高速増殖炉を国産化する方針を示す |
| | 57 | 原子力委が**70年ごろ**の実用化を目標に掲げる |
| | 77 | 実験炉「常陽」が初臨界 |
| | 94 | 原型炉「もんじゅ」が初臨界 |
| | 95 | もんじゅでナトリウム漏れ事故 |
| | 2005 | 原子力政策大綱で、実用化の目標が**2050年ごろ**に |
| | 16 | もんじゅの廃炉決定 |
| | 18 | 原子力関係閣僚会議が高速炉の実用化を**21世紀後半**に |
| | 23 | 政府が実証炉の中核企業に三菱重工業を選ぶ |

# GX 推進法

岸田政権は2023年５月、「GX 推進法」を成立させた。GX（脱炭素化）社会を実現するため、今後10年で官民合わせて150兆円超の投資をめざすとした。このうち20兆円を政府が支出し、その財源を確保するため、世界初の試みとなる「GX 経済移行債」を23年度から発行する。太陽光や風力による発電の割合を増やすほか、政府は原発の活用にも舵を切った。

GXとはグリーン・トランスフォーメーションの意味。X は英語で「Trans」の略で、GX で「脱炭素化」を意味する。GX を進める政府は、再生可能エネルギーへの移行などを通じて、脱炭素とエネルギーの安定供給、経済成長の三つを同時に達成することをめざしている。

GX 推進法が成立するきっかけとなったのが、温室効果ガスの排出量を2050年までに実質ゼロにするとした20年10月の菅義偉政権の「カーボンニュートラル（脱炭素）宣言」だ。この宣言以降、政府は再生可能エネ

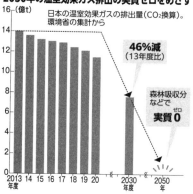

**2050年の温室効果ガス排出の実質ゼロをめざす**

日本の温室効果ガスの排出量（$CO_2$換算）。環境省の集計から

46%減
（13年度比）

森林吸収分などで
実質0

ルギーの推進へと舵を切り、脱炭素に向けた取り組みを加速させた。

さらにGXの推進に拍車をかけることとなったのが、22年２月のロシアによるウクライナ侵攻〔◉36ページ〕だ。情勢の混迷から天然ガスなどエネルギー価格は上昇傾向に転じ、世界的なエネルギーの争奪競争が起きた。資源の乏しい日本で、エネルギーの自給率を高める必要性を指摘する声が改めて高まり、政府は脱炭素を進めながら、同時に、エネルギーの安定供給も実現する必要に迫られた。

そこで政府は、太陽光発電や洋上風力といった再生可能エネルギーの活用に加えて、脱炭素にもつながる原子力発電の利用の道を模索した。岸田首相は22年８月、原発の新増設や建て替え（リプレース）について検討を進める考えを表明。11年に起きた東京電力福島第一原発事故以来、政府は「脱原発」を進めてきたが、「再エネや原子力はGXを進めるうえで不可欠」と説明し、一転して原発の活用へと転じた〔◉140ページ〕。

GX推進法と共に成立したGX脱炭素電源法は、運転開始から60年を超えた古い原発の運転も条件次第で認めるものだ。ウクライナ侵攻をきっかけに、GXはエネルギー安全保障の観点からも重要な政策課題となった。

◎

GX推進法の柱は、23年度から政府が発行するGX経済移行債だ。グリーンボンド（環境債）と違い、移行債であるため、将来の脱炭素効果が見込まれる事業を対象にしている。国が発行するのは世界初の試みで、11月には国際認証も取得。国内外の市場関係者らの注目を集めている。

脱炭素社会の実現に向けて必要な投資を進めるために政府は今後10年間で、官民で150兆円超の投資をめざしており、このうち20兆円分をGX経済移行債で賄う方針だ。

（経済部・福山亜希）

## 関 連 用 語

### ◆カーボンプライシング

政府が23年度から発行を始める「GX経済移行債」は、返済の財源に二酸化炭素（$CO_2$）の排出に課金する「カーボンプライシング」（炭素課金）をあてる。化石燃料の輸入業者などに負担を求める「賦課金」と、$CO_2$の排出枠を電力会社などに買い取らせる「排出量取引」の2種類の炭素課金の仕組みを使う方針だ。

賦課金は28年度、有償の排出量取引は33年度から始め、50年度までに返済するとしている。ただ、導入の開始時期について遅いとの批判も根強い。

### ◆GX実行会議

化石燃料からクリーンエネルギー中心の社会構造に転換させるための議論を進める政府の会議。有識者や企業を招き、23年11月までに9回開かれた。

水素・アンモニアなど非化石エネ

**カーボンプライシングの仕組みのイメージ**

ルギーの推進や、製造工程で排出する$CO_2$を大幅に減らす化学コンビナートなどへの転換を促すために必要な政府の支援について議論している。原発については「最大限活用する」方針が了承され、廃炉を決めた原発の建て替えや新規建設、60年超も可とする原発の運転期間の延長などを決めた。ただ、日本の政策は石炭火力の延命措置だとする批判もある。

# 地球沸騰の時代

国連のグテーレス事務総長は2023年7月27日、米ニューヨークの国連本部で「地球温暖化の時代は終わり、地球沸騰の時代が来た」と述べた。7月の世界の平均気温が観測史上最も高くなることが確実になったからだ。世界は、観測史上最も暑い夏を過ごすことになった。各地を熱波や洪水、山火事などが襲い、多くの人が気候危機の脅威にさらされた。覚えておくべきなのは、温暖化はまだ始まりにすぎないということだ。

世界気象機関（WMO）と欧州連合（EU）の気象情報機関「コペルニクス気候変動サービス」（C3S）は10月、23年は観測史上最も暑い年になるとの見方を示した。

勢いを増す地球温暖化に、太平洋赤道域の東側の海面水温が高くなるエルニーニョ現象が重なったためとみられる。過去最高の世界平均気温を記録した2016年も、二つの現象が重なっていた。WMOは23年5月、23～27年のうち少なくとも1年で、世界の平均気温が過去最高を更新する可能性や、今後5年間の平均気温が直近5年間より高くなる年や産業革命前より1.5度高くなる年がある可能性が高いとしていた。

◎

エルニーニョ現象が始まった春以降、世界各地で熱波が頻発した。5月にはベトナムやラオスで過去最高の40度以上、7月には中国新疆ウイグル自治区のトゥルファン盆地で52.2度を記録。日本や欧米でも記録的な暑さとなり、6～9月の4カ月間は、日本も、世界全体も過去最高の平均気温を記録した。

国際研究グループ「ワールド・ウェザー・アトリビューション」（WWA）によるコンピューターを使ったモデル計算では、7月の欧米の熱波は温暖化がなければ起こり得なかったという。

気象災害も相次いだ。5月にはコンゴ民主共和国の豪雨で4千人以上、9月にはリビアで大雨によりダムが決壊して約4千人が死亡した。

気候変動の影響とみられる森林火災も世界各地で猛威を振るった。カナダの火災による煙は米ニューヨークなどにも及び、深刻な大気汚染をもたらした。ギリシャの火災は00年以降、欧州で最大となった。また、ハワイの火災では少なくとも97人が死亡した。

◎

気候変動による破滅を回避するため、世界は産業革命前からの気温上

昇を1.5度未満に抑えることで合意している。

温暖化の科学的根拠となっている国連気候変動に関する政府間パネル（IPCC）は、最新の第6次統合報告書で、1.5度に抑えるには、温室効果ガス排出量を30年に43%（二酸化炭素は48%）、35年に60%（同65%）削減する必要があると指摘。

国際エネルギー機関（IEA）は、1.5度の実現には、30年までに再生可能エネルギーをいまの3倍にする必要があるという。

**世界の平均気温と主なエルニーニョ現象**

（度）IPCC、世界気象機関、気象庁の資料から

1850〜1900年平均から上昇した気温

史上最高気温 +1.26度 16年

+1.5度到達も 23〜27年

エルニーニョ現象の発生期間 1982〜83　97〜98　2014〜16　18〜19

このとき世界は？

| 世界各地で異常高温 | 東南アジアで干ばつ、食糧不足に | インドで熱波 | 中国・長江流域で豪雨、死者多数 | 日本、記録的暖冬で雪不足 |

いずれも実現は極めて難しい。国連環境計画（UNEP）は、このままでは地球の平均気温は2.5〜2.9度上昇する可能性が高いという。

（編集委員・石井徹）

---

## 関 連 用 語

### ◆1.5度目標

15年にパリで開かれた国連気候変動枠組み条約締約国会議（COP21）は、20年以降の温室効果ガス削減に関する国際的な枠組みであるパリ協定を採択、翌年に発効した。協定は「世界の平均気温上昇を産業革命以前に比べて2度より十分低く保つとともに、1.5度に抑える努力をする」とした。

その後の研究で、2度上昇の影響が許容できないほど大きいことがわかり、21年に英国グラスゴーで開かれたCOP26では、改めて1.5度に抑える努力を追求することで合意、世界の共通目標になった。

### PLUS ONE
### 気候正義

気候変動の責任と負担は偏っている。温室効果ガスの半分は世界人口の1割の富裕層が出している。人口の半分を占める貧しい人たちは温室効果ガスの1割しか排出していないのに、エアコンや電気がない中で熱波、貧弱なインフラで洪水や海面上昇の危機にさらされる。地球沸騰の時代を生きる次世代の若者たちには政策に声を届ける手段がない。

若者や最貧国の人々、先住民らは、気候変動問題の人権問題としての捉え直しを求め、「公平」「公正」「正義」などを訴えている。

# 「熱中症特別警戒情報」新設

　温暖化の影響で深刻化する熱中症の対策を強化するため、政府は従来の「警戒アラート」より一段上の「特別警戒情報」を新設した。過去に例がない極端な高温が予測される場合などに発表する。「特別警戒アラート」とも呼ばれるが、正式な名称は検討中だ。発表を受けた自治体は熱中症対策として、冷房の備わったクーリングシェルター（避暑施設）を事前に指定しておき、住民らに開放する。2024年春以降に運用を始める。

　20年に環境省と気象庁が始めた熱中症警戒アラートは、気温や湿度、日差しの強さなどから算出する「暑さ指数」の予測値が33以上の場合、全国を58地域に分けた気象庁の予報区ごとに発表して、冷房の利用などを呼びかけている。23年は、10月上旬までに全国で延べ1232回の警戒アラートが出された。

　ただ、22年は熱中症により1500人近くが亡くなるなど、熱中症死者数は高い水準で推移している。さらに、地球温暖化がもたらす異常気象により、夏の高温リスクもますます高まっている。気象庁によると、23年6〜8月の平均気温は、観測史上最も高かった〔●146ペー〕。

　そこで政府は、気候変動適応法を改正。警戒アラートの一段上に、特別警戒情報を新設した。

**暑さ指数と特別警戒情報（方針）**

気温のほかに湿度や日射などを加味した指標

| | 暑さ指数 | 熱中症予防の目安など |
|---|---|---|
| 新設 | 都道府県内のすべての観測地点で35以上 | 特別警戒情報 |
| | 58予報区内のいずれかの観測地点で33以上 | 警戒アラート |
| | 31以上 | 運動は原則中止 |
| | 28以上31未満 | 厳重警戒 激しい運動は中止 |
| | 25以上28未満 | 警戒 積極的に休憩 |
| | 21以上25未満 | 注意 積極的に水分補給 |
| | 21未満 | ほぼ安全 適宜水分補給 |

環境省や日本スポーツ協会HPから

特別警戒情報は、都道府県内のすべての観測地点で暑さ指数が35に達するときに発出する方針。これまでにない危険な暑さで、熱中症での救急搬送が大きく増え、医療の提供に支障が生じる恐れがあるとされる。環境省によると、20年8月に埼玉県の全地点で暑さ指数が34以上となった日があるが、全域で35となったケースは近年はないとみられる。

　市区町村は、冷房が備わる庁舎や公民館、図書館など公的施設のほか、ショッピングモールなどの商業施設をクーリングシェルターとして事前に指定し、特別警戒情報が出されたら、住民が休憩できるよう開放することが求められる。

（科学みらい部・藤波優）

# 昆明－モントリオール目標

2022年12月に国連の生物多様性条約締約国会議（COP15）がカナダ・モントリオールで開催され、新たな世界目標「昆明－モントリオール目標」が採択された。生物多様性を回復させるために、世界が2030年までに達成すべき23項目のゴールが盛り込まれた。開発や環境汚染によって、地球の生物多様性は損失の危機にある。持続可能に生物資源を利用していくためにも目標の達成が不可欠だと言われている。

生物多様性とは、地球上のすべての生き物たちの個性やつながりのことだ。人間の暮らしは、その恵みによって成り立っている。食料や衣類、薬品などに利用される生物は約5万種とされ、世界のGDPの半分以上が、こうした自然資本に依存しているとの試算もある。一方で、生物の絶滅がかつてないスピードで進む現代は「第6の絶滅期」とも言われている。過去約50年間で地球の生物多様性の約7割が失われたという報告もある。

劣化した生物多様性を回復に向かわせるため、COP15で30年までに世界が達成すべき国際目標が採択された。10年に名古屋市で開催されたCOP10で採択した「愛知目標」の後継になる。

世界の陸や海の少なくとも30％を保全する（30by30）▷事業活動に対し生物多様性への影響を調べて、開示することを求める▷侵略性の高い外来種の侵入や定着を半減させる、など23項目の具体的なゴールが盛り込まれた。

課題は各国がどこまで実行に移せるかだ。愛知目標は20項目のゴールを掲げたが、完全に達成できた項目はゼロだった。ムレマ条約事務局長は「生物多様性回復には全項目の達成が不可欠」と強調しており、世界の本気度が問われている。

（科学みらい部・矢田文）

## 生物多様性の国際目標に関する経緯

2010年
**COP10**
@愛知

20項目からなる
愛知目標採択

多くが
達成できず…

20年
**COP15**
@中国・昆明

コロナで
延期に…

22年
**COP15**
@カナダ
・モントリオール

23項目からなる
新目標採択

30年までに達成して、
生物多様性を回復の軌道へ

## 新目標
## 「昆明－モントリオール目標」の主な項目

- 陸や海、河川や湖沼などの30％以上を保全する
- プラスチック汚染を削減、過剰な肥料や農薬のリスクは半分以下に
- 自然に根差した解決策で気候変動の悪影響を最小化
- 企業や金融機関に、事業が生物多様性へ与える影響を評価し、情報開示するのを促す
- 保全に投じられる資金を年間2千億ドルまで増やす

# プラごみ条約

世界で深刻化するプラスチックごみによる汚染を防ぐための国際条約づくりが本格化している。2023年11月の交渉では条文の素案について議論が始まった。24年中に法的拘束力のある条約を作り、25年以降の採択をめざしている。世界共通の目標を掲げるのか、原料や製品の生産・使用の規制にまで踏み込むか、などが焦点だが、各国の足並みはそろっていない。

プラスチックは軽くて使い勝手がよく長持ちするため、世界中に広まったが、分解されずに蓄積しやすい。川や海岸にごみとして放置されているほか、海に流出し波や紫外線で砕かれたマイクロプラスチックが魚介類の体内で確認されている。

経済協力開発機構（OECD）によると、19年の世界全体でのプラごみ排出量は3億5300万tで、うち2200万tが環境中へ流出した。景観の悪化や生態系への悪影響に加え、人の健康被害の恐れも指摘されている。

22年3月の国連環境総会で、24年中に条約を作ることに合意し、議論が始まった。実効性を高めるには、再利用（リユース）やリサイクルなどのほか、使用量を削減することが求められるが、経済活動や生活に大きく影響する。使い捨て製品の禁止・段階的廃止なども課題だ。

欧州勢は世界共通の削減目標を作り、原料も含めて生産量を規制し、元を絶つべきだという主張だ。米国や日本は、生産、消費、廃棄の段階で求められる取り組みを各国の事情に合わせて実施すべきだという立場だ。プラスチックは石油が原料のため、産油国などは生産段階での一律規制に反対している。

日本は議長国だった19年のG20大阪サミットで「50年までにプラごみによる新たな海洋汚染をなくす」との目標を共有し、23年のG7広島サミット〔→18ページ〕では「40年まで」に前倒しした。途上国支援なども含めて、「汚染ゼロ」に向けた議論を主導できるかが問われている。

（科学みらい部・桜井林太郎）

## 世界で作られたプラスチックと将来傾向

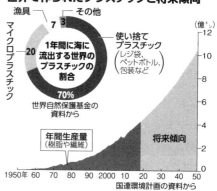

世界自然保護基金の資料から

国連環境計画の資料から

# 諫早、非開門で決着

　国営諫早湾干拓事業（長崎県）の潮受け堤防排水門の開門をめぐり、最高裁は2023年３月、国が求めた請求異議訴訟の上告審で漁業者側の上告を棄却した。これで、開門を命じた確定判決の「無力化」が確定。「開門せよ」「開門せず」という二つの確定判決が存在していたが、司法判断は「開門せず」に統一された。ただ、有明海の環境は回復しておらず、国と漁業者の対話継続が求められる状況に変わりはない。

　潮受け堤防は全長約７kmあり、有明海につながる諫早湾を閉め切るかたちで1997年に設けられた。その後、赤潮発生で養殖ノリが大凶作になったり、高級食材のタイラギをはじめとする二枚貝が姿を消したりする異変が有明海で発生。佐賀県内を中心とする漁業者らは干拓事業との関連を疑い、排水門の開門を訴え続けてきた。

諫早湾を閉め切った潮受け堤防。調整池の奥が干拓地、堤防の左下側が有明海＝2023年３月

　司法の場では、民主党政権下の2010年、漁業者側の訴えを認めて開門を命じた福岡高裁判決を国が上告せずに確定。ただ、国は開門に従わず、間接強制金（罰金）が累積される事態に陥った。一方で干拓地に入植した営農者らは開門しないことを求めており、19年には開門を差し止めた長崎地裁判決が確定した。

　相反する二つの確定判決が並び立つ中、国は、開門を命じた確定判決を「無力化」する請求異議訴訟を起こした。

　福岡高裁は22年３月、国の主張を認め、防災機能など堤防閉め切りの公共性は増大していると判断。こうした「事情の変動」を考慮して開門の強制は権利の乱用にあたると結論づけた。最高裁もこの判断を認めた形だ。

　ただ漁業者側は、有明海の環境の根幹部分が回復しておらず、ノリ漁も不安定なことを今も強く主張。開門を訴えている佐賀県も「言葉は悪いが（国の）ごね得」（山口祥義知事）などと厳しく指摘し、国と漁業者の対話継続を求めている。

（長崎総局・寿柳聡）

# 日本の月探査

世界で月をめざそうとする動きが活発になっている。国際的に月への関心が高まっている理由に、月の極地の水資源がある。日本では、宇宙ベンチャー企業「ispace」が2023年4月、民間としては初めてとなる月面着陸に挑んだが、着陸に失敗。宇宙航空研究開発機構（JAXA）は月探査機「SLIM」を打ち上げ、日本初の月面着陸をめざしている。世界で5カ国目の月面着陸成功となるか、注目されている。

23年8月、インドが初めて月面着陸を果たした。旧ソ連、米国、中国に続いて4カ国目となる月面着陸の成功となった。

1960〜70年代、旧ソ連と米国の宇宙開発競争は激しくなった。旧ソ連は66年に無人探査機の月面着陸に初めて成功し、米国は69年に人類の月面着陸に初めて成功した。冷戦時代にあった両国は、宇宙開発の覇権争いに決着がつき、巨額の費用がかかる月面着陸は下火になった。

「SLIM」を載せて打ち上げられたH2Aロケット47号機＝2023年9月、鹿児島県・種子島宇宙センター

その後の様々な観測データから、月には水が存在することがわかってきた。特に月の南極や北極に眠っているとみられる。飲み水や食料生産、ロケットのエンジン源などへの活用が期待されている。将来、火星や小惑星を探査する際、燃料を月で補給できれば効率的だ。

こうしたことから、いち早く月探査をして資源を確保することが、宇宙開発で主導権を握ることにつながる可能性が高まってきた。

中国も13年に探査機の月面着陸に成功。19年には世界で初めて月の裏側に探査機を着陸させ、技術の高さを世界にアピールした。

◎

日本も月探査に挑戦してきた。07年に月の周りを回る探査機「かぐや」を打ち上げ、月の詳しい地図を作った。22年11月にはJAXAが開発した超小型探査機「OMOTENASHI」が打ち上げられたが、電力不足が起きて、地球

との通信ができない状況に。日本として初めての月面着陸を断念した。

近年は政府による探査だけでなく、民間の動きも活発になっている。日本の宇宙ベンチャー企業「ispace」は、月探査計画「HAKUTO-R」を掲げ、22年12月、米フロリダ州から月着陸船を打ち上げた。JAXAやタカラトミーなどが開発した月面探査ロボットなどを搭載し、民間としては世界初の月面着陸をめざした。だが、23年4月、着陸船が高度を誤認して月面に衝突した。

ispaceは24年に自社開発の月面探査車を搭載した着陸船を打ち上げ、26年の打ち上げでも月に向かう計画だ。

JAXAも世界から遅れまいと月をめざす。開発した月探査機「SLIM」は23年9月、鹿児島県・種子島宇宙センターからH2Aロケット47号機で打ち上げられた。月の重力などを使ってなるべく少ない燃料で月に向かう。月面着陸は24年1月の予定だ。成功すれば日本初となることから注目されている。SLIMの大きな特徴は、「降りたいところに降りる」高精度の着陸技術。狙った場所から誤差100m以内の着陸をめざす。また、日本は月の有人探査に向けて、宇宙服なしで乗れる探査車を開発中。20年代後半には日本人初の月面着陸をめざしている。

（科学みらい部・玉木祥子）

## 関　連　用　語

### ◆アルテミス計画

人類が初めて月面に降り立ったアポロ計画から半世紀を経て、再び月をめざす米国主導の計画。各国が参加を表明し、日本も参加する。

米航空宇宙局（NASA）は、初の女性飛行士の月面着陸や、月を回る軌道上に新しい宇宙ステーションの建設を予定。ここを足がかりにして、30年代後半にも有人火星探査をめざす。

新たに大型ロケット「SLS」と有人宇宙船「オリオン」を開発した。22年11月に計画の第1弾として、無人の月周回試験を実施。24年に有人の月周回飛行をし、25年に女性を含む2人が月面着陸する予定だ。

### ◆インドの月面着陸

インド宇宙研究機関（ISRO）は23年8月、探査機「チャンドラヤーン3号」の月面着陸に成功した。世界初の南極付近への着陸を果たし、「宇宙大国」としての存在感を高めつつある。レーザー光線を使って硫黄の存在を確認したという。19年のチャンドラヤーン2号は月面着陸の途中で交信が途絶え、失敗していた。

インドは着陸で得た技術やデータを今後の探査に活用する。日本とは共同で、25年度以降に月の南極を探査する計画「LUPEX」を進める。インドが着陸機を、日本が月面探査車を開発し、月の資源を調べる予定だ。

# 人新世

人類の痕跡が残る時代を区分し、地質年代「人新世」を定義するかどうかの議論が世界の地質学者らの中で進んでいる。国際地質科学連合（IUGS）の作業部会は2023年に、人新世の根拠となる「国際標準模式地」（GSSP）に、カナダにある湖の底の地層を推薦することを決めた。今後、IUGS内の上部組織での審査を通過すれば、人と名のつく地質年代が誕生する可能性がある。

地球が誕生してからの46億年は、化石や岩石など地層に残る特徴によって100以上の地質年代に区分されている。中生代のような大きな区分「代」、その下にジュラ紀などの「紀」、さらに細かく「世」「期」と整理される。私たちが生きる現代は「新生代・第四紀・完新世・メガラヤン期」と呼ばれる地質年代だ。完新世は氷河時代が終わり温暖になった時期で、1万1700年前から始まり今に続いているとされる。

産業革命以降、工業化が急速に進み、人類は石油や石炭の化石燃料を燃やし、森林破壊や戦争など様々な環境変化を地球にもたらした。コンクリートやプラスチックなど自然界には存在しない人工物も作り出した。その影響はもはや次の地質年代に移行するレベルだとして、オゾンホールの研究でノーベル化学賞を受賞したパウル・クルッツェン博士は00年に開かれた国際会議で「今はもう完新世ではない」と提唱。これが人新世の議論の始まりとなった。

地質年代を決めるIUGSは09年に作業部会を立ち上げ、人新世が地質年代として妥当か、またその場合に根拠となる地層はどこかなどを検討してきた。22年末に行われた部会内の投票では、委員のほとんどが「地質年代としてあるべき」と人新世を支持した。

また、人新世のGSSPにカナダ南部にあるクロフォード湖を選出し、23年7月に発表した。クロフォード湖はトロント郊外にあり、面積は東京ドーム半分ほどの小さな湖だ。上層と下層で水の循環がなく湖底の堆積物の層が崩れにくいことや、1年ごとに層が明瞭で観察しやすいことなどが評価された。

作業部会は人新世の始まった時期を1950年ごろとしている。人口増加やそれに伴う大量生産・大量消費により、人間活動が大きく加速した「グレートアクセラレーション」（大加速）が起きたとされる。同時期に

相次いだ核実験によって世界中の地層からは放射性物質が見つかっており、人新世を示す世界共通の有効な指標とされた。クロフォード湖からも放射性物質のプルトニウムなどが検出されている。

人新世が正式な地質年代として認められるには、今後IUGS内の上部委員会や理事会の審査を経る必要がある。ただ、地球史上でみれば人類の影響は変化が表れてからの時間がまだ短い。人新世を地質年代として認定するかどうかは地質学者の中でも賛否が割れており、今後の審査の中で否決される可能性もある。

審査が順調に進めば、24年8月に韓国で開催されるIUGSの総会で、地質年代「人新世」が正式決定される予定だ。

（科学みらい部・矢田文）

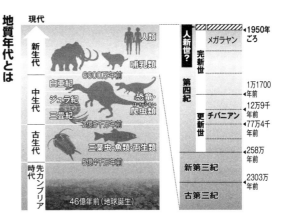

**地質年代とは**

| 現代 | | |
|---|---|---|
| 新生代 | | 人類 |
| | | 哺乳類 |
| | | 6600万年前 |
| 中生代 | 白亜紀 | |
| | ジュラ紀 | 恐竜・爬虫類 |
| | 三畳紀 | |
| | | 2億5千万年前 |
| 古生代 | | 三葉虫・魚類・両生類 |
| | | 5億4千万年前 |
| 先カンブリア時代 | | |
| 46億年前（地球誕生） | | |

| 人新世？ | メガラヤン | ◀1950年ごろ |
|---|---|---|
| | 完新世 | 1万1700年前 |
| 第四紀 | 更新世 | 12万9千年前 |
| | チバニアン | 77万4千年前 |
| | | 258万年前 |
| 新第三紀 | | 2303万年前 |
| 古第三紀 | | |

---

## 関連用語

### ◆チバニアン

地質年代の根拠となるGSSPの多くは欧州から選出されている。特に日本列島は新しい時代に誕生し、地殻変動が大きいため古い地層がないとされる。そんな中、20年に日本の地名を冠した地質年代が初めて誕生した。千葉県市原市の地層がGSSPに選ばれ、77万4千〜12万9千年前の地質年代が「チバニアン」（千葉の時代）と呼ばれることになった。地球史上の大きなイベント「地磁気逆転」があったとされる時代で、市原市の地層には地球で最後に起きた逆転現象の記録となる特徴的な鉱物が含まれていたことが評価された。

### PLUS ONE
### 「ベップワニアン」落選

作業部会は人新世のGSSPとしてクロフォード湖のほかに、サンゴ礁や氷床など世界11カ所の候補地を検討していた。その中には日本の別府湾（大分県）が含まれていた。別府湾は特異な地形が特徴で、陸に近い湾の奥部が深く、湾の入り口へと離れるほど浅くなる。堆積層が乱されにくく模式地として有利とされてきた。部会内で3候補まで残ったが最終候補には選ばれなかった。愛媛大などの調査チームが提唱していた、別府湾時代を意味する「ベップワニアン」の誕生は実現しなかった。

科学・技術、情報・通信

# 国産初の量子コンピューター稼働

　次世代の計算機と目される国産初の「量子コンピューター」が2023年3月に稼働した。理化学研究所（理研）などが開発し、オンライン上で研究者が使えるように公開された。実世界で活用されるまでの課題は多いが、未来の社会を変える「ゲームチェンジャー」となる可能性がある。経済や安全保障分野で優位を得るため、世界で開発競争が激化している。日本も国産機を軸に、国内の研究力や関連産業の成長と人材育成の加速を狙う。

　量子コンピューターは従来のコンピューターと異なり、電子や原子といったミクロの世界で働く物理法則「量子力学」を使った計算機だ。

　一度に大量の計算ができる特徴があり、現在のスーパーコンピューター（スパコン）でも何万年、何億年かけても解けないような問題が、簡単に解けると考えられていて、世界中で研究が加速している。

　国産の初号機は基礎段階のものだが、実用化段階になれば、新素材開発や創薬、金融、人工知能（AI）など複雑な計算が必要な分野の研究が進むと期待される。

　一方で、量子コンピューターを使えば、インターネットや金融界で安全に通信するために現在使われている暗号が簡単に解読されてしまう恐れが指摘されている。

　国家機密などの通信が危険にさらされるため、米中を中心に、量子コンピューター開発を安全保障上の問題と位置づけ、巨額の資金を投じて開発にしのぎを削っている。

◎

　実現には様々な方式があるが、国産初号機は「超伝導方式」のマシン。心臓部の部品「量子ビット」を超伝導材料で作り、極低温にすることで量子効果を実現している。米グーグルや米IBMも似た方式で開発に取り組む。

　聡明さを示す「叡（えい）」という

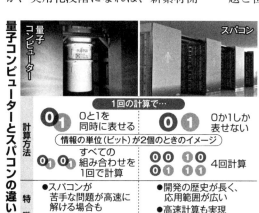

**量子コンピューターとスパコンの違い**

| | 量子コンピューター | スパコン |
|---|---|---|
| 計算方法 | **0 1** 0と1を同時に表せる | **0 1** 0か1しか表せない |
| | 情報の単位（ビット）が2個のときのイメージ | |
| | **0 1 0 1** すべての組み合わせを1回で計算 | **0 0 1 0 / 0 1 1 1** 4回計算 |
| 特徴 | ●スパコンが苦手な問題が高速に解ける場合も<br>●実用化へのハードルは多い | ●開発の歴史が長く、応用範囲が広い<br>●高速計算も実現<br>●現実的な時間では解けない問題も |

1回の計算で…

**156**

愛称が与えられた国産初号機は、日本政府が18年度から約25億円を投じ、理研が中心となって開発を進めてきた。富士通と理研が取り組んできた国産2号機も23年10月に稼働した。

ただ、量子コンピューターが実用化されるには100万個ほどの量子ビットが必要と言われる。

国産初号機や2号機の量子ビットは64個で、世界で先行して実現されている量子コンピューターでも、ビットはまだ数十〜数百個なのが現状だ。計算エラーが出ないよう制御するのが難しいなど、実現までの課題は多い。

15〜30年以内に100兆円超の利益

**量子コンピューターが実用化された未来のイメージ**

画期的な新薬が見つかる？

金融市場のリスク評価？

人工知能がさらに進化？

暗号が解かれる懸念も

環境問題を解決する新素材の開発が進む？

蒸気機関やトランジスタの発明以上の変革？
15〜30年以内に**100兆円超**の利益を生むとの予測も

を生むとの予測もあるが、日本政府は量子コンピューターが広く実用で使えるようになるのは2040年以降だとしている。

（科学みらい部・竹野内崇宏）

---

## 関 連 用 語

### ◆量子力学

電子や原子、素粒子といった極小の世界で働く物理法則のこと。重力や、比較的大きな物の運動を扱うニュートン力学などとは異なる物理学の理論として20世紀に発展した。

これまでの計算機が情報を「0」か「1」のどちらかで表現するのに対し、量子力学に基づく量子コンピューターでは「0でもあり1でもある」という特別な状態を利用する。

複数の組み合わせを一度に計算できるため、結果が格段に速く得られる。19年には米グーグルの量子コンピューターが、スパコンで1万年かかる問題を約200秒で終わらせたと発表し、話題になった。

### ◆「スパコン」富岳

スーパーコンピューター（スパコン）は、一般的な計算機よりも極めて高速で計算ができる、最先端のコンピューターのこと。

理化学研究所と富士通が共同開発した「富岳」は、先代スパコン「京」の後継機として21年に本格稼働。その前年には、世界の計算速度ランキング「TOP500」で日本勢9年ぶりの1位に輝いたが、その座は22年に奪われた。

量子コンピューターのように複数の組み合わせを一度に計算することはできないが、最先端のCPU（中央演算処理装置）を10万個以上つなげることで高速計算を実現している。

# 広がる対話型AIの活用

ChatGPT を始めとする対話型AI（人工知能）や生成AIが登場し、活用が広がり始めた。まるで人間のような対話ができ、文脈を読み取れるため、検索エンジンや、企業の顧客対応、会議の要約サービスなどに実装。グーグルやマイクロソフトなど米国勢を中心に研究開発も盛んだ。一方で著作権やクリエーターの権利を侵したり、仕事を奪ったりする恐れや悪用への懸念も高まり、ルール作りや規制も急ぎ足で進む。

AIはコンピューターに人間の知能を持たせたり、人間が行う分析や判断を機械にさせたりすることをめざす研究分野。人間の言葉を機械に理解させ、対話をめざす研究は長年続いてきたが、これまではAIが作る文章は意味不明だったり、文脈が読めなかったりする限界があった。

ところが近年、人間の脳の神経のつながりを模した「ニューラルネットワーク」や、これを発展させた「トランスフォーマー」などのAI開発手法が劇的に進展。インターネット上の文章を大量に学ばせることで、まるで人間相手のようにやりとりできる「対話型AI」が実現した。

定型文ではなく、ゼロからアドリブのように文章を生み出せる特徴から「生成AI」とも呼ばれる。

代表的なものが米オープンAI社が2022年11月に発表したチャットGPTだ。主に英語で開発されたが、日本語でも「旅行のプランは」「要約して」などと質問や依頼をすれば、違和感のない表現で返答。英語以外への翻訳もできる特徴がある。

対話型AIはインターネットやスマートフォンに並ぶ発明とも評され、仕事の効率化や、コンピューターの使い方を根本から変えうる技術として活用も広がっている。

グーグルや、オープンAIに出資する米マイクロソフトは、検索エンジンサイトに対話型AIの技術を導入。利用者の検索ワードについて概要を生成したり、対話型AIの弱点

**チャットGPTなど生成AIの主な期待と懸念**

♡ **期待**
- 依頼に応じて自然な文章を瞬時に作成
- 指示すれば翻訳や方言への変換も可能
- 補助的な仕事の負担を軽減する
- 新たな発想や着眼点が示される
- 知的な作業での対話によって考えが深まる

⚠ **懸念**
- 個人情報収集や著作権侵害の恐れ
- 回答に誤った情報が含まれる
- 根拠とした資料を表示しない
- 論文などに使われても見抜くのが困難
- 思考力や表現力を養う教育に悪影響

とされる正確性やリアルタイム性を補うために検索結果から情報を補足したりして、自社サービスの利用を伸ばそうと競っている。

企業が顧客からの意見や要望を受け付けるメールやチャットボット（自動応答システム）のサービスにも、対話型AIが組み込まれ始めている。音声を認識するAIと組み合わせて、会議の議事録や、その要旨を即座にまとめるサービスも実用化された。

プログラミングのコードも生成でき、「こんなプログラムを作って」と言葉で依頼するだけで正確性の高いコードが返答される。ソフト開発などの効率化につながっている。

米メタ（旧フェイスブック）など米国勢を中心に開発競争も進む一方、フェイク情報の生成などの悪用や、学習データや生成プロセスが企業にしかわからずブラックボックス化していることへの懸念も根強い。

欧州連合（EU）は23年6月に罰金など罰則を含む規制法案を承認。米国でも規制に向けた議論が進む。

日本は活用や研究開発を重視し、新たな法規制には慎重な立場だ。人権や民主主義を尊重する責務などをガイドラインなどの形で企業に求めつつ、国際ルール形成の主導役も担いたい考えだ。

（科学みらい部・竹野内崇宏）

# 関 連 用 語

## ◆チャットGPT

パソコンのブラウザーやスマートフォンから無料でも使える対話型AI。公開わずか2カ月で全世界の利用者が1億人を突破し、「史上最速で普及したアプリ」とも言われた。日本でも、1日のユーザーが100万人を超えたという。

GPTはGenerative Pre-trained Transformerの頭文字で「生成が可能な、事前学習したトランスフォーマーモデル」のこと。人間の評価もフィードバックしたことで、質問に対して文脈を踏まえた自然な回答ができるようになった。23年には読み込んだ画像を説明したり、画像を生成したりする機能も追加された。

### PLUS ONE
## AIと著作権

対話型AIや生成AIが文章や画像を作り出せるようになったことでクリエーターの権利を侵害するのではないか、との懸念が出ている。既存の文章や画像と似たものが生成された場合には著作権侵害になる可能性があると考えられている。

一方、AIの研究開発を目的に、許可を得ずとも作品を「学習」に使うことは著作権法で認められている。また、AIが自律的に生成した作品には誰にも著作権が生じないが、細かな入力や指示があった場合にはAI利用者が著作権者になる場合があるとも考えられている。

# ツイッターをめぐる混乱

起業家イーロン・マスク氏が2022年10月に旧ツイッター（現 X エックス ）を買収して以降、投稿管理などをめぐり混乱が続いている。23年10月のイスラム組織ハマスとイスラエルとの軍事衝突後には、偽情報や遺体など過激な画像の拡散が相次ぎ、欧州連合（EU）が同社への調査に乗り出した。災害時などの情報発信に活用されてきた大手SNSだが、そうした「公共性」が揺らぎつつある。

マスク氏は22年10月、旧ツイッターを総額440億ドル（約6.6兆円）で買収した。「表現の自由」を訴え、人々が自由に話ができると感じられる「公共の広場」にすることを目標に掲げた。

マスク氏は買収後、すぐさま「大改革」に乗り出す。買収直後に約7500人いた従業員の半分超を解雇。ロシアによるウクライナ侵攻〔➡36ジ〕で偽情報対応の最前線に立ったツイッターの安全対策のトップなど、サービスの安全面を支えた社員が相次いで退職した。

中でも影響が大きかったとされるのが、なりすまし防止のために提供してきた「認証バッジ」の有料化だ。

旧ツイッターは従来、著名人や政治家、ジャーナリストらによる申請に基づいて、アカウントが本人のものであることを示す認証バッジを無料で提供してきた。アカウント名の横についている青いチェックマークを示す。マスク氏はこの認証バッジを月額8ドル（約1200円）の有料サービスの一部に含め、お金を払えば誰でも認証バッジが手に入るようにした。

旧ツイッターは買収前の10年間で黒字化したのは2年しかなく、21年まで2年連続の赤字だった。21年のツイッターの売上高は51億ドル（約7700億円）。その約9割が広告だが、マスク氏の買収後は有害投稿が増えたことで広告が激減。最後に決算を発表した22年7月時点の1日あたり

**マスク氏買収後のツイッターをめぐる主な動き**

| 2022年 | 11月 | 従業員の約半数にあたる約3700人を解雇 |
|---|---|---|
| | | 「永久凍結」されていたトランプ前米大統領のアカウントを復活 |
| | 12 | アカウントが本人のものと示す認証バッジの有料提供を本格化。無料バッジは23年4月から廃止 |
| 23 | 2 | 投稿やアカウントの新規フォローができない大規模な障害が発生 |
| | | マスク氏のツイートが表示されやすくなるようアルゴリズム（計算手順）が変更されていたと米メディアが報道 |
| | 4 | ツイッター社がマスク氏所有の法人「X（エックス）社」と合併 |
| | 7 | 利用者が1日に読める投稿数を一時的に制限 |

の利用者数は2億3780万人だった。

マスク氏は23年4月、ツイッターの06年の創業から使われていた社名を「X」に変更。5月には、広告業界とのつながりが強い米メディア企業NBCユニバーサルの広告担当幹部、リンダ・ヤッカリーノ氏をXの最高経営責任者（CEO）に起用した。主力の広告収入のてこ入れをめざすが、立て直しは容易ではない。

23年10月のハマスによるイスラエル襲撃〔→48ジ〕後には、過去の空爆の画像を使った偽情報や遺体の画像などが大量に拡散。青いチェックマークがついたアカウントによる偽情報拡散も報告され、マスク氏による制度変更に批判が集まった。

EUのブルトン委員は10月、23年に施行された「デジタルサービス法（DSA）」に基づき、Xの偽情報対策に関する調査を始めると公表した。DSAに基づく初めての措置とされ、違反と判断されれば巨額の制裁金が科される可能性がある。

Xは日本では11年の東日本大震災などで注目され、災害時などの情報発信にも活用されてきた。だが、マスク氏の買収後、日本の一部の自治体の公式アカウントが相次いで凍結されるなど、「公共性」が疑問視されつつある。

（サンフランシスコ支局・五十嵐大介）

## 関 連 用 語

### ◆イーロン・マスク氏

1971年、南アフリカ生まれの実業家。米誌フォーブスの世界の長者番付（23年10月時点）では、総資産は2530億ドル（約38兆円）を超え、世界一の富豪とされる。電気自動車メーカーのテスラに出資後、08年にCEOに就任。宇宙ベンチャー「スペースX」、脳とコンピューターをつなぐ技術を開発する「ニューラリンク」など革新的な事業を幅広く手がける。23年7月には、人工知能（AI）技術を開発する新会社「xAI」の設立を発表した。ただ、物議を醸す発言も多く、ハマスのイスラエル襲撃後は、反ユダヤ主義的なXの投稿を擁護したとして批判が広がった。

PLUS ONE
### Threads（スレッズ）

SNS世界最大手の米メタが23年7月に立ち上げた新しいソーシャルメディア。公開後5日で登録者が1億人を突破した。メタが運営する、世界で20億人を超える写真投稿アプリ「インスタグラム」と連動しており、インスタのアカウントがあればすぐに登録できる。機能はツイッターに似ており、利用者はインスタのフォロワーをそのまま引き継ぐこともできる。米調査会社シミラーウェブによると、スレッズの1日あたり利用者は当初の約4900万人から、8月初旬には約1千万人にまで激減するなど、失速が指摘される。

# LINEヤフー発足

　国内有数のIT企業のヤフーとLINEが2023年10月に合併し、新会社「LINEヤフー」が発足した。持ち株会社の下で経営統合してから２年半。国内で抜きんでた存在となったが、これまで「相乗効果」が見えにくかった。合併により利用者データの連携などを進め、グループが持つ様々なサービスを利用してもらいやすくする。見据えるのは、顧客が消費や投資などで自社グループ内を回遊する「経済圏」の創出だ。

　新会社はヤフー、LINE両社の親会社Zホールディングス（ZHD）など５社が合併して誕生した。ソフトバンクと韓国IT大手ネイバーが折半出資し、社長はLINE出身の出沢剛ZHD社長が務める。

　合併後も、「LINE」アプリや、ニュースやショッピングの「ヤフージャパン」といった各サービスは継続させている。

　合併の象徴とされるのが「アカウント連携」だ。同意したユーザーは、両社のサービス間で自分のデータが連携されるようになる。LINEは約9500万、ヤフーは約5500万のユーザー数を持つ。24年度中にはさらに、キャッシュレス決済アプリを運営するPayPayとのアカウント連携も始める予定だ。

　LINEヤフーはこうした取り組みで、LINEからヤフーショッピングに送客するなど、様々なサービスを横断的に利用してもらいやすくする。データ連携により、興味や趣味に応じた広告が出しやすくなるといった相乗効果も期待できるという。将来的には、LINEとヤフーのアカウントを完全に一つにする「ID統合」も検討している。

　無料のサービスを展開する両社の主な収益源は広告だ。だが、急成長してきたインターネット広告市場の伸びには陰りもみえる。コロナ禍の巣ごもり需要もあって21年度に前年

**新会社「LINEヤフー」の姿**

| | Zホールディングス | | 利用者 | 新会社 LINEヤフー |
|---|---|---|---|---|
| ネイバー | ソフトバンク | | | |
| | LINE | ヤフー | | PayPay |
| | 約9500万人 | 約5500万人 | 利用者 | 5800万人 |
| | LINE ポイント → PayPay ポイント 統合 | | ポイント | PayPay ポイント |
| | 23年10月に連携、将来的な統合も | | ID | 24年度中に連携 |
| | 23年10月中にデータ連携に同意 | | 広告 | |

度比20％を超えたネット広告市場の伸びは低調となり、22年度は同3％を下回った。ヤフーとLINEを合わせた広告収入も、22年度は前年度比1.7％増にとどまった。

その中で好調だったのがLINEの「アカウント広告」だ。企業がメッセージの形で個人とやりとりできるため効果が高く、売上高は前年比18.3％も増えた。こうした分野では成長の余地があり、ヤフーとのデータ連携により広告の効果を高め、さらなる売り上げ増を期待する。

ZHDの傘下にLINEとヤフーが入る形で経営統合したのが21年3月。当時、米中の巨大ITに対抗する「第三極」をめざした統合だったが、当初期待されたようにはアカウント連携や経営の効率化が進まなかった。背景には、統合直後に発覚したLINEの個人情報管理の問題がある。利用者への説明が不十分なまま、個人情報が中国の関連企業からアクセスできる状態になっていた。この問題の発覚で、両社の連携の動きは滞った。

生活に不可欠なサービスを提供する企業としてデータ保護といった責任を果たしながら、どのように成長を描いていくか。今後、合併の真価が問われてくる。

（経済部・柴田秀並）

---

## 関 連 用 語

### ◆エレクトロニック・コマース

IT、金融、通信などあらゆる業種が自社グループ内でユーザーの消費を完結させる「経済圏」の構築をめざしている。中でも日常生活で頻繁にアクセスしやすいEC（ネット通販）サイトはその柱の一つとなる。国内EC市場は現在、アマゾンジャパンと楽天グループのツートップが突き放す。LINEヤフーはヤフーショッピングのほか、衣料品通販大手のZOZO、事務用品通販大手のアスクルなど複数のサイトをグループに抱えるが、相乗効果は現時点では見えづらい。グループ全体での売上高も伸び悩んでおり、どうテコ入れしていくかも注目されている。

### PLUS ONE
### PayPay

新生LINEヤフーが起爆剤に期待するのは、キャッシュレス決済アプリを運営するグループ企業「PayPay」だ。同サービスは、コロナ禍で政府が進めたキャッシュレス化の波に乗り、大きなポイント還元を展開。自治体とタイアップしたキャンペーンも積極的に展開し、アプリ登録者は4年半あまりで5800万人と急成長を遂げた。LINEヤフーは、同決済アプリからZOZOなど各サービスへスムーズに誘導したり、PayPayポイントを共通に付加したりと、PayPayを起点とした経済圏づくりを進めている。

# アプリストアをめぐるIT規制

　米アップルとグーグルの2強によるスマートフォン市場の支配に対応するため、日本政府が規制強化に乗り出した。自社以外が運営する「アプリストア」からアプリがダウンロードできるようにすることの義務づけや、決済手段の制限を禁止することなどが柱だ。早ければ2024年の国会に新法案を提出する。セキュリティー面の懸念から、慎重な検討を求める声も出ている。

　スマホは国内の9割超の世帯が保有し、インターネット上の様々なサービスと利用者を結びつける最大の接点になっている。ゲームや動画、アプリを通じた物販などを含む関連市場は、22年時点で8.5兆円にのぼる。

　そこで大きな影響力を持つのが米国の2社だ。スマホの基本ソフト（OS）は、アップルの「iOS」とグーグルの「アンドロイド」の寡占市場になっており、アプリを購入したりサービスを受けたりする際の手数料の高止まりや、イノベーションの阻害につながっていると指摘されている。

　デジタルサービスは、利用者が増えても原材料費など追加的な費用がほとんど生じず、勝者総取りを生む「ネットワーク効果」が働きやすい。ところが、いまの独占禁止法では、その影響範囲の立証などに時間がかかってしまうため、規制が追いついていないとの声が強まっていた。

　そこで政府は、競争を妨げる危険性が高い行為を前もって禁じる「事前規制」の仕組みを導入することで、競争圧力を高め、新規参入などを促すことを狙う。23年5月に施行された欧州連合（EU）の「デジタル市場法」など、同様の動きは国外でも広がっている。

**スマホのアプリストア、新たな規制の狙い**

◎

　日本の新規制案は、スマホでアプリをダウンロードする際、複数のアプリストアからの入手を可能にするよう義務づける。現在はアップルの端末では、同社のストア以外からは入手ができない。グーグルで地名を検索すると検索上位にグーグルマップが表示されるような自社サービスの優遇も規制する。

　焦点になりそうなのがセキュリティー（安全性）やプライバシーの確保だ。悪意のあるアプリが拡散すれば、詐欺や個人情報の詐取につながる恐れもある。アップルは政府方針について「セキュリティーレベルを損なう」と批判。さらに、安全保障上の懸念も挙げ、米国と「足並みをそろえる」よう日本政府に求めた。

　現在の規制案は、セキュリティー確保の方法をアップルやグーグルなどのOS提供者が選ぶことができるなど、一定の裁量を残す内容になった。アップルやグーグルは、セキュリティー以外にも、「使い勝手」や「効率性」の向上を目的とする場合にも、規制の例外とすべきだという主張を展開している。政府は実効性のあるルールを作り、利用者の選択肢を増やすことができるか。立法に向けた動きが注目される。

（経済部・渡辺淳基）

## 関 連 用 語

### ◆デジタル市場競争会議

　経済や社会への影響力を強める巨大IT企業に対応するため、政府は19年に「デジタル市場競争会議」を設立し、専門家の議論も踏まえて規制のあり方を検討してきた。

　21年には、ネット通販などの取引条件の開示を義務づける「デジタルプラットフォーム取引透明化法」を作り、対象になる企業を絞って規制する枠組みを作った。22年には、グーグルが支配的な力を持つデジタル広告の分野もその対象に追加している。

　今回のスマホOSやアプリに関する新制度は、これに続くデジタル関連の規制強化の第2弾となる。

### PLUS ONE
### アップル税

　スマホのアプリを通じたサービスでは、アップルなどが自社の決済システムの利用をアプリ運営者に強制し、ほかの決済システムを制限していることが問題視されている。最大30％もの「手数料」がかかることから、アプリ開発者の収益を圧迫する「アップル税」とも呼ばれてきた。今回の規制案は、こうした決済手段の強制が開発者のイノベーションを阻害してきた恐れがあるとして、決済手段の強制を禁じる規律も設ける方針だ。一方、アップルは、開発者に様々な利益を提供しているとして「手数料率は合理的だ」と主張している。

# NTT法の見直し

自民党の「NTT法の在り方に関するプロジェクトチーム（PT）」（座長・甘利明前幹事長）は2023年12月、25年の通常国会をめどに同法の廃止を求める政府への提言をまとめた。廃止の条件として、固定電話サービスの提供義務やNTTドコモとの統合禁止など必要な規制を担保すると明記。一方、競合他社は競争環境のゆがみや地方切り捨てにつながる恐れがあると反発しており、提言通りに進むか不透明な部分もある。

NTT法は1984年、前身の電電公社の民営化に伴い制定された。主な内容は固定電話の全国一律サービスの提供義務▷研究成果の公開義務▷NTT東日本・西日本とドコモとの統合規制▷外資規制などだ。

ただ、規制の内容が時代に合わなくなってきている。従来のメタル回線による固定電話の契約は落ち込み、通信の主役は携帯電話やインターネットに代わった。公開義務は経済安全保障上の懸念があるほか、公開を嫌う企業が協業を断るケースがあるなど、国際競争力を阻害するとの指摘もある。NTTの島田明社長は「NTT法の役割はおおむね完遂した」として、廃止を主張した。

提言ではこうした現状を踏まえ、同法の段階的な廃止を求めた。まずは24年の通常国会で研究成果の公開義務を撤廃する法改正を求めた。翌25年の通常国会をめどに、必要な規制を電気通信事業法や外国為替及び外国貿易法（外為法）に整備し直す

などの措置を講じたうえで、NTT法の廃止を要望した。

一方、見直し議論のきっかけとなった防衛予算の財源確保のため、NTT株を売却する案は見送られた。同法では政府に株式の3分の1以上の保有を義務づけている。現在の保有分を売却すれば約5兆円が得られるため、萩生田光一政調会長（当時）や甘利氏が議論を主導したが、「外資に通信インフラを握られる」などの批判が上がっていた。提言では保有義務は撤廃するものの、売却は

## NTT法見直しをめぐる通信大手トップの主な発言

### NTT・島田明社長
NTT法は経済安全保障および国際競争力の強化の支障となる。NTT法の役割はおおむね完遂した

懸念

### KDDI・髙橋誠社長
NTT法の廃止により、地方での高速・大容量の通信環境の実現が困難になる可能性がある

### ソフトバンク・宮川潤一社長
（光ファイバーなどの）施設をNTTが自由に運営すれば、公正競争を阻害する要因となる

### 楽天モバイル・三木谷浩史会長
競争が促進されると国民の家計を助ける。今回のNTT法の廃止は、これに真っ向から逆行する

「政策的な判断に委ねる」とするにとどめた。

廃止方針をめぐっては、KDDI、ソフトバンク、楽天モバイルが猛反発している。理由はNTTが電電公社から引き継いだ資産にある。固定電話網の基盤となる全国の電柱、局舎などで、この上には現在光ファイバーが延びる。3社はNTTから光ファイバーを借りて携帯サービスを提供しており、重要な設備を握られている。NTTがこうした立場を利用して公正競争がゆがめば、料金は高止まりし、NTTにかかる撤退規制が解かれれば、地方のサービスが維持できなくなるとの懸念もある。

楽天の三木谷浩史会長はX（旧ツイッター）に「光ファイバー網を完全自由な民間企業に任せるなど正気の沙汰とは思えない。通信費がせっかく下がったのに逆方向に行く最悪の愚策」と投稿。3社を含む、ケーブルテレビなど約180社・団体は連名で反対の意見表明をした。

法整備の議論は、党内で通信政策を専門にする情報通信戦略調査会や総務省で進むことになる。ただ、いずれも廃止には慎重だ。調査会のあるベテラン議員は廃止の年限について「『めど』というのはできればということだ」と述べており、曲折も見込まれる。　　（経済部・松本真弥）

## 関　連　用　語

### ◆固定電話の全国一律サービス

NTT法ではNTTに対し、固定電話の全国一律サービスを義務づけている。ユニバーサルサービスと呼ばれるこの規定によって、NTTは離島や山間部などの不採算地域でも撤退できない。ただ、音声を届けるメタル回線は老朽化しており、維持・更新のコストは重荷だ。メタル回線の固定電話の契約件数は1997年の約6300万件をピークに減少し、現在は約1350万件に落ち込んだ。交付金で補塡しても、固定電話事業は年間約300億円の赤字だ。このためNTTは将来、過疎地を念頭に、衛星などで電話サービスを提供したい考えを示している。

### ◆電気通信事業法

電気通信事業法は電電公社の民営化に伴い制定され、競争市場のルールを定めたものだ。NTTの業務範囲などを規定するNTT法と「両輪」で、公正競争を担保している。

PTの提言では事業法を改正し、NTT法のユニバーサルサービスや、NTTドコモとの統合禁止、外資規制などの規定を移管するとした。ただ、事業法はすべての通信事業者が対象で、NTTだけに縛りをかけるNTT法とは性格が異なり、特定の会社を名指しするのは難しいとの指摘もある。制度が維持できなければ、通信網に穴が開くとの懸念もあり、慎重な検討が求められる。

# 春闘賃上げ率、30年ぶり高水準に

2023年の春闘の賃上げ率は平均3.58％（労働組合の中央組織・連合による最終集計）で、30年ぶりの高さとなった。労組からの積極的な賃上げ要求に対して、大手企業を中心に満額回答が相次いだ。ただ、それでも歴史的な物価高には十分に追いつかず、物価を加味した「実質賃金」は前年割れする状況が続いた。持続的な賃上げにつなげられるかなど、課題も残されている。

連合の集計では、春闘の賃上げ率は正社員が平均3.58％。前年から1.51ポイント増と大きく伸びた。3％台後半は、1993年（3.90％）以来だ。パートらの非正規労働者も時給ベースで5.01％と、前年の2倍を超えた。

連合は23年の春闘を、伸び悩んできた賃金の「転換点」と位置づけた。1960〜70年代には賃上げ率が10％を超えることもあったが、経済成長が鈍化する中、賃上げは抑えられ、近年は2％前後で推移してきた。

その低迷ぶりは他の先進国と比べても際立つ。経済協力開発機構（OECD）の調査では、91年から2022年までの日本の実質賃金の伸び率は2.8％。米国（48.3％）や英国（46.0％）などと開きがある。

デフレが長く続き賃上げの必要性が弱まり、労組が消極的になった面もある。連合の芳野友子会長はこれまでの春闘について「雇用維持を優先し、賃上げ要求に強気な姿勢で臨めなかった点は否めない」と認める。

給料があまり上がらなくても、モノの値段が抑えられていれば生活はなんとか維持できる。だが、状況は大きく変わった。資源価格の高騰や円安もあって、食品やサービスなどの値上げが相次いだ〔◎68ジ〕。消費者物価指数（持ち家の帰属家賃を除く総合）は22年4月以降2％を超え、実質賃金は前年割れが続いた。

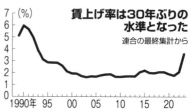

**賃上げ率は30年ぶりの水準となった**
連合の最終集計から

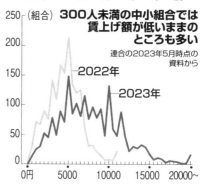

**300人未満の中小組合では賃上げ額が低いままのところも多い**
連合の2023年5月時点の資料から

2022年
2023年

◎

歴史的な物価高はまず、労組側に変化を迫った。連合は、賃金体系を底上げするベースアップ（ベア）と定期昇給を合わせた賃上げ率の目標について、7年連続で4％程度だったものを5％程度に引き上げた。

一方、経済界にも賃上げを受け入れるような動きが出た。経団連の十倉雅和会長は、経済の好循環のためにも賃上げは「企業の責務」とした。自動車や電機、重工、小売り業界を中心に、満額回答が相次いだほか、日本航空などでは労組の要求額を上回る「満額超え」で回答した。

賃上げ圧力が強まった背景には、人手不足感もある。帝国データバンクが23年2月に発表した調査では、賃金改善の理由（複数回答）を尋ねたところ、「労働力の定着・確保」が71.9％で最も高くなった。

ただ、それでも十分とは言いがたい。連合の集計では、ベア分が明確にわかる3186労組で2.12％。22年度の物価上昇分の3.8％に届かなかった。23年4月以降も物価は高止まりし、賃金の目減りが続いた。労組の少ない中小企業への波及や、賃上げの持続性が課題となっている。

（経済部・三浦惇平）

## 関連用語

### ◆ベースアップ

ベースアップ（ベア）は、賃金表を書き換え、会社全体の賃金水準を底上げすることだ。平均賃金が月30万円の会社で1％のベアがあれば、月30万3千円となる。日本全体の平均賃金を上げるには、多くの会社でベアが進むことが必要だ。一方、定期昇給は、勤続年数などに応じた賃金表をつくるなどして、賃金を自動的に上げることだ。例えば1歳ごとに基本給を1万円上げる会社なら、30歳で月30万円だった社員は、31歳で月31万円に増える。ただ、賃金表に沿って個人の賃金が上がるだけで、単純に定年退職する人と新卒で入社する人の数が毎年同じだとすれば、会社の平均賃金は変わらない。

### ◆価格転嫁

賃上げを進めていくには、企業が原材料やエネルギーの値上がり分を、商品やサービスの価格に転嫁できるような環境を整備していくことも重要だ。原材料などの高騰が続く中、中小企業は大手に比べて取引上の立場が弱く、価格を転嫁しにくいとされる。

日本商工会議所が23年10月に公表した調査では、4割以上の価格転嫁ができたという企業は55.3％にとどまった。特にサービス業では、33.8％と、他の業種に比べて、価格転嫁が進んでいない実態が浮き彫りとなった。賃上げの原資を確保するためにも、取引の適正化に向けた行政の監視なども必要とされている。

労働

# 最低賃金、1千円超え

　雇い主が働き手に支払う「最低賃金」は2023年、全国加重平均で1004円（時給）となり、1千円を初めて超えた。物価の高騰が続いていることや人手不足感が強まっていることを受けて、過去最高の引き上げ額となった。ただ、最低賃金の水準は他の主要国に比べると低水準で推移してきた。生活を維持するには不十分だとの指摘もあり、さらなる引き上げが課題となっている。

　最低賃金は、厚生労働省の審議会が引き上げの目安を示した後に、都道府県ごとに決められる。23年の改定では最も高い東京（1113円）をはじめ、神奈川、大阪、埼玉、愛知、千葉、京都、兵庫の8都府県が1千円を超えた。全国加重平均の引き上げ額は43円（4.5％）。現行制度となった1978年以降で見ると、時給ベースでは過去最大となった。

　引き上げの要因は、物価の高止まりが家計を圧迫していることだ〔●68ジ〕。最低賃金が前回改定された22年10月から23年6月までの消費者物価指数（持ち家の帰属家賃を除く）の平均上昇率は4.3％。労使の代表と学識者でつくる厚労省の審議会では、こうした物価高を重視し、引き上げの目安を示した。

　さらに人手不足感が強まる中、働き手の流出への懸念も引き上げを後押しした。賃金が都市部や周辺地域よりも低ければ人手不足が強まり、企業側にとっても痛手となる。目安

は都道府県ごとの経済情勢に応じてA〜Cの3ランクに分けて示されるが、Cランクでは13県のうち12県で4円以上の上乗せとなった。前回の上乗せは最高3円で、今回は異例だ。

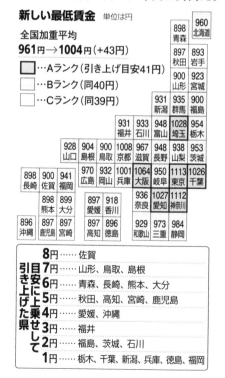

**新しい最低賃金** 単位は円

全国加重平均
**961円→1004円（+43円）**

□…Aランク（引き上げ目安41円）
□…Bランク（同40円）
□…Cランク（同39円）

| | 898 青森 | 960 北海道 |
| | 897 秋田 | 893 岩手 |
| | 900 山形 | 923 宮城 |
| 931 新潟 | 935 群馬 | 900 福島 |

931 福井｜933 石川｜948 富山｜1028 埼玉｜954 栃木
928 山口｜904 島根｜900 鳥取｜967 滋賀｜948 長野｜938 山梨｜953 茨城
898 長崎｜900 佐賀｜941 福岡｜970 広島｜932 岡山｜1001 兵庫｜1064 大阪｜950 岐阜｜1113 東京｜1026 千葉
　　　898 熊本｜899 大分｜897 愛媛｜918 香川｜936 奈良｜1027 愛知｜1112 神奈川
896 沖縄｜897 鹿児島｜897 宮崎｜897 高知｜896 徳島｜929 和歌山｜973 三重｜984 静岡

| 目安に上乗せした県 | | |
|---|---|---|
| 8円 | …… | 佐賀 |
| 7円 | …… | 山形、鳥取、島根 |
| 6円 | …… | 青森、長崎、熊本、大分 |
| 5円 | …… | 秋田、高知、宮崎、鹿児島 |
| 4円 | …… | 愛媛、沖縄 |
| 3円 | …… | 福井 |
| 2円 | …… | 福島、茨城、石川 |
| 1円 | …… | 栃木、千葉、新潟、兵庫、徳島、福岡 |

厚労省の関係者は、「互いに競い合うように引き上げることになった」と明かす。

最も上乗せが大きかったのは佐賀県。これまでは最低賃金が「最下位」の一つだったが、目安を8円上回る47円（5.51％）上がり、900円に到達した。佐賀県の審議会の事務局によると、最低賃金が高い福岡県などへの働き手の流出が多く、差を縮めないといけないといった意見があったという。

1千円超の達成は大きな節目だが、これで十分とは言いがたい。金額は地域間に差があり、最も低い岩手県は893円。12県が800円台、27道県が900円台にとどまる。

物価高を加味した「最低限の生活を営むのに必要な賃金」を連合が試算したところ、単身生活者では最も低い県でも時給990円。この水準に達していない人がまだ多いと連合は分析している。

そもそも日本の最低賃金は、ほかの主要国に比べて低い状況が続く。経済協力開発機構（OECD）によると、物価を考慮した購買力平価ベースの日本の最低賃金は22年時点で8.5ドル。フランスの13.8ドル、ドイツの13.6ドル、英国の11.8ドルを下回り、韓国の9.5ドルにも抜かれている。

（経済部・三浦惇平）

## 関 連 用 語

### ◆影響率

最低賃金の引き上げに伴って、働き手のうち賃上げが必要になる人の割合を示す「影響率」が高まっている。最低賃金の大幅引き上げによって、中小零細企業にとっては負担が増している。厚労省によると、影響率は22年で19.2％。最低賃金の引き上げ率が3％を超えた16年以降、コロナ禍の20年を除いて毎年10％を超えている。

原材料などの高騰で経営が圧迫されている企業も少なくない。経営者からは大幅な引き上げが続くことへの懸念の声が上がる。最低賃金の引き上げには、企業の支払い能力を考慮することも必要だとされている。

### PLUS ONE
### 30年代半ばまでに1500円

政府目標としてきた1千円の達成を受け、岸田文雄首相は8月末に、新しい目標として「30年代半ばまでに1500円をめざす」と表明した。

500円近く積み上げる意欲的な目標には見えるが、達成時期は10年以上先だ。経済情勢が変化する可能性があるとして具体的な年ごとの目安は明らかにしていないが、仮に35年に達成できるとすれば、年約3.4％のペースで引き上げることになる。23年の引き上げよりも低い水準だ。目標設定にあたって議論が尽くされておらず、根拠が不明確だとの指摘も出ている。

# 男性育休取得率の公表

従業員1千人超を抱える大企業は、2023年4月から男性従業員の育児休業取得率を年1回公表するよう義務づけられた。企業に対して、男性が育児休業を取得しやすい職場環境の整備を促し、男女とも育児に主体的に取り組むことができるようにする狙いがある。岸田文雄政権は、男性の育休取得率を「25年度までに50％、30年度までに85％」とする目標を掲げるが、現状とは大きく開きがある。

21年6月に成立した改正育児・介護休業法によって大企業に公表が義務づけられたのは、配偶者が出産した男性従業員のうち、育児休業などを取得した人の割合。22年10月に創設された「産後パパ育休」（出生時育児休業）のほか、妻の出産前後に通院の付き添い等で利用する「配偶者出産休暇」といった休暇制度を利用した男性を含めた割合でもよい。企業は年1回、事業年度末（決算時期）からおおむね3カ月以内に公表するよう求められている。

岸田政権は23年1月、「異次元の少子化対策」〔●204ｿ〕と銘打ち、こども・子育て政策を強化する方針を示した。男性の育児参加を促すことなどを重視しており、同3月には、男性の育休取得率を「25年度までに50％、30年度までに85％」とする目標を表明した。

少子化対策の具体策を盛り込んだ「こども未来戦略方針」が同6月に閣議決定され、両親で育休を取得した場合の給付金を「手取りで10割相当」に一定期間引き上げること（現行は手取りで8割相当）や、時短勤務による賃金低下を補う給付金を創設する方針が示された。いずれも25年度からの実施をめざすとしている。

ただ、政権がめざす目標と現状には大きな開きがある。厚生労働省の調査では、22年度に育休を取得した

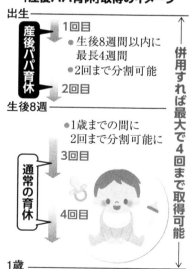

「産後パパ育休」取得のイメージ

出生

産後パパ育休
1回目
●生後8週間以内に最長4週間
●2回まで分割可能
2回目

生後8週

通常の育休
●1歳までの間に2回まで分割可能に
3回目
4回目

1歳

併用すれば最大で4回まで取得可能

男性の割合は17.13%。育休の取得期間は、21年度で女性の95%が半年以上の育休を取ったのに対し、男性は2週間未満が5割超だった。

　課題は、育休の「取得率向上」だけではない。男性が育休を取得してもほとんど家事や育児をしない、育休後は女性に家事や育児の負担が偏る、といった例が多いことも指摘されている。企業には、フレックスタイム制や短時間勤務、在宅勤務など、多様な働き方の選択肢を広げていくことが求められる。

　また、大手より人手不足が深刻な中小企業で、男性の育休取得をどう促すかも課題だ。日本商工会議所などが23年夏に実施した調査によると、育休取得対象者がいる中小企業のうち、育休を取得した男性従業員がゼロだった企業は6割を超えた。政府は、職場に気兼ねなく育休を取得できるよう、周囲の社員に応援手当などを出す中小企業への助成強化を検討しており、中小企業の取り組みも後押ししたい考えだ。

　岸田政権は少子化対策の財源捻出のため、社会保障費の歳出抑制などの検討を進める。経団連は少子化対策など社会保障政策の財源について、消費増税も「有力な選択肢の一つ」と提言している。

（経済部・高橋諒子）

## 関　連　用　語

### ◆育児・介護休業法

　21年の改正に伴い、男性の育児休業取得を後押しする制度が段階的に導入されてきた。22年4月からは、企業に対し、自身や配偶者の妊娠・出産を届け出た従業員に育児休業を取る意思があるか確認するよう義務づけた。企業から従業員に育休取得を働きかけることを促す狙い。同10月には、父親が子の生後8週間以内に最長4週間（2回に分割可能）取得できる「産後パパ育休」を新設した。また、契約社員、パートといった有期契約の働き手は1年以上働いていないと育休を取れなかったが、改正法により同4月から、1年に満たなくても取れるようになった。

### PLUS ONE
### とるだけ育休

　母親のためのQ＆Aアプリ「ママリ」を運営するコネヒト（東京都）が19年、妻508人に調査したところ、育休中の夫の家事・育児時間が1日あたり「2時間以下」という回答が32％を占めた。同社は、こうした実態を「とるだけ育休」と名づけて発表。夫婦で事前に家事、育児のやり方や役割分担などについて十分に話し合い、育休の準備をすることを提言した。

　また、企業の取得率向上を目的に、従業員が主体的に取得時期などを決められずに育休を取らされる「とらされ育休」の増加も懸念されている。

労働

# リスキリング促進と労働市場改革

政府は2023年5月、リスキリング（Reskilling＝学び直し）による成長分野への労働移動で構造的な賃上げを実現するとして、「三位一体の労働市場改革の指針」をまとめた。「リスキリングによる能力向上支援」「個々の企業の実態に応じた職務給の導入」「成長分野への労働移動の円滑化」を掲げた。学び直しに取り組む人が自己都合で退職した場合に失業給付を受け取るまでの期間を短縮するなど、転職を促す制度設計を検討する。

岸田政権は、看板政策の「新しい資本主義」で、リスキリングなど「人への投資」を増やす政策に力点を置き、構造的な賃上げをめざしている。三位一体の労働市場改革の指針はその具体策をまとめたもので、政府の経済財政運営や予算案の基本として23年6月に閣議決定された「骨太の方針」にもその内容が盛り込まれた。

学び直しのための教育訓練については、国の助成金などを企業経由で給付されるものが75％を占めるが、5年以内をメドに個人への直接給付が50％以上になるよう、支援策を拡充する。政府は、リスキリングに5年で1兆円の資金を投じると表明しており、個人の学び直し費用を政府が補助する「専門実践教育訓練」のうち、デジタル関連の講座を23年4月時点の179から、25年度末までに300以上に増やすとした。

働き手の学び直しを促すために、企業が払う休業手当を国が補助する雇用調整助成金についても見直す。休業が一定期間を超える場合は、教育訓練を求めることを原則とし、教育訓練を受けないで休業する場合には助成率を引き下げることを検討するとした。

成長分野に労働力を円滑に移動させるため、失業給付や退職金課税に関する制度の見直しも盛り込んだ。

**リスキリングとは……** Re＋Skill＋ing

デジタル化などの技術革新に対応して新しい仕事に必要なスキルを身につけること 学び直しとも

企業

従業員

研修などの機会を提供

事業変革に貢献

**学び直し** 新たな知識・技術の獲得

支援　支援

政府 成長分野への労働移動を促すねらい

他の企業への**転職も**

失業給付は離職前の賃金の5〜8割程度を、自己都合退職の場合は90〜150日間受け取れる制度だ。ただ、自己都合で退職した場合、7日間の「待期期間」に加え、原則2カ月間の給付制限期間を経ないと受け取ることができない。失業給付をあてにして短期間で会社を辞めるなどの悪用を防ぐためだ。

政府は、自己都合で退職した場合の給付制限期間を短縮し、特に退職前に学び直しに取り組んでいた場合は、解雇など会社都合で辞めた場合と同じ7日間の待期期間だけとすることを検討する。

退職金への課税については、勤続20年を超えると勤続1年あたりの控除額が40万円から70万円に増える仕組みがある。政府は「自らの選択による労働移動の円滑化を阻害しているとの指摘がある」として、税制を見直すとしている。

リスキリングが注目される背景には、デジタル化など急速な技術革新や産業構造の変化がある。政府は、デジタル分野など新たなスキルを習得してもらい、給与の高い成長産業への転職を促すことで賃金の底上げを狙う。

（経済部・北川慧一）

## 関 連 用 語

### ◆雇用調整助成金

景気の悪化や産業構造の変化などに伴う経済上の理由によって事業活動を縮小した企業などが、一時的に休業や出向などで従業員の雇用を維持する場合に、休業手当や賃金の一部などを助成する仕組み。企業などが負担した休業手当のうち中小企業は3分の2、大企業は2分の1を助成する。現在の1人あたり日額上限は8490円。第1次石油危機後に、余剰人員を抱えた企業の解雇を回避するため、前身となる雇用調整給付金を創設。2008年のリーマン・ショックなどで雇用の維持に活用された。コロナ禍の特例では、日額上限1万5千円、最大10割を助成していたが、段階的に廃止された。

### PLUS ONE
### 職能給から職務給へ

政府は、企業に「職務給」の導入を促すことで、成長分野への労働移動を進めたい考えだ。日本で主流の「職能給」は、従業員の職務を遂行する能力を評価して賃金を決めるため、年齢とともに能力が高まるという「年功賃金」の側面が強い。政府関係者は「年功賃金だと長年勤めれば将来賃金が上がると見越せるので、若手は会社を辞めづらい」と指摘する。「職務給」は、同じ職務で働く人であれば、年齢や勤続年数が違っても基本的に賃金は同じ。職務ごとに報酬を決めることで、例えば若いデジタル分野の専門人材などを企業が迎えやすくなる効果も見込む。

労働

# 技能実習制度廃止へ

政府が、日本で技術や知識を学んで自国に持ち帰ってもらうのが目的の外国人技能実習制度を解消し、新たな外国人労働者の受け入れの仕組みの創設を検討している。実習制度をめぐっては国内外で「人権侵害」との批判が絶えなかった。実習生より技能を持っている外国人を対象にした「特定技能制度」と一体運用される見込みで、非熟練労働者が工場や農家、飲食店などで働きながら定住・永住する道が広がることになる。

技能実習制度は、途上国から若者を呼び込んで技術を移転するという「国際貢献」の名目で1993年に始まった。当初は制度活用の動きは限定的だった。2000年代に入ると「いざなみ景気」（02〜08年）で受け入れ企業が続々と現れた。

08年のリーマン・ショックや11年の東日本大震災で落ち込んだものの、「アベノミクス」で外国人材の受け入れ拡大が打ち出された14年以降、急増した。政府は1988年に「単純労働者の受け入れは十分慎重に対応する」との方針を決め、堅持してきた。一方で人手不足にあえぐ中小企業は「労働力」を必要としていた。そのギャップを埋めたのが非熟練労働者である実習生だった。

日本で働いている実習生は約35万8千人（2023年6月末時点）で、外国人労働者全体の約2割を占める。出身国別ではベトナムが最も多く、過半数を超え、インドネシア、フィリピンと続く。

実習制度は地域産業の屋台骨を支えるまで定着したが、22年7月、古川禎久法相（当時）は制度の抜本改革に乗り出す考えを表明。労働力の穴埋めという実態と「国際貢献」という看板がかけ離れ、国内外で「奴隷制度」との批判が高まったためだ。

実習生は母国の人材派遣会社である「送り出し機関」から、日本の受け入れ窓口である「監理団体」を経由して、監理団体が指導・支援する

**「特定技能」1号・2号と対象分野**

| | 1号 | 2号 |
|---|---|---|
| 対象業種 | 建設<br>造船・舶用工業<br>農業<br>漁業<br>飲食料品製造<br>外食<br>ビルクリーニング<br>産業機械など製造<br>自動車整備<br>航空<br>宿泊<br>介護 | 建設<br>造船・舶用工業<br><br><br><br>9分野を<br>追加 |
| 人数<br>23年6月末時点 | 17万3089人 | 12人 |
| 在留期間 | 最長5年 | 上限なし |
| 家族帯同 | ✕ | ◯ |

**176**

企業へ移動している。

実習生は送り出し機関に多額の手数料を支払い、借金を背負って来日しているケースが多い。借金を返済しなければならない一方で、実習期間の３年は原則、他の会社に移れない。このため、長時間労働や残業代未払い、パワハラなど過酷な職場環境であっても、我慢するか、逃げ出すしかない事例が相次いだ。22年、失踪者は９千人にのぼった。

政府は同11月、技能実習制度と、技能を持つ即戦力の働き手として受け入れる「特定技能制度」の見直しを検討する有識者会議を設置。同会議は23年11月、実習制度に代わって「人材確保」と「人材育成」を目的とする新制度「育成就労」（仮称）を創設し、特定技能制度と一体運用する案などを盛り込んだ最終報告書をまとめた。特定技能は19年に導入され、23年６月末現在で約17万３千人。

これから新制度で働く外国人が特定技能にスムーズに移行できるよう対象の産業分野を広げ、特定技能にない分野は新制度での受け入れはできなくなる。特定技能は転籍が認められているのに対して、新制度の外国人は制限がある。

最終報告を踏まえ、出入国在留管理庁と厚生労働省は早ければ24年の通常国会に関連法案を提出する。

（経済部・織田一）

## 関　連　用　語

### ◆在留資格

外国人が日本で滞在し、活動するために必要な資格。活動の内容や身分によって分類されており29種類ある。出入国管理及び難民認定法で定められている。

「就労」の観点からみると①「永住者」「日本人の配偶者等」など制限がなく働くことができる②「技術・人文知識・国際業務」「技能実習」など在留資格で認められた範囲で就労できる③「短期滞在」「留学」など原則として就労できない、の三つに分けられる。23年６月末現在、最多は約88万人の永住者で、技能実習が次ぐ。

### ◆特定産業分野

特定技能には、飲食料品製造、建設、農業、介護など12の人手不足の産業分野で「相当程度の知識または経験」が求められる特定技能１号と、介護を除く11分野で「熟練した技能」まで必要とする特定技能２号がある。２号は１号からのステップアップを想定。１号は在留期間が最長５年で、家族の帯同は基本的に認められていない。２号は在留期間の更新に制限がなく、日本での永住につながる。家族の帯同もできる。２号の分野拡大で、非熟練の外国人労働者が新制度、１号を経て日本に永住や定住するルートが整った。

労働

# フリーランス新法成立

フリーランス（個人事業主）を守るための新しい法律が、2023年4月に成立した。フリーランスは、会社に雇われるのではなく、業務委託や請負などの契約で働いている。原則として労働関係法令で守られてはいないため、労働時間や賃金などの規制がかからない。一方的に条件を変更されるなど、契約にかかわるトラブルも多い。新法はフリーランスの保護が進むきっかけになる可能性がある。

新法の正式名称は「特定受託事業者に係る取引の適正化等に関する法律」。企業などと業務委託契約や請負契約を結んでいるフリーランスを「特定受託事業者」として、保護の対象にする。関連する指針を決めて、24年秋までに施行される見通しだ。

フリーランスは会社に雇われるのではなく、1人で事業を営む個人事業主のことをいう。政府の20年調査によると、国内に推計462万人（本業214万人、副業248万人）いる。

どの程度の仕事を引き受けるか、どこでいつ働くか。これらを自分の裁量で決められることが、雇われて働く場合と違うフリーランスの長所だとされている。

一方で、リスクやトラブルはある。多いのは、最初の約束通りに報酬が支払われなかったり、途中で最初と違う条件を追加されたりする取引上のトラブルだ。発注元からハラスメントを受けることもある。仕事が原因でけがをしたり病気になったりし

ても、原則として労災保険の対象にはならない。仕事がなくて生活に困っても、失業手当をもらうことはできない。

フリーランスも、独占禁止法や下請法の保護対象になるが、取引先が一定規模以上の会社の場合に限られるなど限界があった。実際の働き方が雇われているのと同じだと判断されれば、労働関係法令で守られるが、そうでなければ対象外だ。

こうした狭間にあるフリーランスを正面から保護対象にしたのが、新法の大きな意義だ。

## フリーランス新法の骨子

| | |
|---|---|
| 仕事を発注する事業者の義務 | 業務内容や報酬額を書面かメールなどで明示する |
| | 報酬は仕事をした後、60日以内に支払う |
| | 報酬を著しく低くしたり、理由なく減額したりしない |
| | ハラスメント行為に対応する体制を整備する |
| | 出産・育児や介護との両立に向け、就業条件を配慮する |
| 違反した事業者への対応 | 行政が指導や勧告、命令などを行う |
| | フリーランスは、違反を国の行政機関に申告できる |

新法の柱は①取引の適正化と②就業環境の整備、の2点。

取引の適正化では、まず、契約時に業務内容や報酬額を書面やメールなどで明示するよう発注者に義務づける。報酬を相場よりも著しく低くすることや、契約後に不当に減額することは禁止する。発注した仕事の成果を受け取った日から60日以内に報酬を支払うことも義務化する。

就業環境の整備では、発注者に対し、フリーランスの育児・介護に配慮することや、ハラスメント行為に関する相談体制の整備を義務づける。一定期間続く取引の場合、契約の途中で解除したり、更新しなかったりする場合には、そのことを少なくとも30日前までに予告しなければならない。

違反した事業者には、公正取引委員会や厚生労働相らが指導や命令などを行う。悪質な場合は50万円以下の罰金がある。フリーランスのトラブルに対応するための窓口も整備されることになっている。

新法以外にも、雇用労働者以外でも労災保険の対象になる特別加入制度を拡大するなど、フリーランスを守る施策が打たれている。特別加入の保険料は自己負担。ただ、社会保障制度の議論は手つかずだ。

（編集委員・澤路毅彦）

## 関 連 用 語

### ◆ギグワーカー

主にインターネットを通じて、単発の仕事を一時的に請け負う働き方のことをいう。「ギグ」は音楽用語で、ライブハウスなどでゲストとして一時的に演奏に参加することを意味した。それが、単発の働き方を指す言葉として使われるようになった。大半が個人事業主で、自由な働き方が魅力だが、けがをしたときの補償は乏しい。一方的に契約を打ち切られるという指摘もある。

ギグワーカーに頼る代表的企業がウーバー。個人が運送を請け負うサービスで、日本でも飲食の宅配を代行するウーバーイーツを展開している。

### PLUS ONE アマゾン配達員の労災認定

ネット通販大手「アマゾン」の配達を担うフリーランスの男性が仕事中にけがをしたことが23年9月、労働災害に認定された。男性は、アマゾンから委託されている運送会社と業務委託契約を結んでいた。

労災は、正社員に限らずパートタイムなど雇用契約を結んでいる人はすべて対象になる。フリーランスは原則として外れるが、実態が雇用労働者と同じなら対象になる。

男性は、アマゾンのアプリを通じて配達先や労働時間が管理されていたなどとして、実態は雇用だと主張していた。

労働

# 広がる教育DX

コロナ禍に学校の通信環境を整え、全国の小中学生に1人1台ずつタブレットなどの情報端末を配る国の「GIGAスクール構想」が本格的にスタートして3年目。自治体、学校、学級ごとの活用の差はまだあるが、クラス全体に知識伝達する一斉授業から、それぞれの子が適した内容を学び議論する授業スタイルへ変える学校も出てきた。生成AIやARの活用など「教育DX」の広がりで学び方も変わりつつある。

「ほぼ毎日」または「週3回以上」、授業でタブレット端末などを使ったと答えた小6、中3はいずれも6割を超えた——。

文部科学省「全国学力・学習状況調査」の2023年度のアンケート結果だ。「週1回以上」を含むと小6、中3とも約9割が活用している。端末の家庭への持ち帰りも、「毎日持ち帰って、毎日利用させている」または「毎日持ち帰って、時々利用」と答えた小学校が33%、中学校が42%。「時々持ち帰って、時々利用」も入れると小中ともに約8割で、2年前の4倍前後に増えた。

ただ、授業以外で平日1日当たり30分以上端末を勉強に使っている小6は4割、中3は3割。小6、中3とも3割は「全く使っていない」としている。「端末は学校だけでなく家庭での学びにも活用するもの」という意識が、学校にも児童生徒にも乏しい点を指摘する人もいる。

◎

## タブレット端末などをどの程度家庭で利用できるようにしているか

学校回答。21年度は「臨時休校などの非常時のみ、持ち帰る」の選択肢がなく、「まだ配備されていない」があった。
文部科学省の全国学力・学習状況調査から。
「その他、無回答」を除く

| | 毎日持ち帰り、毎日利用 | 毎日持ち帰り、時々利用 | 時々持ち帰り、時々利用 | 持ち帰らせていない | 臨時休校などの非常時のみ、持ち帰る | 持ち帰ってはいけないこととしている | まだ配備されていない |
|---|---|---|---|---|---|---|---|
| 小学校 2021年度 | 3.4% | 3.5 | 13.8 | 54.5 | | | 13.5 | 11.4 |
| 小学校 22 | 14.3 | 13.1 | 39.3 | 11.2 | 3.1 | | 18.9 |
| 小学校 23 | 18.7 | 13.9 | 48.6 | 8.1 | 1.5 | | 9.2 |
| 中学校 2021年度 | 6.0 | 4.1 | 11.9 | 50.9 | | | 15.6 | 11.4 |
| 中学校 22 | 18.2 | 14.6 | 29.3 | 13.5 | 3.9 | | 20.4 |
| 中学校 23 | 23.5 | 18.4 | 35.0 | 10.2 | 2.3 | | 10.5 |

算数の問題について、デジタル教科書を活用して議論する6年生の児童＝23年7月、愛知県春日井市

だが、学校現場の「教育DX」の流れは確実に加速している。

文科省は、24年度から学習者用デジタル教科書の本格導入をめざし、実証事業として、23年度は希望する学校の小5〜中3に、英語と算数・数学のデジタル教科書を無償提供した。デジタル教材を導入する自治体も少なくない。

授業形式にも変化が見える。教師が全員に教える一斉授業から、子どもが個々に端末を活用して学んだりグループで協働したりする授業に転換する学校が出てきている。また、AR（拡張現実）やVR（仮想現実）を使ってイメージする体育、生成AI〔●158ジ〕を使った国語などの授業も各地で展開されるようになった。

データの利活用も進む。23年度、中3の英語「話すこと」の学力調査が初めて、生徒の端末から、公的なCBTプラットフォーム「MEXCBT」につないで試行された。経由する「学習eポータル」は、デジタル教材などとも連携してデータも取れるものだ。学習データなどが一覧で見られる「教育ダッシュボード」も広がっている。

教育DXが進む中で課題となるのは、データをどう取り、どんな形で活用するかだ。デジタル化が遅れる日本で、個人情報保護や子どもの人権を守る制度づくりが求められる。

（編集委員・宮坂麻子）

## 関 連 用 語

### ◆教育ダッシュボード

各地の自治体や学校で、児童生徒に関する情報を「カルテ」のように可視化する教育用の「ダッシュボード」と呼ばれる仕組みを導入する動きも広がってきた。データを集約して可視化し、情報を把握しやすくするツールだ。出欠状況や保健室への来室記録、学習履歴や調査回答などを「個人カルテ」のように画面上で見られるようにしたり、学級、学年ごとのデータをグラフや表で示したりして、指導に役立てる。子どもの変化やトラブルなどの早期発見につなげる狙いがある半面、データの扱いには懸念の声もある。

### ◆学習eポータル

「学習eポータル」は23年度までに大半の自治体が導入した。「日本の初等中等教育（学校教育）に適した共通で必要な学習管理機能を備えたソフトウェアシステム」として文科省が推奨。各種デジタル教材などがこのeポータルと連携していることで、児童生徒は一つ一つ違うIDやパスワードを入力しなくてもサインオンして使える。互換性のあるデータで可視化やデータ活用も容易に。全国学力・学習状況調査でも使われる公的CBTプラットフォーム「MEXCBT」への接続もeポータルを介することが不可欠だ。

教育

# 深刻化する教員不足

全国の公立学校で、産育休や病休などで教員に欠員が生じ、その代役が確保できない「教員不足」が深刻化している。朝日新聞の集計では2023年4月時点で、全国で1494人が不足し、副校長が代わりに授業をしたり、自習になったりするケースが相次ぐ。職員室からは余裕が失われ、大卒1年目を中心とする新任教諭が1年以内に辞めるケースも増えている。子どもの学習に影響しかねず、働き方改革の必要性は高まる一方だ。

文部科学省によると、教員不足とは、公立学校に配置されている教員数が教育委員会が本来配置するべき数を満たさず、欠員が生じることを指す。年度初めに転入などで急遽学級を増やす必要がある場合や、正規教員が産育休、病休に入る場合、任期付きの非正規教員が代役を果たすが、近年、なり手不足で補充できないことが頻発している。

朝日新聞が、教員人事権のある47都道府県教委と20政令指定市教委など68機関を対象に、23年4月の教員不足の状況を取材したところ、判明しただけで34機関で小中高、特別支援学校のいずれかに計1494人の欠員が生じていた。

文科省の調査では、23年4月と前年同月を比べて公立の小中高で教員不足が「悪化した」と回答した機関は43％にのぼった。「改善した」は16％にとどまった。

首都圏のある小学校では、4月の始業式から担任が発表できなかった。

記者会見で長時間労働の解決やなり手不足の解消に向けた緊急提言を発表する大学教授ら＝2023年5月、東京・霞が関

このクラスの授業は専科の教員や教頭が交代で担当したが、やむをえず自習にする時間もあった。担任不在の学級と別の学級をまとめて70人で体育の授業をすることもあった。担当した教員は「人数が多くて指示が行き届かなかった」と話す。

◎

なり手不足の中、正規採用されたばかりの新任教諭が1年以内に辞めるケースが増えていることも、教員不足に拍車をかけている。

文科省の全国調査では、1年以内

の新任教諭の退職者数は21年度で計539人。このうち精神疾患で辞めたのは197人で、データのある09年度以降で最多となった。18年度調査（19、20年度は新型コロナの影響で調査せず）と比べると、精神疾患は104人からほぼ倍増した。

22年度も東京都の新任教諭2429人のうち4.4％に当たる108人が退職しており、割合が過去10年間で最高となるなど、増加している地域も目立った。文科省は「若手への支援が不十分になっている可能性がある」として、メンタルヘルス対策を強化す

## 公立学校で1年以内に辞めた新任教諭の数と割合の推移

文部科学省の「人事行政状況調査」から。2019、20年度は調査せず

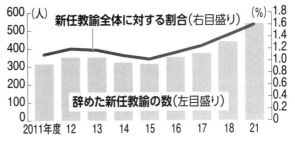

る自治体に財政支援をする事業を始めた。

ただ、抜本的な解決には教員の仕事を大きく減らす働き方改革が不可欠だ。学校の取り組みも進みつつあるが、文科省をはじめとする行政のさらなる後押しが不可欠な状況だ。

（社会部・高浜行人）

---

### 関 連 用 語

#### ◆ペーパーティーチャー

産育休や病休を取る正規教員の代役の担い手を増やし、教員不足を軽減するために各教育委員会が取り組むのが、「ペーパーティーチャー」への働きかけだ。教員免許を持ちながら教壇に立ったことがないか経験が乏しい人を指す。こうした人を対象とするセミナーを開き、久しぶりまたは初めて教えるに当たっての不安について相談に乗ったり、待遇を説明したりしている。セミナー参加者が実際に教員になるケースがあるなど成果も出ているが、教壇に立つ意欲も時間もある人はそう多くないなど限界もある。

#### ◆精神疾患による休職増

精神疾患によって追い詰められているのは新任教諭だけではない。21年度に精神疾患で病気休職または連続1カ月以上の病気休暇を取った公立学校の教職員は、1万944人と初めて1万人を超えた。うち20代は2794人で、この年代の在職者に占める割合は1.87％だった。30代は2859人で1.36％、40代は2437人で1.27％。50代以上の0.92％と比べると若い世代で目立った。文科省によると、40代の中堅が、採用数が少なかったため層が薄く、悩みを抱える20〜30代を支えるのが難しくなっているという。

教育

# 日本版DBS

子どもと接する職場に、従業員の性犯罪歴を確認させ、就労を制限する——。子どもが性犯罪に巻き込まれる事件が相次ぐ中、政府は「日本版DBS」とも呼ばれる新制度の創設に取り組んでいる。だが、確認を義務化する対象の範囲などをめぐって議論は紛糾。当初予定していた2023年秋の臨時国会への法案提出は見送られた。政府は仕切り直したうえで、24年の通常国会提出を念頭に置いて準備を進めている。

子どもの性被害は後を絶たず、政府が21年に閣議決定した子ども政策の基本方針などに新制度の必要性が盛り込まれた。こども家庭庁〔●208ページ〕は有識者会議を設置。23年9月に報告書をまとめ、制度設計に入った。

ポイントは二つ。①どのような職場で性犯罪歴の確認結果を活用するのか、②どう就労制限につなげるか——だ。

学校、認定こども園、保育所などは、性犯罪歴の確認を義務化する方針。ただ、認可外保育所や放課後児童クラブ（学童保育）、学習塾などは、政府が犯歴確認のお墨付きを与える「認定制度」の対象とする方向だ。

就労制限は、「職業選択の自由」との整合性などを考える必要がある。政府は「性犯罪歴のある人の就労を禁じる」といった強い規制は難しいと判断。仮に雇う場合でも、子どもに関わらない業務に配置転換させるなど、安全確保措置を講じて報告させる仕組みとする。

新制度が「日本版DBS」と呼ばれるのは、イギリスの「DBS（Disclosure and Barring Service）」を参考にしているからだ。ほかに、ドイツやフランスなどでも犯歴照会の制度がある。ただ、内容や規制の強さは様々で、日本の法制度などと照らし合わせた設計にした。

与党内には「確認の義務化の範囲を拡大すべきだ」といった声も根強く、調整時間が必要と判断。臨時国会への提出を見送った。

（くらし報道部・高橋健次郎）

**性犯罪歴を確認するイメージ**

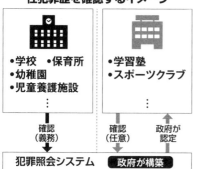

- 学校 ・保育所
- 幼稚園
- 児童養護施設
  ⋮

- 学習塾
- スポーツクラブ
  ⋮

確認（義務）　　確認（任意）　政府が認定

犯罪照会システム　　政府が構築

# 新たな修学支援制度

　2024年度から、高等教育段階で新たな三つの修学支援制度が始まる。一つ目は、修学支援新制度の対象拡大。二つ目は、授業料後払い制度の新設。三つ目は、貸与型奨学金の減額返還制度の見直しだ。23年６月の「経済財政運営と改革の基本方針（骨太の方針）」にも盛り込まれた。22年の教育未来創造会議の第１次提言の中にも、中間層への支援拡大や、ライフイベントに応じた柔軟な返還の仕組みの創設が掲げられていた。

　修学支援新制度は、入学金や授業料の減免と給付型奨学金からなる。20年度から世帯年収380万円未満の低所得世帯向けに始まった。これを、年収600万円程度までの世帯のうち、扶養する子どもが３人以上いる多子世帯と、私立校の理工農系で学ぶ学生がいる世帯に広げる。

　支援額は、多子世帯は最大で約40万円、理工農系の学生がいる世帯は、私立大生であれば約30万円となる見込み。新たに約20万人が対象となるという。

　授業料後払い制度は、在学中の授業料の一部を国が肩代わりし、後で年収に応じて納付する制度。対象は大学院修士課程の学生で、本人の年収が約300万円未満の場合に限る。修士課程修了後、年収が一定額を超えるまでは最低額を納付し、一定額を超えると、年収に応じて月々の納付額が増えていく仕組みとなっている。本格的な納付が始まるのは、単身だと年収300万円程度。ただし、

## 骨太の方針で示された修学支援制度

**1. 修学支援新制度の対象拡大**
年収600万円程度までの**多子世帯や理工農系の学生がいる世帯にも広げる**

**2. 授業料後払い制度の新設**

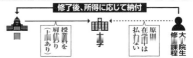
修了後、所得に応じて納付

**3. 貸与型奨学金の減額返還制度の見直し**

| 制度を利用するための年収要件 | 現在 | 子どもの人数 | 24年度以降 |
|---|---|---|---|
| | 325万円以下 | 1人以下or単身世帯 | 400万円以下 |
| | 扶養家族がいる場合は、1人につき38万円を控除した額 | 2人 | 500万円以下 |
| | | 3人以上 | 600万円以下 |

扶養する子どもがいれば、納付が始まる年収は引き上がる。

　日本学生支援機構の貸与型奨学金では、災害や経済的な理由で返還が難しくなった場合、月々の返還額を減額することができる。経済的理由の場合、制度を利用する条件は年収が325万円以下の場合。これを年収400万円以下に緩和する。減額の幅も、２分の１か３分の１の２択だったものに、３分の２、４分の１も加えて４択とする。返還する総額は変わらない。　　（社会部・山本知佳）

教育

# 国際卓越研究大学

　国の支援を受けて世界トップレベルの研究力をめざす「国際卓越研究大学」の初めての認定候補に、東北大が唯一選ばれた。有力視されていた東京大や京都大は「落選」した。選定に当たった政府の有識者会議は東北大について、大学の変革に向けた計画と戦略が明確だと高く評価した。さらに計画を磨き上げて正式に認定されれば、政府が作った10兆円規模の「大学ファンド」から2024年度以降、毎年数百億円の支援を受ける。

　低迷が続く日本の研究力の底上げを狙って、政府が巨額の資金を投じて国際競争力のある大学づくりを後押しする制度がスタートした。22年に支援の仕組みを定めた国際卓越研究大学法が成立。同12月から23年３月に行われた初めての公募には、大阪大や九州大、早稲田大など国立と私立の10大学が応募した。

　審査は、①国際的に卓越した成果を出せる研究力②年３％の成長につながる意欲的な事業・財務戦略③自律と責任のあるガバナンス体制、の３点をポイントに進められた。書類審査や面接のほか、東北大、東大、京大については現地視察も行った。

　東北大の提案書には、仙台市にあるキャンパスで整備中の次世代放射光施設「ナノテラス」を使って、産業界とも連携して最先端の研究を進めることや、世界トップクラスの研究者らで構成する「研究戦略ボード」を置くといった計画が盛り込まれている。質の高い論文数の増加や、外国人研究者・留学生の比率などの向上にも、具体的な数値目標をあげた。こうした点を有識者会議は、「改革の理念が組織に浸透している」と評価した。

　一方で、研究力を向上させる道筋など、不十分な点もあると指摘された。今後、

**国際卓越研究大学とは**

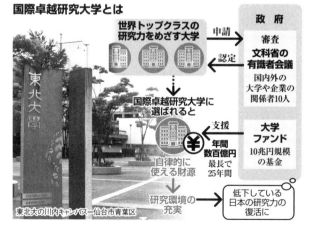

東北大の川内キャンパス＝仙台市青葉区

正式に認定されるには、有識者会議と計画を磨き上げて問題点を解決する必要がある。最初の24年度は100億円前後、その後は外部資金の獲得状況などの実績に応じた金額が、最大25年間にわたり支給される。

◎

多くの人が驚いたのは、研究力を重視する「世界大学ランキング」では東北大より上位の東大と京大が落選したことだ。有識者会議は両大学について、「構想の具体的内容を学内の多くの構成員が共有し、全学として推進する」体制になっていないと指摘した。

東大や京大は、伝統的に各学部の独自性が強いとされる。そうした点が発展の原動力となってきた面はある。だが、今回の有識者会議では、トップの意向で一斉に大学を変革できる体制となっていないとして、低評価の原因となったようだ。

東大や京大の関係者には、不満が高まっている。「政府が求める大学改革の手法を押し売りしているようだ」との声や、「大学ファンドはもうやめよう」との声まで漏れている。

文部科学省は24年度中に、2回目の公募を行う方針だ。今回の選定結果を受け、東大や京大など初回に落選した大学や、今回は不参加だった北海道大や慶応義塾大などの有力大学がどのくらい応募するのか注目される。　　　　（編集委員・増谷文生）

---

## 関 連 用 語

### ◆大学ファンド

政府は日本経済を再び成長させるには、イノベーション（技術革新）が欠かせないと考えている。だが、その前提となる研究力が低下している。財政難で研究予算の大幅な増額は難しいため、少数の大学に集中的に資金を配る仕組みが考えられた。それが、財政投融資を主な原資とした10兆円規模の基金「大学ファンド」だ。巨額のお金を運用することで生まれた利益から、毎年3千億円を上限に、数校の国際卓越研究大学に数百億円ずつ配る予定だ。ただし、運用益が十分に確保できない場合は、支援額が目減りする可能性もある。

### ◆注目度高い論文数、日本13位

文科省は23年8月、注目度の高い論文数の国別順位で、日本は前回より順位を一つ下げて13位だったと発表した。他の論文で引用された回数が上位10％に入る論文、いわゆる「トップ10％論文」の数は、その国の研究力を測る有力な指標だ。今回はイランに抜かれて13位と、過去最低となった。

今回は「トップ1％論文数」でもスペインと韓国に抜かれ、10位から12位に後退した。日本は00年代半ばまではトップ5を維持していたが、それ以降は後退が続いている。論文の総数では、前回と同じ5位だった。

# 増える公立大

　都道府県や市などが設置する公立大が2023年、100校に達した。86校ある国立大よりも多い。少子化が進む中でも、地方都市を中心に全国各地で設置が続いており、この30年で約３倍に増えた。私立大よりも学費が安いため、学生や保護者の人気は高い。全国から志願者を集め、地域活性化に寄与する大学も多い。ただ、少子化は今後も続く。教育内容などで特色をアピールできないと、公立大といえども学生確保は楽観できない。

　少子化が進むのと対照的に、日本の大学は増え続けてきた。戦後間もない1949年に新制大学が発足した直後の1950年は201校だったが、2023年は810校まで増えた。特に私立大の伸びは大きく、同じ期間に105校から622校まで増えた。

　公立大は戦後、30校程度で推移していた。潮目が変わったのは90年代。高齢化対策として、看護師の確保を自治体の責務とする法律が92年にできたことがきっかけだ。その名残で、現在の公立大の約半数に、看護・保健医療系の学部がある。

　バブル後の景気回復をめざし、国が地方に経済対策として多くの予算を投下した影響もあった。就職環境の悪化で進学を希望する高校生が増えたため、その受け皿としても各地に公立大が設置された。

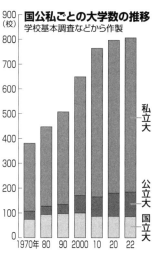

**国公私ごとの大学数の推移**
(校) 学校基本調査などから作製

私立大
公立大
国立大

1970年 80 90 2000 10 20 22

　公立大の特徴の一つは、学費の安さだ。授業料は国立大の標準額（現在は年約54万円）と同じケースが多い。小規模自治体でもそれが可能なのは、公立大を設置する自治体には、国から学生数などに応じて交付金が配られるからだ。22年度に自治体が99の公立大に配った運営費交付金の総額は、約2200億円にのぼる。自治体によって、国から配られた交付金に上積みしたり、削減したりするケースがある。

　近年は、入学者が定員を満たせずに定員割れが続く私立大を、地元の自治体が引き受けて公立化するケースが目立つ。大学とともに若者が姿を消せば、地域の活気が失われ、衰退が進むことが懸念されるためだ。

地方私立大の多くは、少子化に加え、大規模私立大の拡大志向などの影響を受け、学生集めに苦労している。23年春、入学者が定員を満たせなかった私立大は53％に達した。

09年に初めて高知工科大が変更して以降、23年春にできた旭川市立大まで、公立化された元私大は12校にのぼる。多くの場合、公立化後は、学費の安さにひかれて全国から学生が集まり、定員を満たしている。

だが、公立大も安泰ではない。少子化は都市部以上に地方で深刻で、教育や研究、地域貢献などで特色を出していかないと、他地域から学生を集め続けることはできない。また、増え続けてきたことで、他の公立大や近隣の私立大と教育内容などが競合するなどして、志願者を奪い合うケースも増えていくとみられる。

地域課題の解決や、学び直したい社会人の積極的な受け入れなど、公立大も社会のニーズを踏まえて、教育や研究の改革に向け努力を続ける必要がある。

（編集委員・増谷文生）

## 関 連 用 語

### ◆相次ぐ私立大の公立化

私立大だった高知工科大が09年に初めて公立化されて14年。23年春、12例目の公立化が実現した。半世紀余り続いた旭川大が、旭川市立大となった。近年は定員割れが続いていたため、運営する学校法人が市に公立化を求め続けていた。これで公立大は100校に到達した。公立大になると、地元以外から広く学生を集めるようになったり、地域貢献に積極的になったりして、地方の活性化につながるケースもある。一方、低迷する私立大の公立化には、「退場すべき大学を、税金で延命させているのではないか」といった批判もある。

### ◆私立大の過半数が定員割れ

入学者が募集定員を満たせない「定員割れ」の私立大が23年、初めて半数を超え、53％に達した。地方

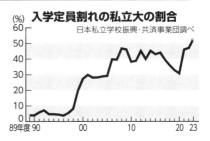

**入学定員割れの私立大の割合**

日本私立学校振興・共済事業団調べ

の小規模大を中心に、急激に進む少子化が直撃している。さらに大規模大学を中心に科されていた定員超過への厳しいペナルティーが緩和された影響や、コロナ禍が収まり再び大都市の有名大志向が強まった影響も重なった。私立大は、収入の平均8割を学生が納める授業料などが占める。大幅な定員割れが続いて経営が悪化し、突然閉鎖する事態に陥らないように、文部科学省は他大学との再編・統合を促す仕組みを作るなどしている。

教育

# 彦根城、世界遺産「事前評価」へ

文化庁は2023年9月、彦根城（滋賀県彦根市）の世界遺産登録をめざし、ユネスコ（国連教育科学文化機関）に「事前評価」の申請書を提出した。事前評価は、各国が推薦書を出す前にユネスコの諮問機関イコモス（国際記念物遺跡会議）から技術的・専門的な助言を受ける制度。イコモスとの対話を通じて推薦書の質を高めることを目的に23年から試験的に導入された。国内では彦根城が初めての例となる。評価結果は24年10月1日までに通知され、推薦はその後になるため、世界遺産登録は最短で27年。ただし、評価次第では事実上の「門前払い」の可能性もある。

彦根城が事前評価を受ける背景には、その不遇な30年余がある。

世界遺産になるには、前段階として各国政府が暫定リストに載せる必要がある。彦根城は、日本が世界遺産条約を批准した1992年にほかの物件とともに掲載されたが、いまだに候補のままなのだ。この間、国内では後から載った物件を含めて25件の世界遺産が誕生している。

「万年候補」の最大の理由は、姫路城だ。似た物件の登録は難しく、「人類の創造的才能を表す傑作」と評価された優美な姿が壁になった。

地元では長い間、姫路城との差別化に苦慮してきたが、2020年に「世界的にもユニークな江戸時代の統治の仕組みを示す城」という価値に到達した。国宝の天守だけでなく、堀や石垣、重臣屋敷、国名勝の庭園などの考古学的な遺構がそろって保存されている国内唯一の例として、彦根城だけで、200年以上安定した社会を続けた江戸時代に果たした城の役割を説明できるとした。

ただ、その価値は少々難解だ。世

| 日本の世界遺産 物件名（登録年） | 文化遺産 | ・法隆寺地域の仏教建造物（1993年）<br>・姫路城（93年）<br>・古都京都の文化財（94年）<br>・白川郷・五箇山の合掌造り集落（95年）<br>・原爆ドーム（96年）<br>・厳島神社（96年）<br>・古都奈良の文化財（98年）<br>・日光の社寺（99年）<br>・琉球王国のグスク及び関連遺産群（2000年）<br>・紀伊山地の霊場と参詣道（04年） | ・石見銀山遺跡とその文化的景観（07年）<br>・平泉——仏国土（浄土）を表す建築・庭園及び考古学的遺跡群（11年）<br>・富士山——信仰の対象と芸術の源泉（13年）<br>・富岡製糸場と絹産業遺産群（14年）<br>・明治日本の産業革命遺産　製鉄・製鋼、造船、石炭産業（15年）<br>・ル・コルビュジエの建築作品——近代建築運動への顕著な貢献（16年）<br>・「神宿る島」宗像・沖ノ島と関連遺産群（17年）<br>・長崎と天草地方の潜伏キリシタン関連遺産（18年）<br>・百舌鳥・古市古墳群——古代日本の墳墓群（19年）<br>・北海道・北東北の縄文遺跡群（21年） |
| | 自然遺産 | ・屋久島（93年）・白神山地（93年）・知床（05年）・小笠原諸島（11年）<br>・奄美大島、徳之島、沖縄島北部及び西表島（21年） | …1992年に「暫定リスト」に載った物件 |

界遺産の国内推薦候補を決める文化審議会の部会は、価値づけの方向性は認めつつも、推薦までには至っていないと判断。イコモスの助言を仰ぐほうがよいとし、23年7月に事前評価の活用を勧め、地元も同意した。

◎

ユネスコが事前評価を始める背景には、世界遺産の多様化がある。1978年に登録が始まった初期はエジプトのピラミッドなど著名な物件が名を連ねたが、2023年の段階で登録数は1199件。近年は、推薦国以外ではその価値がわかりづらい物件も増えてきた。イコモスによる調査で登録にはまだ不十分と判断された物件が、その後の世界遺産委員会で逆転登録となるケースも目立つ。

事前評価は、推薦国とイコモスとの対話を深め、各物件をより質の高い状態で世界遺産に登録するのが狙いだ。27年に推薦する物件からは、事前評価が義務化される。

決定打を欠いていた彦根城にとっては、事前評価は現状を打開する

## 彦根城の歴史

| 1604年 | 彦根城の築城開始 |
|---|---|
| 1606年 | 彦根城天守が完成 |
| 1878年 | 彦根城の解体決定。その後に中止 |
| 1952年 | 天守などを国宝に指定 |
| 1956年 | 彦根城跡を特別史跡に指定 |
| 1992年 | 世界遺産暫定リストに掲載 |
| 2023年 | 事前評価を申請 |
| 2027年 | 世界遺産に登録? |

「渡りに船」となるが、一方で「もろ刃の剣」でもある。推薦内容のブラッシュアップが期待される一方、価値が認められない恐れもあるからだ。文化審議会は「事前評価次第で、推薦の可否も検討する」としている。

また、すでに推薦されている「佐渡島の金山」（新潟県）は24年の登録をめざす。彦根城と同様に推薦前の段階の「飛鳥・藤原の宮都とその関連資産群」（奈良県）は事前評価制度を使わずに、24年の国内推薦、26年の登録を目標にしている。

（文化部・筒井次郎）

## 関連用語

### ◆円珍文書が「世界の記憶」に

ユネスコは23年5月、世界の重要な文書を対象とする「世界の記憶」に、三井寺（園城寺、大津市）などが所蔵する史料群「智証大師円珍関係文書典籍―日本・中国の文化交流史―」を登録した。日本に関連する「世界の記憶」の国際登録は8件目（地域登録も1件ある）。

平安前期に唐へ渡り、密教の教えを日本にもたらした高僧・円珍（814～891）に関する国宝4件（史料は計56件）からなる。中でも留学先の唐で発給された過所（通行許可書）は世界唯一の完全な形での現存例で、唐の法制度を示す貴重な史料という。

# 準備難航する大阪・関西万博

大阪・関西万博が2025年4〜10月、大阪市の人工島・夢洲<sup>ゆめしま</sup>で開かれる。大阪での大規模な万博は約半世紀ぶり。経済効果に期待する声もあるが、準備では混乱が起きている。運営主体の日本国際博覧会協会（万博協会）は23年10月、会場建設費が最大2350億円になる見通しを発表。当初想定の約1.9倍で、国民負担が膨らむ。「万博の華」と言われる各国独自のパビリオンの建設も想定通りに進んでいない。

会場建設費は当初、05年愛知万博でかかった費用をもとに1250億円と想定した。だが20年12月、暑さ対策や展示の拡充などにより、1850億円に増やした。それから3年も経たず、最大2350億円まで上ぶれする。

2回目の増額は、物価上昇が主な要因という。資材価格が443億円、労務単価が84億円上がり、130億円の予備費も積んだ。会場デザインの見直しなどで157億円を圧縮したが、全体では500億円増える。

建設費は国、大阪府市、経済界が3等分で負担することが閣議了解されているため、全体の3分の2が公費負担となる。

一方、各国が自前で建てる「タイプA」のパビリオンは、建設の遅れが指摘された。60カ国による計56施設（北欧5カ国は共同で1施設）の出展を見込んだが、建設業界の人手不足や資材高騰の影響で、工事を担うゼネコンとの契約が難航した。

万博協会は23年8月、日本側がパビリオンを「建て売り」し、各国が内外装を手がける「タイプX」へ移行する選択肢を示した。各国がゼネコンを探す手間を省き、工期も短縮する狙いがあった。タイプAからXに転換する場合の締め切りを8月末に設定したが、各国の反応は鈍く、11月中旬時点ではタイプXへの移行を表明したのは2カ国のみだ。

（大阪本社ネットワーク報道本部・箱谷真司）

## 空飛ぶクルマ

明確な定義はないが、「電動」「自動運転」「垂直離着陸」を兼ね備えた、次世代の空の移動手段。陸路を走れるわけではなく、形も様々だ。万博の「目玉」の一つとされ、お金を取って人を乗せる「商用運航」を日本で初めて実現したい考えだ。関西空港やユニバーサル・スタジオ・ジャパン付近など4地点と夢洲の間を空飛ぶクルマで行き来することを計画している。

# 国立科学博物館のクラウドファンディング

東京・上野にある国立科学博物館（科博）が、光熱費の高騰などで苦境に陥った。2023年8月、標本や資料を収集・保管する費用に充てるため、クラウドファンディング（CF）を始めると、目標の1億円を上回る9億円超もの支援が集まった。収入源の多様化が求められる博物館にとって意義のある取り組みになった一方で、標本の保管といった基本的な機能の維持が、国内最大級の博物館ですら難しくなっているという現実があらわになった。

国立科学博物館

科博では、新型コロナウイルスの影響で20年度の入館者数が前年の2割まで減少。さらに、22年2月のウクライナ危機の影響による光熱費の高騰がのしかかった〔●36ページ〕。23年度の光熱費は19年前と比べて約3倍になる見込みとなり、CFに踏み切った。約3カ月の募集で約5.7万人から約9.2億円の支援が集まった。

科博が所有するコレクションの数は約500万点。毎年約8万点ずつ増加している。茨城県つくば市の収蔵庫ではコレクションが傷まないように適切な温度や湿度を保つ必要があり、節電は難しい。

科博によると、全体の運営費用のうち約8割が国からの運営費交付金、残りが入館料などの自己収入という。01年の独立行政法人化以降、運営費交付金は徐々に減少。独法化によって業務の自由裁量が認められた一方で、資金集めに苦労しているのが現状だという。

篠田謙一館長は「標本は過去にさかのぼって集めることはできない。コレクションを増やして、きちんと保管していくことは将来の研究にとって重要なこと」と話す。

CFは博物館の収入の多様化につながるが、「コレクションの保管といった基本的な機能に充てる費用は国が出すべきだ」という見方もある。

資金繰りに苦労するのは科博だけではない。科博は、多額の支援金の一部を国内のほかの博物館の支援に充てたいとしている。科博のコレクションをほかの博物館で展示する巡回展などを検討しているという。

（科学みらい部・玉木祥子）

文化・マスコミ

# 広がる書店空白地帯

　書店が一つもない「書店ゼロ」の市区町村が、全国で26.2％にのぼることが、書店や取次、出版業者らで作る出版文化産業振興財団（JPIC）の調査で明らかになった。5年前の別の調査と比べても、空白地帯が拡大している。衰退を食い止めようと、自民党の議員連盟によるネット書店の送料無料の規制や図書館がベストセラーを過剰に購入しないようにする議論も始まった。だが、一部の専門家らから方向性に疑問の声もあがり、見通しは不透明だ。

　JPICの調査対象は、大手取次会社を経由して販売契約している新刊書店の2022年9月時点の数で、「独立系書店」などと呼ばれる大手取次を利用していない書店、ブックカフェ、ネット書店、古書店、棚貸し書店などは含まれていない。調査方法が違うため単純比較はできないが、大手取次・トーハンが17年に調査した際は22.2％だった。

　調査によると、書店がないのは全国1741市区町村のうち、456市町村。都道府県別では、沖縄が56.1％と最も高く、長野の51.9％、奈良の51.3％と続いた。4割を超えたのは、福島（47.5％）、熊本（44.4％）、高知（44.1％）、北海道（42.5％）。一方、広島、香川の両県は全市町に書店があった。

　市区町村ごとに見ると、書店がない市は792市のうち17（2％）だったのに対し、町は743町のうち277（37％）、村は183村のうち162（89％）だった。書店がない市町村がどこかは明らかにしていない。

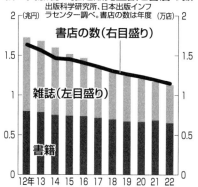

**紙の出版物の推定販売金額と書店の数**

出版科学研究所、日本出版インフラセンター調べ。書店の数は年度

書店の数（右目盛り）

雑誌（左目盛り）

書籍

'12年 13 14 15 16 17 18 19 20 21 22

　業界団体・日本出版インフラセンターの調査によると、全国の書店は1万1495店（22年度）。10年前から約3割減っている。都市部の有名書店や大型書店も相次いで閉店している。

◎

　書店経営が厳しい背景には、人口減少や雑誌の売り上げの急減、ネット書店で本を買う人の増加など様々な要因がある。

　書店業界は、こうした苦境をどうにかしようと、ロビー活動をしてい

る。その一つが、自民党の「街の本屋さんを元気にして、日本の文化を守る議員連盟」だ。メンバーは自民党の国会議員約150人。同党の議連としては最大規模という。

議連は23年春、書店を「国の文化拠点」と位置づける提言をとりまとめた。アマゾンなどのネット書店との競争を「是正」することや、公共図書館との関係にも踏み込んだ。書店が「ベストセラーを公立図書館が多く貸し出してしまえば、書店の売り上げは減る」と訴え、提言は、図書館が同じタイトルの本を過剰に持つ「複本」のルール作りの検討を求めた。

書店や出版、図書館の関係者らが、文部科学省の担当者らとともに、共存の道を話し合う会合が23年10月から始まった。知る権利を保障する図書館からは困惑の声もある。

日本図書館協会によると、全国の公立図書館はこの20年で約600館増え、22年は3287館。だが、1館あたりの図書資料などの購入費の予算は20年で約3割減り、840万円だ。同協会の担当者は「最近は資料購入費が減って本を買えないことのほうが問題」と話す。

書店の経営が厳しくなった要因は複数あり、ネット書店の規制や図書館を不便にするような施策で果たして街の書店に人が戻るのか疑問視する声も多い。また、自民一党への要望は多様な考えを排除する懸念があり、政治との距離も問われることになる。

（文化部・宮田裕介）

## 関 連 用 語

### ◆読書バリアフリー

「読みたい本を読めないのは権利侵害」——。芥川賞を受賞した「ハンチバック」の著者、市川沙央さんは受賞会見でそう述べ、読書バリアフリーの推進を訴えた。その思いを作品に込めたという。

19年に、議員立法で「読書バリアフリー法」が成立・施行された。「全ての国民が等しく」読書できる社会の実現をうたい、すべての自治体に、障害当事者の意見を反映した計画の策定も求めているが、際立った成果にはつながっていない。たとえば電

市川沙央さん

子書籍には、紙の本のような重さがなく、文字を拡大して読める利点がある。画面の自動読み上げ機能を使って本を「聞く」ことも可能だ。出版業界全体で環境整備へ向けた取り組みが期待されている。

# 海外でヒット相次ぐ日本アニメ

海外で日本アニメのヒットが相次いでいる。第73回ベルリン国際映画祭で最高賞を競う長編コンペティション部門に選ばれた新海誠監督の「すずめの戸締まり」は、中国や韓国で日本映画の興行収入記録を更新した。中国では「スラムダンク」の映画版がヒットしたほか、欧米では「ONE PIECE」や「鬼滅の刃」といった作品が人気。日本アニメの世界での存在感はさらに高まりを見せている。

日本アニメの世界的な広がりの先駆けといわれているのが、手塚治虫のテレビアニメ「鉄腕アトム」（1963〜66年）だ。日本で放送されて間もなく、米大手テレビでも放映されて大ヒットした。70年代以降も「マジンガーZ」や「UFOロボ　グレンダイザー」「キャンディ・キャンディ」などが欧州で人気を集めた。90年代以降は「ドラゴンボール」「ポケットモンスター」などが世界各地でブームを巻き起こした。ファンがゆかりの地を訪ねる「聖地巡礼」は、当たり前の光景となっている。

日本動画協会によると、日本アニメの市場規模は2011年の約1兆3千億円から、21年には約2兆7千億円と、10年で倍以上に拡大した。21年には全体のほぼ半分である約1兆3千億円を海外が占めた。

こうした近年のファン層の広がりは、コロナ下での巣ごもり需要で存在感が高まった、ネットフリックスなどの動画配信サービスの影響が大きいとの指摘もある。「すずめの戸締まり」などを配給する東宝の植田浩史・国際担当執行役員は「1話30分ほどで手軽に見られ、気に入る視聴者も増えて、認知度が一気に高まった。特にアジア圏では、日本アニメの人気はもはや『サブカル』の枠を超えている」と話す。

また、子ども向けが中心だった海外アニメと異なり、日本アニメは10〜30代を中心に、より幅広い世代の鑑賞にも堪えうる内容があり、ジャンルが豊富なことも魅力になっているとの見方もある。

◎

「すずめの戸締まり」が世界の映画祭でコンペに入ったように、日本アニメが世界の映画祭で認められるきっかけを作ったのは、02年のベルリンで最高賞の金熊賞を得た「千と千尋の神隠し」の宮崎駿監督だ。これを皮切りに、カンヌ、ベネチアの各映画祭でも押井守監督の「イノセンス」や今敏監督の「パプリカ」がコ

ンペに選ばれるなどし、今や日本アニメは興行収入などの人気だけでなく、質的な評価も得られるものに成長した。

日本発のキャラクターが洋画アニメ作品として爆発的なヒットを記録したものもあった。「ザ・スーパーマリオブラザーズ・ムービー」だ。任天堂のアクションゲームを映画化したもので、同社が米イルミネーションと共同制作した。ゲームでおなじみのテーマ曲や効果音が鳴り響き、40年にわたるシリーズ作品をモチーフにした影響もあるためか、一つ一つの場面を「攻

日本アニメ 国内海外の市場規模
日本動画協会「アニメ産業レポート2022」から

中国では「スラムダンク」が大ヒットし、バスケットボールコートにポスターが貼られた

略」するようなゲームの世界観が続く。日本公開の洋画アニメ作品では史上最速の興行収入100億円を突破し、全世界で約2039億円（23年10月18日時点）を記録した。

（文化部・細見卓司）

## 関　連　用　語

### ◆「すずめの戸締まり」ベルリン映画祭長編コンペティション部門入り

23年1月、世界3大映画祭の一つである第73回ベルリン国際映画祭で、金熊賞を競う長編コンペティション部門に新海誠監督の「すずめの戸締まり」が選ばれた。東日本大震災の記憶を抱える高校生が、災いの元となる〝扉〟を閉じるために日本各地の廃墟をめぐる物語。コンペの受賞はならなかったが、日本アニメがベルリンのコンペに選ばれたのは、02年に金熊賞を受賞した宮崎駿監督の「千と千尋の神隠し」以来21年ぶりで、公開中の作品が選ばれるのは異例だった。

### PLUS ONE アニメ制作現場の課題

日本国内でアニメ制作を手がける中小の制作会社の経営難が指摘されている。帝国データバンクの調査によると、設備投資や人件費の増加に対して、制作費が増えないため収益が圧迫されていることが背景にある。アニメ制作者の低賃金や長時間労働も課題だ。日本アニメーター・演出協会の調査によれば、アニメ制作者の年収（17年）は400万円以下が5割以上で、1カ月あたりの平均休日は5.4日。現場からは「現場の疲弊は破綻寸前といっても過言ではない」との声もある。

文化・マスコミ

# 藤井聡太、史上初の八冠独占

将棋棋士の藤井聡太は2023年を五冠として迎えた。３月の棋王奪取で史上２人目の六冠に。６月には名人を奪取して七冠になり、名人獲得の史上最年少記録を更新した。そして10月、王座を奪取して史上初の八冠（名人・竜王・王位・叡王・王座・棋王・王将・棋聖）独占を達成した。初タイトル獲得から敗退なしで連続19期のタイトルを重ねており、まだまだ勢いは止まりそうにない。

16年に14歳２カ月の史上最年少棋士としてプロ入りした藤井にとって、７年目の23年はすべての頂点を極める年になった。

１〜３月の第72期王将戦七番勝負では挑戦者・羽生善治とのタイトル戦が初めて実現し、32歳差のスーパースター対決と話題を集めた。藤井は第４局を終えて２勝２敗と苦戦を強いられたが、第５局から連勝して４勝２敗で防衛した。直後には渡辺明から棋王を奪取して史上２人目の六冠に。さらに史上初の朝日杯、NHK杯、日本シリーズ、銀河戦の一般４棋戦独占制覇も成し遂げた。

６月１日、第81期名人戦七番勝負第５局で渡辺に勝ち、４勝１敗で名人を奪取した。20歳10カ月での名人獲得は1983年に谷川浩司が残した21歳２カ月の史上最年少記録を40年ぶりに更新する快挙となった。

10月11日、第71期王座戦五番勝負第４局で永瀬拓矢に勝ち、３勝１敗で王座を奪取した。普段は研究パー

史上初の八冠独占を達成した藤井聡太名人・竜王＝2023年10月11日

トナーでもある永瀬との五番勝負は第１局で敗れ、第３、４局も最終盤で敗勢に陥ったが、いずれも逆転勝利を飾って八冠に到達した。96年に当時25歳の羽生が七冠独占（叡王戦は2017年にタイトル戦に昇格）して以来の全冠制覇を成し遂げても「まだ頂上は見えない」と語った。翌月、内閣総理大臣顕彰を授与された。

20年の棋聖戦で初タイトルを獲得して以降、19度のタイトル戦をすべて制しており、24年は誰が藤井からタイトルを奪うかが注目される。

（文化部・北野新太）

# ニュース対価の支払い、義務化の動き

　グーグルなどの巨大IT企業に対し、検索結果などにニュースを表示する対価を報道機関に支払うよう義務づける動きが世界で広がっている。カナダでは2023年6月に、オーストラリアに次いで新法が成立。米国や英国、ブラジルなどでも議論されている。日本では公正取引委員会が、ヤフーニュースなどのプラットフォームと報道機関におけるニュースの取引実態の調査報告書を同9月に公表した。

　巨大IT企業に「ニュースの対価」を求める動きが世界で広がっている。

　カナダで23年6月、グーグルやメタ（旧フェイスブック）に対し、検索結果やSNSにニュースを表示する対価を報道機関に支払うことを義務づける「オンラインニュース法」が成立した。同様の法律は21年に、オーストラリアで世界に先駆けて成立。米国の連邦議会やカリフォルニア州でも法案が提出され、英国やブラジル、インドネシア、南アフリカなどでも法案の検討が進んでいる。

## ニュースの対価をめぐる各国の動き

| | |
|---|---|
| スペイン | 2014年、ニュースの対価支払いを義務づける法律が成立。グーグルが反発してニュースのサービスを停止。21年の法改正で22年、8年ぶりに「グーグルニュースを再開 |
| 豪州 | 21年、グーグルなどのIT大手に対し、ネット上で記事を表示する際に報道機関への対価の支払いを義務づける法律が成立 |
| 日本 | 23年9月、公正取引委員会が、グーグルやヤフーなどのニュース配信プラットフォームの取引について調査報告書を公表 |
| カナダ | 23年6月、豪州と同様、米IT大手による報道機関への対価支払いを義務づける「オンラインニュース法案」を可決 |
| 米国 | 23年、米連邦議会の超党派の上院議員が、報道機関に米IT大手との団体交渉を認める「ジャーナリズム競争・保護法案」を再提案。カリフォルニア州でも同様の法案を検討 |

　各国政府は、巨大ITがニュースを表示して多額の広告料収入を得ているのに、対価を支払っていないことを問題視する。背景には、デジタル広告収入が巨大ITに集中し、報道機関が広告収入の減少などで弱体化していることへの懸念がある。

　グーグルやメタはこうした義務化に激しく反発。カナダでは一部の利用者を対象に、ニュースの閲覧や共有をできないよう制限し、新法に抵抗している。

　日本では法制化の動きはないが、公正取引委員会が23年9月、ヤフーニュースなどのニュースプラットフォーム（PF）と報道機関における取引実態の調査報告書を公表した。特にヤフーについて「優越的地位にある可能性」を指摘。PFが報道機関に支払う記事使用料が著しく低い場合などは、独占禁止法上の優越的地位の乱用にあたると警告した。

（経済部・村井七緒子）

# ステマ規制スタート

広告であることを隠して宣伝する「ステルスマーケティング」（ステマ）が2023年10月1日から禁止された。今後は、宣伝してもらうために金銭を支払うなど事業者の関与があれば、「広告」「PR」などと明示しなければならず、違反すれば行政措置の対象となる。ネット上でステマが野放し状態になっているとの指摘を受け、国内では初の法規制となった。

ステマとは、実際は広告なのに消費者には広告と分からないように見せる行為。ネットで影響力を持つインフルエンサーが、広告主の関与を隠して商品を薦めるようなケースが典型的だ。企業の担当者が第三者を装って好意的な意見や評価を投稿したり、事業者が仲介業者に依頼して偽の口コミを書き込ませたりする手法もある。

過去にはステマをめぐって様々な事案が問題となった。インターネット競売で、事業者から芸能人が現金を受け取り、ブログに虚偽の落札情報を書き込んでいたことが明らかになったり、グルメサイト上で、「人気ランキングを操作する」と店に持ちかける不正業者がいたことが発覚したりしている。

日本はこれまで法整備がなく、「ステマ天国」と指摘されてきた。消費者庁が、現役インフルエンサー300人を対象に行った実態調査によると、ステマを依頼された経験があると答えた人は約4割に達した。

ステマかどうかの判断基準は…

**1** 「広告」であることが明確か
不記載・不明瞭 ✕規制の対象
社会通念上、PRであることが明らか ○規制の対象外 おいしい〜

**2** 事業者が第三者の表示内容に関与しているか
例えば、対価を提供する関係 事業者 ¥ おすすめ！
自主的な意思で表示 ✕ おいしい！

広告会社などへのヒアリングでも、「（ステマにより）少なくとも20％程度は売り上げが増加する体感を持っている」「問題が発覚した時のリスクが大きくない事業者は発覚しても謝罪するだけでいい。やり得になっている」など生々しい声があがった。

企業がステマに向かう背景として、専門家からは、広告に対する消費者の疑念の高まりが指摘されている。広告を出しても売れないどころか、嫌がられたり無視されたりするので、その結果、広告であることを隠して、第三者に情報発信をしてもらう動機

が強まるという。

◎

海外ではすでに規制が進んでいた。欧州連合（EU）は、消費者に対する商品の販売促進や表示などを対象とする不公正取引方法指令で、「誤認惹（じゃっき）起的な行為」などを禁止し、不公正な取引の事例にステマ行為が含まれている。事業者に限らず、インフルエンサーなども規制対象だ。

日本では、商品やサービスを提供する事業者を対象とする景品表示法で対応した。消費者庁が公表した基準によると、インフルエンサーらの投稿内容に事業者が関与しているかどうかが、ステマかどうかの判断材料となる。

インフルエンサーらが商品を薦めるような投稿をする際、広告主から明確な依頼があったり、宣伝目的で商品を無償提供され広告主の方針に沿った投稿をしたりすると、事業者が投稿内容に関与したとみなされ、「広告」「PR」「〇社から提供を受けて投稿している」などと明示しなければいけない。

一方、事業者から商品サンプルをもらったが、インフルエンサーらが自らの嗜好（しこう）に基づいて投稿したと客観的に認められれば、ステマにはならない。

（くらし報道部・寺田実穂子）

<hr>

## 関 連 用 語

### ◆ダークパターン

ネットにあふれる「残りわずか」「〇人が閲覧中」といった言葉や解約手続きのわかりづらい設定など、消費者を焦らせたり、惑わせたりして、最善とはいえない選択をさせるウェブデザインのことを「ダークパターン」と言う。10年に英国の研究者が命名した。

ネット通販で、お試しのように見せかけて実は定期購入だったり、メルマガの配信希望にあらかじめチェックが入っていたりするなど様々なパターンがある。欧米ではダークパターンを規制する法律ができるなど対応が進んでおり、日本でも議論が急がれる。

### ネット通販の消費者心理を調査

PLUS ONE

ネット通販上の違法性がグレーな表示に対して、どのような消費者が影響を受けやすいのかを明らかにするため、消費者庁は22年12月にオンラインアンケートを行った。期間限定や先着〇人など「限定」を強調する表示や、大幅な値下げをうたう表示など8類型に分けて調べた。

いずれの表示においても、契約後に後悔したりトラブルにあったりした経験を聞くと、20代男性が最も経験率が高かった。20代男性は、不審な勧誘を受けても契約に至りやすい心理傾向なのかを測る指標でも数値が高かった。

文化・マスコミ

# NHKのインターネット業務「必須化」議論

テレビ離れが進む中、NHKはインターネットでのサービスを放送と同等にNHKが必ず行うべき「必須業務」に格上げすることをめざしてきた。民放や新聞業界の反発もあって停滞してきたが、2023年8月、総務省の有識者会議が、地上波番組のネットでの同時・見逃し配信について必須化を提案。ただし、厳しい経営環境や民間メディアとの公正競争、ガバナンス問題など、課題はいまだ残っている。

NHKのインターネット業務の位置づけを話し合う総務省の有識者会議「公共放送ワーキンググループ」（WG）の報告書案は、これまで受信契約者を対象に任意で提供してきた地上波放送番組のネットでの同時・見逃し配信を、放送と同等に必ずNHKが行うべき「必須業務」に格上げする内容だ。テレビを持たない人でも、費用負担を条件にスマートフォンなどから視聴できるようにすることも盛り込まれた。

NHKは1950年の放送法施行以来、必須業務を「放送」に限ってきた。「公共放送」であるNHKのネット業務をめぐる議論は2000年代初頭から続いてきたが、ネット業務も必須とする「公共メディア」へと大きな転換点を迎える。

背景には、NHKの強い危機感があった。メディアの主戦場がネットに移り、「放送だけではますます必要とされなくなる」（NHK関係者）という懸念がある。近年、地上波放送をリアルタイムでネット視聴できる「同時配信」や後追いで視聴できる「見逃し配信」、文字ニュースも含めて、ネットでのサービスを充実させてきた。

それでも、現状ではネット業務は放送法上やってもやらなくてもよい「任意」の業務だ。費用も制限されている。スマートフォンなどでネット上だけでNHKのコンテンツに触れる人にも費用負担を求め、新たな財源を確保する必要もあった。

そのために、インターネット業務を放送と同じ「必須」の業務に格上げすることは悲願だったといえる。有識者からも、フェイクニュースや「フィルターバブル」（情報の偏り）の問題が起きている中で、NHKにネット空間で信頼性の高い情報発信を担うよう求める声があがる。

◎

一方で、安定的で莫大（ばくだい）な受信料収入を持つNHKのネットでの業務拡大に対して、経営状況が悪化してい

る民間メディアの反発は根強く、議論はなかなか前に進まなかった。民間メディアとの競争を阻害しないかどうかを外部機関が「競争評価」する仕組みの導入をWGが提言に盛り込むなどして、ようやく必須化の筋道がついた形だ。

しかし、「念願」だったはずの必須化を前に、NHKに高揚感はない。長きにわたった議論の間に経営環境が厳しくなり、ネットに十分な費用をかけられる状況ではなくなったからだ。23年10月から受信料が1割下がり、同1月に就任した稲葉延雄会長のもと、年間数百億円の支出削減が必要になっている。「カネもヒトもない。ネットで特別なことはできない」(NHK幹部)との声が漏れる。

必須化されても、当面は大幅なサービス拡充や予算増はできないとの見方が大勢を占める。ネット上で公共的な役割を果たせるのか、見通しは不透明だ。　（文化部・滝沢文那）

NHKの外観＝東京都渋谷区

### NHKネット業務費用の推移

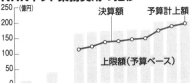

上限額は02〜08年度は10億円、09〜14年度は40億円。15〜20年度は受信料収入の2.5%

### NHKのインターネットサービスをめぐる主な動き

| | |
|---|---|
| 2000年 | インターネットで「NHKニュース」提供開始 |
| 08年 | 番組の有料配信サービス「NHKオンデマンド」開始 |
| 11年 | ラジオのインターネット配信「らじる★らじる」開始 |
| 15年 | インターネット業務の内容や費用を定めた「実施基準」を策定 |
| 16年 | 「ニュース・防災」アプリ開始 |
| 19年 | 民放共通の番組配信プラットフォーム「TVer」への番組提供開始 |
| 20年 | 「NHKプラス」本格開始。常時同時配信を解禁 |

NHKの公式サイトなどに基づく

---

## 関 連 用 語

### ◆未認可のBS配信費用支出問題

23年5月、NHKが業務として認められていないBS放送の配信の設備に約9億円を支出しようとしたことが発覚した。NHKのネット業務をめぐる総務省の有識者会議でも、ガバナンス上の問題を指摘する声が出るなど問題化。NHKはネット業務必須化の場合でもBSの配信は見送る方針を示している。

### ◆NHK受信料値下げと支出削減

前田晃伸・前会長時代（2020〜23年）は「スリムで強靱なNHK」をめざし、受信料の約1割値下げを表明。23年1月に就任した稲葉延雄会長は、24〜26年度の中期経営計画案で、27年度には1千億円の支出削減（23年度比）を行う方針を明記した。NHKは、かつてないコストカットを求められている。

文化・マスコミ

# 異次元の少子化対策

「異次元の少子化対策に挑戦する」。岸田文雄首相は2023年1月4日、三重県伊勢市で臨んだ年頭の記者会見で、そう打ち上げた。それから半年で、児童手当の拡充や高等教育費の負担軽減を盛り込んだ「こども未来戦略方針」を閣議決定した。事業費は年3.5兆円規模と、政権肝いりの政策に。だが、給付策が先行し、肝心の財源確保策は後手に回った。負担増の議論を避けたい政権の思惑が透けて見えた。

政府が少子化対策に力を入れる背景には、出生数が想定外のスピードで減少している実態がある。「静かなる有事」とも表現され、岸田首相は「少子化傾向を反転できるかどうかのラストチャンスだ」と繰り返し訴えている。

年間の出生数が120万人から100万人まで、20万人減るには2000年からおおむね15年かかった。ところが、16年に100万人の大台を割ると、22年には約20万人減って77万人にまで落ち込んだ。その間、わずか6年。出生数減のスピードが増しているのが実態だ。

子どもが減り、高齢者が増えると、経済や社会全体に大きな影響を及ぼす。年金や医療、介護といった社会保障は現役世代が支えており、その根本が揺らぎかねないのだ。

◎

その打開策とうたわれた「こども未来戦略方針」の中心は、24年度から3年間で集中的に実施していく「加速化プラン」。目玉は、児童手当の拡充策で、所得制限の撤廃や支給期間の中学生から高校生年代までの延長、第3子以降の増額を盛り込んだ。

ほかに、就労要件を問わず時間単位で保育園などを利用できる「こども誰でも通園制度」（仮称、➡207ジ）も新たにつくる。高等教育費の負担軽減〔➡185ジ〕や住宅支援、出生時育児休業給付金の引き上げ〔➡172ジ〕もある。貧困や虐待防止への対応、障害児・医療的ケア児への支援なども含まれる。

妊娠、出産から高等教育まで、子育ての様々な場面に応じて支えていくプランになっている。

だが、6月にこども未来戦略方針が閣議決定された時点では、財源確保策はあいまいだった。

当時、政府内では、社会保障費の歳出削減、社会保険料の仕組みを活用した「支援金制度」、既存予算の活用でおおむね1兆円ずつを捻出す

る案が検討されていたが、公表されることはなかった。

解散・総選挙が取りざたされていたため、政府は「負担増」の話を避けたとみられる。岸田首相はさらに、社会保障費の削減を徹底することなどで負担増を帳消しにしたい考えを示し、「実質的な追加負担は求めない」とも話した。

こども未来戦略方針の中では、「2030年代初頭までに国の予算の倍増をめざす」ともうたわれている。岸田首相はいまのところ、増税については「封印」しているが、将来的に議論となる可能性もあり、今後の注目点だ。

（くらし報道部・高橋健次郎）

## 「こども未来戦略方針」の骨子

| | |
|---|---|
| 児童手当  | ● 児童手当は所得制限を撤廃し、全員に満額給付。支給を高校生年代まで延長。第3子以降はすべて月3万円。2024年度中の実施を検討 |
| 高等教育費  | ● 授業料減免や給付型奨学金を24年度から多子世帯や理工農系の学生のいる世帯の中間層（世帯年収約600万円）に拡大。さらに支援拡充を検討 |
| | ● 授業料後払い制度を24年度から修士の学生を対象に導入 |
| 保育  | ● 就労要件を問わず時間単位で利用できる「こども誰でも通園制度（仮称）」を創設。24年度から本格実施 |
| 育休、働き方  | ● 出生後一定期間内に両親ともに育児休業の取得を促進するため、給付金の給付率を「手取りで10割相当」に引き上げ。25年度からの実施をめざす |
| | ● 子どもが2歳未満までの時短勤務による賃金低下を補う「育児時短就業給付（仮称）」を創設。25年度からの実施をめざす |
| 財源、負担  | ● 28年度まで徹底した歳出改革をし、既定予算も活用 |
| | ● 企業を含め全員が広く負担する「支援金制度（仮称）」を構築。詳細は23年末に結論を出す |
| | ● 28年度までに安定財源を確保。その間の財源不足は、つなぎ国債「こども特例公債」を発行 |

## 関 連 用 語

### ◆こども金庫

政府は財源を一元的に管理する特別会計を新設。特会は、一般会計とは財布を別にする仕組みだ。名前は「こども金庫」で、こども家庭庁〔⊃208ジ〕が管理する。異次元の少子化対策では、社会保険を活用して徴収する「支援金制度」などのお金を集めるが、使う目的を明確にし、特会で「見える化」することで、関係のない事業に使うことを防ぐ狙いがある。ただ、無駄遣いのチェック機能が働くかは不透明だ。特会は担当省庁の財布のように意識されてしまい、不要な事業をやめられないことが問題視されてきた。

### ◆1.57ショック

政府が少子化対策に取り組み始めたのは30年以上前。1989年の出生率が当時の過去最低となったことが判明した際には、「1.57ショック」と騒がれた。こうした経緯で、政府は、90年代から2000年代初頭には「エンゼルプラン」「新エンゼルプラン」を策定。「0〜2歳児保育の充実」「仕事と子育ての両立支援」などを打ち出した。だが、05年には合計特殊出生率が1.26にまで落ち込んだ。10年代には、2度の消費増税を原資に、待機児童ゼロや保育園、幼稚園の無償化に着手。それでも、出生数は減り続けているのが現状だ。

くらし

# 保育士配置基準の見直し

　保育士1人がみる子どもの人数を定めた「配置基準」。こども家庭庁は2024年度から、4〜5歳児の基準を現行の30人から25人に見直す方針だ。政権が掲げる「異次元の少子化対策」の一環で、見直しは76年ぶり。いまの配置基準は他の先進国と比べても、保育士1人がみる子どもの人数が多く、保育現場に過重な負担がかかっていた。基準の見直しが実現すれば、不安が高まっていた保育の質改善への大きな一歩となる。

　国が定める保育士の配置基準は、保育士1人あたり0歳児は3人、1〜2歳児は6人、3歳児は20人、4〜5歳児は30人だ。配置基準は戦後まもない1948年に定められた。0〜3歳児の基準はこれまで見直しがあったが、4〜5歳児の基準は一度も変わっていない。

　保育士1人が大勢の子どもをみる状況で、子どもの安全を確保しながら一人ひとりに寄り添った保育を行うのは容易でない。保育中に子どもの所在を見失う事例も全国で相次いでいる。保育現場などからは、「これでは子どもを安全にみられない」などと見直しを求める声が出ていた。

　国は待機児童問題を解消するため、規制緩和を進めて保育の受け皿拡大を優先してきた。配置基準の見直しなど

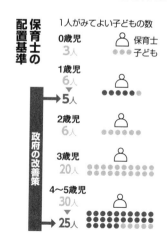

**保育士の配置基準**

**政府の改善策**

1人がみてよい子どもの数

0歳児
3人
👤 保育士
子ども

1歳児
6人
▼
5人

2歳児
6人

3歳児
20人

4〜5歳児
30人
▼
25人

質の改善は、主に財源不足によって対応が遅れ、子どもの育ちの環境や保育士の労働環境の悪化が指摘されてきた。

◎

　保育所の運営費は公費と利用者の負担で賄われている。配置基準を引き上げて必要な保育士が増えれば、その分だけ国や自治体の負担も増えるため、安定財源が欠かせない。

　2015年に始まった「子ども・子育て支援新制度」では、保育の受け皿を増やす「量の拡充」と、「保育の質向上」を両輪で進めるはずだった。しかし、新制度の実現に必要な1兆円超の財源を確保することが難しく、「1歳児と、4〜5歳児の保育士の配置の改善」は実現できずにいた。

　「異次元の少子化対

策」〔➡204ジ〕の旗を振る政府は、23年6月に「こども未来戦略方針」を閣議決定。積み残されていた1歳児と4〜5歳児の配置基準を改善する方針を盛り込んだ。こども家庭庁〔➡208ジ〕は、4〜5歳児については24年度から基準の改善を図り、対応する加算措置を設ける。また、併せて基準自体の改正も行う考えだ。1歳児については25年度以降に改善を進める方針。

保育現場では近年、認定こども園で送迎バス内に置き去りになった女児が死亡するなど、痛ましい事故や事件が相次ぐ。配置基準の見直しを今度こそ実現し、保育の質向上につなげられるのか。政府の本気度が問われている。

（くらし報道部・平井恵美）

## 高止まりする学童待機

共働きやひとり親家庭の小学生が利用する放課後児童クラブ（学童保育）。共働き世帯の増加や核家族化で利用希望者は増えているが、受け皿の整備は追いついていない。学童保育の待機児童は1万6825人（23年5月現在、速報値）と高止まりしている。

政府は18年9月、「新・放課後子ども総合プラン」を発表。5年間で30万人分の受け皿を整備し、23年度末までに計152万人分を確保するとしていたが、達成は厳しい状況だ。学童保育のニーズに応え、子どもが安心して過ごせる環境を実現するには、受け皿の整備に加えて職員の待遇改善にも取り組む必要がある。

## 関　連　用　語

### ◆こども誰でも通園制度

こども家庭庁は、保護者の就労の有無にかかわらず保育所などを利用できる「こども誰でも通園制度」（仮称）を25年度から恒久化する方針だ。23年度から全国でモデル事業を実施。同制度は生後6カ月〜2歳のすべての未就園児が対象で、市町村が指定した保育所、認定こども園などでの導入を見込む。未就園児とその家族を保育士らが見守り、育児の孤立化を防ぐのが狙いだ。

### ◆「不適切な保育」初の実態調査

こども家庭庁は23年5月、「不適切な保育」について、国としての初の実態調査の結果を公表した。「罰を与える・乱暴な関わり」など五つの類型を不適切な保育と定義。調査の結果、全国の市町村が「不適切な保育が疑われる」として事実確認したのは1492件で、うち914件が認定された。この中で「虐待」と確認されたケースは90件あった。

一方、定義のあいまいさから何が不適切な保育なのかがわかりにくく、施設によって回答件数にばらつきが出るなど、実態把握の難しさも浮かび上がった。

くらし

# 「こども家庭庁」スタート

こども家庭庁が2023年4月1日に発足した。子ども政策全般で政府の「司令塔」役を期待されてのことだ。妊娠期、学童期などライフステージに応じた子育て支援のほか、貧困や虐待対策、障害児支援など、幅広い課題を担当する。同庁は「こどもまんなか社会の実現」を掲げている。子どもの意見を聞き、施策に反映させることができるのか。子どもにとっての「最善の利益」につながるか。その真価が問われている。

同庁は厚生労働省や内閣府の関連部局を分離・統合して誕生。担当大臣を置き、事務方トップの長官以下約400人の規模でスタートした。

組織は3部局。一つは「成育局」。保育所や認定こども園をめぐる政策や放課後児童クラブ（学童保育）、子どもの居場所、児童手当、子どもの安全など、幅広い政策を受け持つ。虐待やいじめといった困難を抱える子ども・若者の政策は「支援局」が担当。全体の調整役は「長官官房」で、広報や国会対応も担う。

発足1年目は「異次元の少子化対策」〔→204ジ〕のほか、幼稚園などの送迎バスに園児らの置き去りを防ぐための安全装置の取り付け、「1人1台端末」〔→180ジ〕を活用した自殺兆候の早期発見を盛り込んだ強化プランの策定などに取り組んだ。

中でも、子ども政策の方向性や目標を盛り込む「こども大綱」の策定には大きな力を注いだ。こども大綱は「少子化社会対策大綱」など、三

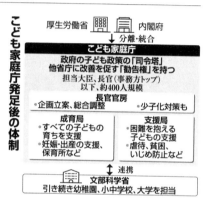

こども家庭庁発足後の体制

厚生労働省　内閣府
↓　分離・統合

**こども家庭庁**
政府の子ども政策の「司令塔」
他省庁に改善を促す「勧告権」を持つ
担当大臣、長官（事務方トップ）
以下、約400人規模

**長官官房**
・企画立案、総合調整　　・少子化対策も

**成育局**
・すべての子どもの育ちを支援
・妊娠・出産の支援、保育所など

**支援局**
・困難を抱える子どもの支援
・虐待、貧困、いじめ防止など

↕ 連携

**文部科学省**
引き続き幼稚園、小中学校、大学を担当

つの大綱を一本化し初めて作成した。若者支援や子どもの貧困などの分野で、5年程度を見据えた政策や目標を盛り込んだもので、子ども政策の「羅針盤」とも言える。

同庁は「こどもまんなか社会」をうたい、子どもの視点に立った政策立案も掲げている。このため、大綱策定にあたり、子ども・若者の意見を聞き、反映させた。子どもらの参画、意見反映の取り組みを深め、広めていけるかも、「こどもまんなか社会」に向けたカギとなる。

（くらし報道部・高橋健次郎）

# 食料安全保障

　ロシアによるウクライナ侵攻をきっかけに、食料安全保障が政府内で大きなテーマになっている。この分野を担当する農林水産省は2023年9月、食料安全保障を前面に掲げて食料・農業・農村基本法の改正をめざす報告書をまとめた。生きることに欠かせない食料という観点から、国はどのように国民の生命と安全を守るつもりなのか。農水省が新たに打ち出したのは、「平時からの食料安全保障」だ。

　農水省は22年に「食料・農業・農村政策審議会 基本法検証部会」を設置し、基本法の改正作業に着手した。翌年9月に公表した「最終とりまとめ」では、食料安全保障という言葉について「不測時に限らず『国民一人一人が活動的かつ健康的な活動を行うために十分な食料を、将来にわたり入手可能な状態』」と定義し、「平時から食料安全保障の達成を図る」と法改正の方向性を示した。

　平時からの取り組みについても、4項目を提示。①国内の農業生産を増やす②食品アクセスを改善する③輸出を増やして、いざというときには国内で消費する④適正な価格形成の仕組みを構築する。

　注目されるのは①と④だ。①では、この20年間で日本の経済力が相対的に落ち、中国との「買い負け」現象も起きていることを指摘。優良な農地を確保し、穀物の生産に力を入れることを訴えた。④では、新法を作って、農産物の価格を高くするとい

う。しかし、消費者は安さを求め、簡単ではない。

　現在の基本法においても、食料安全保障との言葉はある。ただ、それは、「不測時における」と限定的で、戦争や疫病などを想定している。農水省はこちらでも、制度の見直しを進めている。どんなときに政府全体としてどのような意思決定をするのか整理している。例えば、本当に輸入が途絶えた場合、農家に増産指示を出すことも想定している。

（経済部・加藤裕則）

### 関　連　用　語

#### ◆食料自給率

　農水省が発表した22年度の食料自給率は、カロリーベースで38％と前年度と同じだった。1965年度の73％から下落傾向で、食料安全保障を確立するうえで大きな課題となっている。コメの消費量が年々減っていることが大きく影響しているとみられている。

くらし

# 認知症基本法成立

認知症に関する初の法律「共生社会の実現を推進するための認知症基本法」が2023年６月、全会一致で成立した。認知症の人が社会活動に参加できる機会の確保などを通じ、「共生社会」の実現をめざすことが柱。認知症の人が自らの意思で日常生活や社会生活を営めることなどを基本理念とし、「共生社会実現への寄与」を国民の責務とした。政府は今後、認知症に関する施策の具体的な目標や達成時期を盛り込んだ「基本計画」を作る。

超党派による議員立法「共生社会の実現を推進するための認知症基本法」が６月、参院本会議で全会一致で成立した。認知症に関する法律の成立は初めて。認知症の人が社会活動に参加する機会の確保など、国や地方自治体、国民が共生社会の実現に向けた取り組みを求められる。「世界アルツハイマーデー」の９月21日を「認知症の日」と定めた。

認知症はかつて「痴呆症」と呼ばれたが、症状に対する誤解や偏見を招きやすく、厚生労働省が04年に認知症と呼称を改めた。13年に認知症施策推進５カ年計画（オレンジプラン）、19年に「共生」と「予防」を両輪とした認知症施策推進大綱を決めるなど対策を進めてきた。新法は予防を施策の一つと位置づけ、共生社会の実現を明確な目的に掲げて前面に押し出した形。25年には65歳以上の５人に１人が認知症になるとの厚労省の推計もあり、共生社会実現への取り組みは待ったなしだ。

**認知症をめぐる政府の動き**

| | |
|---|---|
| 2000年 | 介護保険制度開始 |
| 05年 | 「認知症を知り地域をつくる10カ年」構想 |
| 13年 | 認知症施策推進5カ年計画（オレンジプラン）開始 |
| 15年 | 新オレンジプラン開始 |
| 19年 | 「共生」と「予防」を両輪とする認知症施策推進大綱を決定 |
| 23年 | 認知症基本法が成立 |

◎

新法には国民の責務として「共生社会実現への寄与」を盛り込んだ。認知症施策の基本理念として、すべての認知症の人が自らの意思で日常生活や社会生活を営める▷社会のあらゆる分野の活動に参画する機会の確保——などを掲げた。

また具体策として、バリアフリー化の推進▷意欲や能力に応じた雇用の継続、就職に資する施策▷保健医療、福祉サービスの切れ目ない提供▷認知症の早期発見、早期診断、早期対応を推進——などを挙げた。

こうした課題を実現するため、政

府には具体的目標や達成時期を入れた基本計画を作るよう義務づけ、自治体にも計画策定の努力義務を課した。政府は自治体の計画作りを財政支援する方向だ。

法律の制定を求めてきた一般社団法人・日本認知症本人ワーキンググループの代表理事、藤田和子さんは「15年前、話を聞いてくれるのは高齢者ばかりだった。超高齢社会では誰でも認知症になり得る。人ごとではない。認知症にならないようにではなく、なっても大丈夫なように、

自分ごととして考えてほしい」と訴える。

岸田政権は認知症対策を「国家プロジェクト」と位置づけ力を入れる。当事者や有識者らからなる「認知症と向き合う『幸齢社会』実現会議」の初会合を9月、首相官邸で開催。共生社会の実現に向けた課題や治療薬〔●134ジ〕の研究開発に加え、身寄りのない高齢者の身元保証に関する問題も話し合い、23年中に意見をとりまとめる。

（くらし報道部・関根慎一）

## 関 連 用 語

### ◆倒産相次ぐ介護事業所

東京商工リサーチによると、22年の介護事業所の倒産件数は過去最多の143件で、前年と比べ76.5％増加した。新型コロナウイルス流行の影響で利用控えが止まらないうえ、物価高による光熱費や食材費などのコスト増が経営を圧迫しているという。

倒産した事業所を種類別に見ると、デイサービスなどの「通所・短期入所」が69件で最も多く、「訪問介護」

**介護事業所の倒産件数の推移**
東京商工リサーチ調べ

が50件と続いた。また全国老人福祉施設協議会の調査では特別養護老人ホームの6割が22年度の収支で赤字。05年度の調査開始以降、最大の比率まで増えた。

### PLUS ONE
### 認知症の人の将来推計

14年度に行われた厚労省の研究事業によると、65歳以上の人で認知症を発症しているのは、12年時点で約15％にあたる約462万人。25年に675万人（18.5％）に達し、40年に802万人（20.7％）、60年に850万人（24.5％）まで増えると推計されて

いる。高齢化に伴って増える認知症の人との「共生」が求められることを表す数字だ。また20年公表の同省調査によると、65歳未満で発症する若年性認知症の人の数は推計で3万5700人。18〜64歳人口における人口10万人あたりでは50.9人という結果だった。

くらし

# アニマルウェルフェア

　動物本来の生態に配慮し、飼育下の動物の状態をより良くする「アニマルウェルフェア」という考え方が、日本でも徐々に浸透してきた。欧州で1960年代に提唱され始めたもので、まず畜産動物について問題提起と法規制が進んだ。その対象は次第に犬猫などの愛玩動物（ペット）、動物園などにいる展示動物、医薬品開発などに利用される実験動物へと広がった。日本の対応状況は後進的と指摘されてきたが、変化の兆しが見られる。

　「アニマルウェルフェア」という言葉を、国内に広く知らしめた「事件」が2020年から21年にかけてあった。

　吉川貴盛・元農林水産相がその在任中、鶏卵生産大手「アキタフーズ」の元代表から計500万円の賄賂を受け取っていた疑惑が発覚、21年1月に収賄罪で在宅起訴された「鶏卵汚職事件」だ。元代表は吉川元農水相に賄賂を渡し、国際獣疫事務局（WOAH）がアニマルウェルフェアに配慮した国際基準を策定するのに、日本として反対するよう要請していた。22年6月に吉川元農水相の有罪は確定する。皮肉にもこの事件が、日本でアニマルウェルフェアに注目が集まるきっかけになった。

◎

　アニマルウェルフェアという考え方はもともと欧州で提起された。人が飼育し、利用する動物についてなるべくストレスをかけないよう、本来の生態に十分に配慮した飼育を求めるもので、日本では「動物福祉」

と訳される。基本となるのは飢えや不快、恐怖などを強いられない「五つの自由」を保障すること。アニマルウェルフェアへの十分な配慮は近年、世界的な潮流になっている。

　だが、日本の対応状況はこれまで、後進的と指摘されてきた。動物愛護法にも五つの自由のうち四つの趣旨が明記されているが、実効性に乏しい。こうした中で19年に行われた動愛法改正は一つの画期となった。

　犬猫の繁殖業者やペットショップ

## 動物福祉の基本「五つの自由」
**1** 飢えや渇きからの自由

**2** 不快からの自由

**3** 痛み、ケガ、病気からの自由

**4** 本来の習性に基づいた行動ができる自由

**5** 恐怖や抑圧からの自由

立体型平飼い鶏舎「エイビアリー」の利用など、ケージフリーが欧州では主流になっている

に対し、子犬・子猫の心身の健康を守るため生後56日を超えるまで販売を禁じる「8週齢規制」が導入され、飼育ケージの最低面積などを具体的な数値を盛り込んで規制する「飼養管理基準省令」も制定された。犬猫以外の哺乳類や爬虫類（はちゅう）の飼育のあり方についても、省令による規制の検討が進んでいる。愛玩動物については、欧米先進国並みの水準に追いつきつつあるといえるだろう。

◎

一方、欧州で真っ先に改善が図られた畜産動物については、法制度の面で目立った前進は見られない。アニマルウェルフェアを求める側と、従来通りのやり方を続けたい畜産業者側との「綱引き」が続いているためだ。農水省は23年7月にようやく牛や豚、鶏など畜種ごとの「アニマルウェルフェアに関する飼養管理指針」を公表したが、EUでは禁止や廃止になった鶏の「バタリーケージ」飼育や長期間にわたる豚の「妊娠ストール」利用を実質的に容認するものだった。現状維持をめざす業者側の主張が根強かったためとされる。

実験動物についても、法制度による動物への配慮に研究者らからの強固な反発があり、情報開示すら進まない。動愛法は5年ごとに見直し作業が行われるが、次の改正では、畜産動物や実験動物に関する条項がどれだけ盛り込まれるかが焦点になるとみられる。　（文化部・太田匡彦）

## 関 連 用 語

### ◆動物園・水族館の自主ガイドライン

動物園などの展示動物については日本動物園水族館協会（JAZA）が、必要な面積や室温など具体的な数値も例示した自主的な「適正施設ガイドライン」を整備しつつある。飼育・展示施設を改修したり、新たに動物を導入したりする際に適用している。JAZAはまた、23年から動物園や水族館の飼育環境を評価する取り組みも始めた。ただ、これらの取り組みはJAZA加盟の140施設（23年10月現在）に対する自主規制であり、非加盟の動物園や水族館、繁華街などで増加傾向にある「動物カフェ」については野放しといえる状態が続いている。

### 札幌市が動物園条例を制定

札幌市は22年6月、動物園の活動目的を「生物多様性の保全」と定義し、「良好な動物福祉の確保」も掲げた札幌市動物園条例を制定した。各地方自治体が設立した個別の動物園の運営方針などを定める条例は複数あるが、動物園という存在自体の目的を明記した条例は全国初。動物園に「動物福祉規程」を定めるよう求めるとともに、目的達成のために行うべき活動も掲げている。目的や理念に沿った活動をする民間を含めた動物園を市が認定する「認定動物園制度」も盛り込んだ。

くらし

# 侍ジャパン、３度目の世界一

　野球の第５回ワールド・ベースボール・クラシック（WBC）で、日本代表「侍ジャパン」が３大会ぶり３度目の優勝を飾った。米マイアミで行われた決勝で、米国を３−２で下した。大谷翔平（エンゼルス）、ダルビッシュ有（パドレス）ら大リーガーと、村上宗隆（ヤクルト）、佐々木朗希（ロッテ）らプロ野球で活躍する選手らが融合。栗山英樹監督のもと、決勝までの７試合を全勝で駆け抜けた。　　※所属チームは大会時点のもの

「憧れるのをやめましょう」

　2023年３月21日（日本時間22日）、マイアミのローンデポ・パークで行われた決勝前、ロッカールームで大谷は日本代表の仲間に語りかけた。「（米国には）野球をやっていれば誰しもが聞いたことのある選手たちがいるけど、憧れてしまったら超えられない。僕らは超えるために、トップになるために来た。勝つことだけを考えていきましょう」

　二回に村上が右越えに同点の本塁打、１点勝ち越し後の四回に岡本和真（巨人）が左越えに一発を放ってリードを広げた。

　過去２回の優勝は機動力と小技を

優勝し喜ぶ大谷翔平（中央左）ら日本の選手

駆使した「スモールベースボール」を掲げた。しかし今回は違う。力勝負で米国代表と渡り合った。

　１点リードの九回は、大谷がマウンドに上がった。大リーグを席巻する投打の「二刀流」。この大会も指名打者で出場する傍ら、２試合に先発したが、救援は初めてだった。

　２死走者なしで打席には米国代表の主将、マイク・トラウト。大リーグ史に残る強打者を、得意のスイーパー（右打者の外角に大きく逃げていく変化球）で空振り三振に切った。

「野球の祖国、アメリカをやっつけて優勝する」。就任時からそう繰り返した栗山監督の呼びかけに、大谷、ダルビッシュ、吉田正尚（レッドソックス）ら大リーガーが代表入りを快諾した。

　中でもダルビッシュは大リーガーで唯一、宮崎市で行われた代表合宿に２月17日の初日から参加した。チーム最年長の36歳（当時）。第２回

大会（09年）の優勝を知る右腕は、世界最高峰の技術や国際大会の経験を後輩たちに伝えた。休養日には食事会を開き、若手の心をほぐした。精神的な柱として、最高の雰囲気を作り上げた。

東京ドームで行われた1次ラウンドは中国に8－1、韓国に13－4、チェコに10－2、オーストラリアに7－1で4戦全勝。準々決勝はイタリアを9－3で退けた。

米国に渡り、メキシコとの準決勝は最大の山場だった。1点を追う九回、先頭の大谷が二塁打、続く吉田が四球で一、二塁。ここで打席に入ったのは、この大会で不振に苦しんだ5番村上だった。この日も9二振

優勝し、トロフィーを手に記念撮影をする栗山英樹監督（中央）と選手たち

の左打者が左中間へ逆転サヨナラ二塁打を放った。

ビデオリサーチによると、テレビ朝日系列で放送された決勝の瞬間最高視聴率は、優勝が決まった午前11時43分の46.0％。野球人気の低迷が叫ばれる中、大きな注目を集めた約1カ月だった。

（スポーツ部　山口史朗）

## 関 連 用 語

### ◆「侍」初の日系選手・ヌートバー

ラーズ・ヌートバーは米国人の父と日本人の母を持つ。日系大リーガーとして初めて日本代表に選出された。明るく、前向きな性格でチームに溶け込み、1番・中堅手として全試合に出場した。安打を放ったときに、両手を握ってコショウを引くようなしぐさをする「ペッパーミル・パフォーマンス」は、チーム全員が共通してやるようになり、一体感を生んだ。ヌートバーの選出は「育った国が違っても、みんなが仲間なんだ」という栗山監督のメッセージで、多様性を認め合う姿勢を体現するものだった。

### ◆チェコ代表の健闘

WBC初出場のチェコが、さわやかな印象を残した。選手のほとんどがアマチュアで、1次ラウンドの日本戦で先発したサトリアの職業は電気技師。四回に死球で出塁したエスカラは、日本の投手に心配をかけまいと、右翼線までダッシュをして無事をアピールした。その姿に一塁手の山川穂高（西武）は「素晴らしいですよね。真剣勝負だから怒りの表現が出ることもありますけど、ああいう姿はいいと思った」と共感した。チェコは1次ラウンドで敗退したが、中国を8－5で破り、記念すべき1勝を挙げた。

# 大谷、日本人初の大リーグ本塁打王に

　大リーグ・エンゼルスの大谷翔平がアメリカン・リーグ最多となる44本塁打を放ち、日本選手で初めて本塁打王になった。日本出身の大リーガーにとって最も難しいとされてきた打撃タイトルを、投手と打者の「二刀流」をこなしながら、圧倒的なパフォーマンスでつかみ取った。日本選手が本塁打、打率、打点の打撃タイトルを獲得するのは、2004年に2回目の首位打者に輝いたイチローさん（マリナーズ）以来だ。

　2023年シーズンの大谷は2年連続で開幕投手を務め、暑くなるにつれて打撃の勢いが止まらなくなった。6月には日本選手の月間最多記録となる15本塁打を記録し、日本勢で初めて3年続けて30号の大台をクリア。8月には大リーグで史上初めて、2年連続で「1シーズンでの2桁勝利、2桁本塁打」を達成した。

　投打「二刀流」でフル回転してきた影響だろう。8月に右ひじ、9月に右脇腹を痛めたためシーズン終盤の25試合を欠場した。それでも、独走していた本塁打王争いでは2位の選手に5本差をつけ、メジャー6年目で初めて投打主要部門のタイトルを獲得した。23年シーズンから極端な守備シフトが禁止されたこともあり、打率は3割4厘で初めて3割を超え、投手としては10勝5敗だった。

　日本選手はこれまでパワーや体格で劣るとされてきただけに、本塁打王を獲得した意味合いは大きい。日本選手最多のメジャー通算175本塁

23年シーズン後にはエンゼルスからフリーエージェントとなり、ドジャースへの移籍を決めた

打を放った松井秀喜さん（ヤンキースなど）でも、シーズン最多本塁打は04年の31本。大谷は計画的に体を作り上げ、23年はバットの素材を従来のものより硬く、反発力のあるメープルに替えて、打球速度や飛距離を向上させてきた。6月30日の試合では自己最長となる150m超えの本塁打を記録し、メジャーでもトップクラスの長距離打者であることを証明した。

　23年シーズンのア・リーグ最優秀選手（MVP）も受賞。2年前に続き、2度目の満票選出は史上初だった。

　　　　　（スポーツ部・笠井正基）

# 阪神、38年ぶり日本一

　プロ野球・阪神が38年ぶり２度目の日本一になった。オリックスとの「関西ダービー」となった日本シリーズを４勝３敗で制し、岡田彰布監督が現役だった1985年以来の頂点に立った。シーズンでは９月１日に優勝マジック「18」を再点灯させた試合から連勝が始まり、82年以来41年ぶりの11連勝で、2005年以来18年ぶり６度目のセ・リーグ優勝を果たした。９月14日の優勝決定は球団史上最速だった。

　阪神は22年まで４年連続Ａクラスだったが優勝には届かず。球団は岡田監督の経験と勝負勘を求めた。

　阪神の選手として1985年に日本一、監督としては2005年にリーグ制覇を経験した。約104の解説者生活を経て現場に戻ってきた。

　まず守備位置の固定を明言し、特に二遊間にこだわった。守備範囲は広いが送球に不安のあった中野拓夢を遊撃から二塁へ転向。空いた遊撃は木浪聖也と小幡竜平を競わせた。併殺プレーの練習に重点を置いた結果、12球団トップの130併殺に結びついた。

　攻撃面では「四球は安打と同じ」と選手に伝え、開幕前に自ら球団に掛け合って四球の査定ポイントを上げた。レギュラーシーズンの本塁打数はリーグ１位の巨人（164本）の約半分の84本ながら、リーグ最多の555得点。前年の358四球からリーグ１位の494個に増えたことで、打線につながりが生まれた。

　先発野手と代打や代走の選手を分け、個々の役割も明確になった。

　チーム防御率は12球団１位の2.66。最優秀防御率のタイトルを獲得した村上頌樹、大竹耕太郎、伊藤将司の２桁勝利投手が引っ張った。救援陣は守護神・岩崎優を固定し、他は柔軟に起用した。

　全選手が平成生まれ。吸収力のある若手と接することは「伸びしろがあるから楽しい」と岡田監督。12球団最年長監督が選手に自信をつけさせた。日本シリーズもシーズン中の戦い方を変えず、日本一になった。

（大阪本社スポーツ部・大坂尚子）

阪神を38年ぶりの日本一に導いた岡田彰布監督（中央）＝京セラドーム大阪

# 慶応、107年ぶり優勝

　1世紀以上も閉ざされていた扉が開いた。第105回全国高校野球選手権記念大会。4万2100人の観客で埋まった決勝は、慶応（神奈川）が史上7校目の夏連覇を狙った仙台育英（宮城）を8-2で破り、107年ぶりの優勝を果たした。慶応の選手たちは髪形が自由で、練習内容も自分たちで決めることが多い。試合中は笑顔を絶やさず、「エンジョイ・ベースボール」を掲げるチームの優勝は、高校野球に新しい風を吹き込んだ。

　節目の大会にふさわしい注目の決勝は、劇的に幕を開けた。プレーボール直後の5球目。慶応の1番・丸田湊斗が右翼席へと放り込んだ。決勝では史上初となる先頭打者本塁打に、球場のほぼ半分を埋めた慶応の大応援団が揺れる。

　早々と主導権を握ると、ともに2年生の左腕・鈴木佳門、右腕・小宅雅己が一度もリードを許さない。1916（大正5）年の第2回大会以来、2度目の頂点に立った。

　仙台育英には3月の選抜大会の初戦で、1-2でサヨナラ負けを喫し

試合後に校歌を歌う慶応の選手たち。髪形は半世紀以上前から自由という

た。「1点」の差を埋めるため、走塁やバントを見直し、1日に千スイングすることもあったという。主将の大村昊澄は「慶応はスマートなイメージを持たれているかもしれないけど、全然違う」と言った。「エンジョイ・ベースボール」に憧れて関東を中心に選手が集まってくるが、その根底にあったのは、泥臭さやひたむきさ。最高の舞台でリベンジを果たし、楽しさだけを追求してきたわけではないことを証明してみせた。

　連覇への重圧を抱えながら、再びあと一歩のところまで迫った仙台育英もさすがだった。主将の山田脩也やエースの高橋煌稀ら東北勢として初優勝を遂げた前年の主力が多く残ったチームは、浦和学院（埼玉）、聖光学院（福島）、履正社（大阪）など強豪の挑戦をことごとくはね返した。大応援団の後押しを受ける慶応に届したが、優勝インタビューの間、ベンチから拍手を送って相手をたたえる選手たちの姿は印象的だっ

た。

ともに初の4強入りを果たした土浦日大（茨城）、神村学園（鹿児島）の集中打も見事だった。前年の仙台育英の快挙に引っ張られるかのように、東北勢の躍進も光った。仙台育英のほか、高校通算140本塁打の佐々木麟太郎が注目を集めた花巻東（岩手）と八戸学院光星（青森）が準々決勝へ。東北勢3校の8強入りは史上初めてだった。

連覇は逃したものの、健闘が光った仙台育英の選手たち

複数投手の起用はさらに進んだ。登板した投手の延べ人数は前回より23人多い246人だった。完投数は前年夏の21から14に減った。

この大会は、選手の髪形にも注目が集まった。49代表校のうち、慶応や土浦日大など7校の選手が明らかに丸刈りではなかった。甲子園初出場の浜松開誠館（静岡）の広崎漣は横を刈り上げて、センター分けにしていた。投手兼左翼手として活躍し、「野球のうまい下手に髪形は関係ないと思う」。高校球児＝丸刈り、は変わりつつあることを感じさせた。

（大阪本社スポーツ部・山口裕起）

## 関 連 用 語

### ◆十回からタイブレーク

試合の早期決着を図るため、無死一、二塁から攻撃を始めるタイブレークの開始回が十三回から十回に繰り上げられて初めての全国選手権だった。延長に入ったのは6試合。このうち5試合が十回に、1試合が十二回に決着した。この大会からベンチに入れる登録選手枠も20年ぶりに拡大され、18人から20人になった。選手の負担軽減や暑さ対策が理由で、1試合で20人全員が出場したチームも。過去の甲子園では存在しなかった背番号20の選手が適時打を放つシーンもあった。

### ◆クーリングタイム

五回終了時にクーリングタイム（10分間）が新設された。体温を下げることを目的とし、ベンチ裏には送風機が置かれ、選手たちは保冷剤の入ったアイスベストやネッククーラーを身につける。ゆっくり体を休めた後は、後半に向けてミーティングを開いたり、ストレッチをしたり。体だけでなく頭も冷やし、考え方を整理する。この10分間の使い方も試合に影響を及ぼしたようだ。台風接近に伴う天候不良などのため適用を見送った4試合をのぞき、44試合で実施された。

# バスケ男子、48年ぶり自力五輪出場権獲得

バスケットボールの男子日本代表が、2023年8～9月に沖縄などで開催されたワールドカップ（W杯）でアジア勢最上位となり、24年パリ五輪の出場権を獲得した。開催国枠で出場した21年東京大会に続く出場となるが、自力での五輪出場は1976年モントリオール五輪以来48年ぶり。近年の世界大会で勝てなかった日本は、世界ランキングで格上のフィンランドやベネズエラに逆転勝ちするなどして、歴史を塗り替えた。

世界ランキング36位（大会時、以下同）でW杯に臨んだ日本は1次リーグ初戦、この大会で優勝することになるドイツ（11位）に63−81で敗れたものの、続くフィンランド（24位）に98−88で逆転勝ち。最大18点差を若手の富永啓生、河村勇輝らの活躍で覆した。W杯で欧州勢から白星を挙げるのは初。4年前のW杯で5戦全敗、東京五輪で3戦全敗と世界相手に勝てなかったチームが久しぶりに挙げた世界大会での1勝となった。

第3戦は、東京五輪銅メダルのオーストラリア（3位）に89−109の完敗。1次リーグ敗退となり、17～32位を争う順位決定リーグに回った。その第1戦、ベネズエラ（同17位）には86−77で逆転勝ち。第4クォーターに最大15点リードを許す危機的状況だったが、チーム最年長の比江島慎が立て続けに3点シュートを決め、劇的な勝利を飾った。

最終戦となったカボベルデ戦（同64位）は米国生まれで日本国籍を取

カボベルデ戦でシュートを放つ渡辺雄太＝2023年9月、沖縄県沖縄市

得したホーキンソン・ジョシュと、唯一のNBA選手の渡辺雄太が40分フル出場で勝利に貢献。アジア勢で唯一3勝を挙げて、目標としていた五輪切符を獲得し、沖縄アリーナは大歓声に包まれた。

女子日本代表を東京五輪で銀メダルに導き、21年から男子代表の指揮を執るトム・ホーバスヘッドコーチは「このチームはスーパーチーム。間違いない。でも、まだ仕事は終わっていない」。12チームしか出場できないパリ五輪を見据え、さらにチームの完成度を高めていく。

（スポーツ部・野村周平）

# なでしこ、2大会ぶり8強

2023年7月から8月にかけてオーストラリアとニュージーランドで開催されたサッカー女子のワールドカップ（W杯）で、日本代表（なでしこジャパン）が2大会ぶりに8強入りを果たした。準々決勝でスウェーデンに敗れたものの、優勝したスペインを1次リーグで破るなど躍進。5得点を挙げたMF宮沢ひなたは、日本が優勝した11年ドイツ大会の澤穂希さん以来、日本選手では2人目の得点王に輝いた。

前回の19年フランス大会では16強で敗れるなど、近年は苦しんでいたなでしこジャパン。東京五輪後に就任した池田太監督は日本がこれまで得意としてきたパスワークに加え、縦に速い攻撃に磨きをかけた。

23歳の宮沢や19歳の藤野あおばらスピードのある若手を前線に抜擢。1次リーグ初戦のザンビアに快勝すると、勢いに乗った。

唯一の11年大会優勝メンバーとなった主将のDF熊谷紗希を中心に戦った1次リーグ3試合は無失点。堅守からボールを奪って素早く攻めるカウンター攻撃が威力を発揮した。決勝トーナメント1回戦では、体格差があり苦手としてきた北欧勢のノルウェーを3−1で破るなど自信も手にした。

9大会連続9回目の出場となった今回、メンバー23人のうち、海外組は過去最多の9人。MF長谷川唯ら中堅に加え、大会後も宮沢がマンチェスター・ユナイテッドに移籍するなど、海外の強豪クラブで腕を磨く選手が増えて対等に戦えるようになってきたことは大きい。日本では、21年にプロ化したWEリーグが開幕。今大会は初めてシェフが同行し、チャーター機で現地入りするなど選手の環境を整えている最中だ。

欧米では男女平等の流れを重んじ、女子サッカーへの投資が進む。日本はいかに取り残されず、強化を進められるか。24年のパリ五輪に向け、挑戦が続く。（スポーツ部・照屋健）

## PLUS ONE
## 放映権料高騰で交渉難航

大会前、話題になったのはテレビ中継だった。W杯における男女の格差を埋め、大会規模を拡大する国際サッカー連盟（FIFA）の方針で放映権料が引き上げられ、日本のテレビ局との交渉が難航。開幕の1週間前にようやくNHKでの中継が発表された。賞金の大幅引き上げなど待遇改善が進む一方で、財源をいかに確保するか。課題が残った。

スポーツ

# 車いすテニス・小田凱人の飛躍

　2023年6月、テニスの全仏オープン車いす部門男子シングルスで17歳の小田凱人（ときと）（東海理化）が初優勝した。決勝でアルフィー・ヒューエット（英）を6－1、6－4で破った。ヒューエットが持つこの種目の4大大会の最年少優勝記録（19歳）を更新。この優勝で史上最年少の世界ランキング1位にも躍り出た。翌7月にはウィンブルドン選手権も制して、4大大会2連勝を果たした。

　日本の男子車いすテニスは国枝慎吾さんが引っ張ってきた。4大大会すべてとパラリンピックを制する「生涯ゴールデンスラム」を達成し、23年1月に世界ランキング1位のまま引退したレジェンドだ。

　その国枝さんが初めて世界1位になった06年に生まれたのが愛知県一宮市出身の小田だ。

　9歳を迎えるころ、左足に骨肉腫というがんが発症。手術を受け、車いすでの生活になった。入院中、主治医からパラスポーツの魅力を説かれた。国枝さんが12年ロンドン・パラリンピックの決勝でプレーする動画を見て、「これだ」と直感した。

　10歳で競技を始めてからは日進月歩。14歳で世界ジュニアランキングで1位になった。22年4月に15歳にしてプロ宣言をし、1カ月後に全仏オープンで4大大会初出場を果たした。

　1年後には全仏の決勝の舞台にいた。利き手の左から放たれるサーブとフォアハンドは強烈。華のあるプレーでヒューエットを退け、頂点に立った。続く、ウィンブルドン選手権も制して、4大大会連続優勝。「小田時代」が到来しつつある。

　「あくまで病気は自分の人生の分岐点であって、乗り越えるべき壁ではなかった」と語る。そのプレーで病と闘う子どもたちに、病気はマイナスではなく個性だと伝えようとしている。　　　（スポーツ部・内田快）

## 限られた練習環境

　車いすテニスプレーヤーの受け入れ態勢が整っているコート施設は日本テニス協会の調べでは1割ほどにとどまる。駐車場からコートまでのバリアフリー化が進んでいないことや、車いすでプレーするとコートが傷つくのではとの懸念が背景にある。しかし、車いすも改良が進んでおり、例えばタイヤは痕がつきにくいようになっている。プレーできる環境が広がっていってほしい。

# ラグビーW杯、日本代表1次リーグ敗退

2023年9月8日に開幕したラグビーの第10回ワールドカップ（W杯）フランス大会は、南アフリカ代表が史上最多となる4度目の優勝を2連覇で飾った。19年の日本大会で初めてベスト8入りを果たした日本代表は、5チームで争う1次リーグを2勝2敗の3位で終え、2大会連続の決勝トーナメント進出はならなかった。選手たちは「優勝」を目標に掲げて大会に臨んだが、世界の壁は想定以上に厚かった。

日本の初戦は、W杯初出場のチリ代表戦。当日にキャプテンのFW姫野和樹が欠場するアクシデントに見舞われながら、副キャプテンのSH流大を中心にチームはまとまった。

けがから復帰したFWアマト・ファカタバや大黒柱のFWリーチ・マイケルらがトライを奪い、42-12で快勝。4トライ以上で得られるボーナスポイント1を加えた勝ち点5を獲得する最高のスタートを切った。

第2戦は前回大会準優勝のイングランド代表との一戦。相手の強力FWに対して、FW堀江翔太を中心にスクラムで健闘した。後半途中から突き放され、12-34で敗れた。

負ければ8強入りが遠のく第3戦はサモア代表が相手。約2年ぶりに先発したFBレメキ・ロマノラバが好走で相手の防御網を何度も破り、トライを演出した。後半に追い上げられながらも、28-22で逃げ切った。

アルゼンチン代表との1次リーグ最終戦は勝ったほうが8強に進む大一番。トライを取られては取り返す一進一退の攻防を繰り広げたが、終盤に力尽き、27-39でノーサイドの笛が鳴った。

敗れた2試合は、いずれも残り20分で劣勢に立たされた。日本は先発の15人と控えの8人に実力差があるため、控え選手に代わってチーム力が落ち、相手を勢いづかせてしまった。イングランドとアルゼンチンは1次リーグで登録メンバー33人全員が試合に出た一方、日本は5人が出場なし。選手層の面で世界トップレベルとの差が浮き彫りになった大会だった。（スポーツ部・松本龍三郎）

アルゼンチンに敗れ、悔しさをにじませる日本代表の選手たち＝フランス・ナント。パオロ・ヌッチ撮影

# 札幌市の冬季五輪招致

札幌市は2030年冬季五輪・パラリンピック招致をめざしていたが、23年10月11日、日本オリンピック委員会（JOC）の山下泰裕会長と札幌市の秋元克広市長が共同記者会見し、断念することを表明した。当初は有力なライバル都市が見当たらず、ほぼ「当確」とも見られていたが、21年の東京五輪に絡む汚職や談合事件が逆風となり、反対世論が高まったのが響いた。

札幌市は1972年大会以来、2度目の冬季五輪招致をめざしていた。当初は26年大会招致をめざしていたが、18年9月に起きた北海道の胆振東部地震の発生後、復旧活動を優先するとして招致の目標を30年に先送りした。

30年大会については20年1月に札幌市の秋元市長が国際オリンピック委員会（IOC）本部を訪ねた際、トーマス・バッハIOC会長から「技術的な能力に疑いの余地はない」と札幌市の開催能力を高く評価された。この段階で有力なライバル都市は見

札幌五輪開催から50年を記念して設置された大通公園のオリンピック・シンボル＝札幌市中央区

当たらず、早い段階でIOCは札幌市に一本化すると見られていた。

しかし、コロナ禍により1年延期で開かれた21年東京五輪をめぐる汚職、談合事件が22年夏以降に発覚し、猛烈な逆風となった。東京五輪では当初の見込みより経費が大幅に膨らんだことも、札幌市民の支持率低下につながった。

IOCは11月29日の理事会で30年大会はフランス東部と南東部、34年大会は02年冬季大会を開いた実績のある米ソルトレークシティーに候補を一本化した。さらに、38年大会についてスイスに27年まで優先的にIOCと交渉する権利を与えた。秋元市長は15年も先の大会までめどをつけるIOCの発表を受けて驚きを隠せず、招致を「ゼロベースで考えざるを得ないのが正直なところ」と語った。情報収集力不足を露呈した形のJOCにとって、IOCとの「蜜月」は過去のものになったことを印象づけた。

（編集委員・稲垣康介）

# 井上尚弥、4階級制覇

　2023年7月25日に有明アリーナ（東京都）でプロボクシング世界ボクシング評議会（WBC）、世界ボクシング機構（WBO）スーパーバンタム級タイトル戦があり、挑戦者の井上尚弥（大橋）は、王者スティーブン・フルトン（米国）を8回TKOで下した。井上は、ライトフライ級、スーパーフライ級、バンタム級に続き、4階級目の世界王座についた。日本人ボクサーの4階級制覇は、井岡一翔（志成）に続き、2人目。

　プロボクシングの王座は、体重別に17〜18階級に分かれている。

　井上は、14年4月にライトフライ級（48.97kg以下）のWBCタイトルを獲得すると、同12月にはスーパーフライ級（52.16kg以下）のWBOタイトルを獲得。18年5月には、バンタム級（53.52kg以下）の世界ボクシング協会（WBA）王者ジェイミー・マクドネル（英国）に挑戦して1回TKO勝ちし、3階級制覇を遂げた。

　22年12月、WBC、WBA、WBO、国際ボクシング連盟（IBF）バンタム級王座統一戦に臨み、ポール・バトラー（英国）に11回KO勝利し、日本人初、世界では9人目の4団体統一王者となった。

　井上は23年1月にバンタム級の4本のベルトを返上し、スーパーバンタム級（55.34kg以下）への転級を表明。WBC、WBO同級王者のフルトンへの挑戦は当初、5月に行われる予定だったが、井上の左拳の負傷で7月に延期になった。試合は負傷の影響を感じさせることなく、8回TKOで井上が快勝。戦績は25戦全勝（22KO）と無敗のまま、日本人2人目の4階級制覇王者となった。

　日本人最初の4階級制覇は井岡一翔。一番軽いミニマム級（47.62kg以下）からライトフライ級、フライ級（50.80kg以下）で世界王者となったあと、19年6月にWBOスーパーフライ級タイトルを獲得した。世界ではフィリピンのマニー・パッキャオらが達成した6階級制覇が最多。

（スポーツ部・塩谷耕吾）

フルトン戦では勝負の肝とみられた「距離感」をすぐに制圧。アゴに、ボディーに、井上の左ジャブが入った

# ベーシックワード BASIC WORDS

## 政治 Politics

### ▶ IR（カジノを含む統合型リゾート）

カジノを含む統合型リゾート（IR=Integrated Resort）は、国際会議場やホテルを集めた施設で、カジノを設けて海外からの集客力を高め、収益性を上げる。2018年に成立した国内にIRをつくるための実施法と、懸念されるギャンブル依存症の対策基本法を受け、全国に最大3カ所つくられる予定。

大阪府・市と長崎県から整備計画の申請があり、斉藤鉄夫国土交通相は23年4月、大阪府・市の整備計画を認定した。大阪の計画は、大阪・関西万博の会場でもある夢洲に、カジノ施設のほか、国際会議場やホテルなどを整備する。初期投資は1兆2700億円。今後、カジノ免許付与などの手続きが進めば、日本で初めてのカジノ施設が誕生する。一方、長崎県佐世保市のテーマパーク「ハウステンボス」の敷地内に誘致する計画は、継続審査となった。

### ▶ 会期不継続の原則

国会法には、国会の会期中に成立しなかった法案は、原則的に次の会期には引き継がず、廃案になることが定められている。その結果、与党は会期中の成立を急ぐため、採決を強行し、野党は審議入りや採決を遅らせることで「時間切れ廃案」を狙うといった弊害も生じている。「会期不継続の原則」をめぐっては、会期中に議決されなかったとしても、議員の任期中であれば廃案とせず、次の会期も審議を続けるべきだとの改革案も古くから出ている。しかし、日程闘争も野党には有力なカードになっており、改革の機運は乏しい。

### ▶ 北朝鮮による日本人拉致問題

1970年代後半から80年代前半にかけて、日本海側や九州の海岸などで行方不明者が相次いだ。これらが北朝鮮工作員による拉致とする疑惑は、96年ごろから注目を浴びるようになった。日本政府は17人を北朝鮮による拉致被害者と認定。北朝鮮は否定していたが、2002年、日朝首脳会談で拉致を認め、その後、被害者5人とその家族を帰国させた。

安倍晋三首相（当時）は19年5月、日朝首脳会談について、前提条件をつけずに実現をめざす方針を表明した。それまで、拉致問題で一定の前進があることを首脳会談の前提としてきたが、米国が北朝鮮との対話を進める中、歩調を合わせて会談を実現させ、拉致問題解決につなげる方針に転換した。岸田文雄首相もこ

北朝鮮の金正日総書記（左）と小泉純一郎首相による日朝首脳会談で、北朝鮮は拉致を初めて認めた＝2002年9月、平壌

の立場を引き継ぐ。ただ、北朝鮮は「拉致問題は解決済み」との立場を崩しておらず、首脳会談に応じる見通しも立っていない。

### ▶憲法審査会

憲法や関連する法制度について調査や議論する国会の機関で、憲法改正原案を審査する。各会派の議席数に応じて、衆院は50人、参院は45人で構成される。

00年にできた衆参の憲法調査会が前身。第1次安倍政権下の07年、国民投票法が成立したことに伴い衆参両院に憲法審査会が設置され、改正原案の審査が可能になった。

改正原案は衆参各院の審査会が過半数で可決し、各院の本会議で総議員の3分の2以上が賛成すれば憲法改正案として発議され、国民投票にかけられる。

### ▶合区

一票の格差是正のため、有権者が少ない選挙区を統合し、定数を減らす措置。15年7月、改正公職選挙法が成立し、16年7月の参院選から憲政史上初めて県境をまたいで導入された。「鳥取と島根」「徳島と高知」をそれぞれ一つの選挙区とし、改選数はいずれも1になった。

人口が減少する中、合区は今後も増える可能性があり、自民党は改憲4項目の一つに「合区解消」を盛り込んでいる。

### ▶候補者男女均等法

女性議員を増やすことを後押しする初めての法律。18年5月に成立・施行された。国会と地方議会の議員の選挙で、「男女の候補者の数ができる限り均等となることをめざす」と規定。政党とその他の政治団体に対し、候補者数の目標を定め

るなど自主的な取り組みを求めた。

### ▶国政調査権

衆院、参院はそれぞれ「国政に関する調査を行い、これに関して、証人の出頭及び証言並びに記録の提出を要求することができる」と、憲法62条で定められている。ロッキード事件やリクルート事件といったスキャンダルのたびに行われる証人喚問がよく知られているが、要求を拒否したりした場合には、懲役や禁錮などの罰則も定められている。国会法により、衆参のいずれかの委員会で過半数が賛成すれば、内閣や官公署に必要な報告や記録の提出を求めることができる。

### ▶衆院の解散

内閣の助言と承認により天皇が行うが、実質的な決定権は内閣にあり、「首相の専権事項」「首相の伝家の宝刀」とも呼ばれる。衆院の任期満了を待たずに、首相にとって有利な時期を選んで民意を反映させた議会を構成することをめざす場合と、内閣不信任案の可決や信任案の否決を受けて、内閣が総辞職しなかった場合に行われる。

衆院議長が解散詔書を読み上げると同時に、万歳三唱することが慣例となっている。任期満了に伴う総選挙の場合、与党に有利な時期を選べないため、多くの内閣は任期満了前に解散する。

### ▶衆院の優越

憲法では、首相指名と予算、外国と結ぶ条約の承認、法案について、衆参で違う議決が行われた場合、衆院で決めたことが「国会で決めたこと」として認められる「衆院の優越」を規定している。

例えば、予算、条約は衆院から参院に

送られて30日以内に参院が議決しないと、衆院の議決が国会の議決になる（30日ルール）。法案については、参院に送られてから60日以内に参院が議決しない場合には、衆院の3分の2以上の賛成があれば再可決できる（60日ルール）。

### ▶政治資金規正法

政治資金の流れを国民に公開して、民主主義の健全な発展を目的とする法律。そのため、名称は「規制」ではなく「規正」となっている。政治活動を行うために寄付を受けたり、支出したりする政治団体は、毎年12月31日現在での収入や支出、資産などの状況を翌年3月末までに報告することが定められている。

07年12月に改正法が成立、08年1月に施行された。対象となる政治団体は1万円以下の領収書を保管、1万円超の分は総務省や都道府県選挙管理委員会に提出、開示請求があれば原則公開する。政治資金収支報告書や領収書の監査が義務づけられた。だが、国会議員の親族が代表を務める政治団体や地方議員は対象外となるなど、支出の全体像がわかるようにはなっていない。

### ▶竹島

隠岐諸島の北西157kmにある総面積約0.21km²の小島と岩礁で、日本と韓国が「固有の領土」と主張している。韓国名は「独島（トクト）」。

日本は1905年、閣議決定を受けて島根県知事が県所属とする告示を出したことを根拠にしている。一方、韓国は、日本が同じ年に外交権を奪い、5年後に併合した経緯から無効と主張。52年、李承晩（イスンマン）大統領が「李承晩ライン」を設定してそのライン内に竹島を取り込み、その後、警備隊員を常駐させるなどしている。

### ▶通常国会・臨時国会・特別国会

通常国会は毎年1回、1月に召集され、前半は予算、後半は内閣の施政方針に基づく法案が議題となる。臨時国会は、内閣が案件に応じて召集。特別国会は総選挙後30日以内に召集され、内閣総理大臣（首相）が指名される。通常国会の会期は150日だが、他は開会後の国会議決で決まる。会期延長は通常国会で1度、他は2度認められる。

### ▶デジタル庁

行政のデジタル化などの司令塔となる組織。21年9月に発足した。

現金給付の遅れやファクスで感染者のデータを集計するなど、コロナ禍で国内のデジタル行政の遅れが浮き彫りになったため、当時の菅義偉首相が20年9月の自民党総裁選でデジタル庁創設を公約に掲げた。行政手続きの押印廃止や、個人を識別できるマイナンバーとひもづけてオンライン申請できる手続きを増やすことで、国民や民間企業の利便性向上につなげる。無駄が多いとされる国の情報システムも、予算と権限をデジタル庁に集約して見直しを進める。

### ▶党首討論

首相と野党党首が一対一で議論する制度で、国会審議を活性化させようと00年に正式に導入された。討論時間は45分。水曜を定例日として、首相が本会議や予算委員会などに出席する週は原則的に行わない。衆参いずれかに10議席以上持つ野党党首が参加できる。00年は8回行われたが、近年は減少傾向にあり、17年、

20年、22年は一度も開かれなかった。

首相が長々と答弁して野党党首の持ち時間が消化されたり、野党が多党化したため、議員数の少ない党の持ち時間が5分になったりするなど課題も続出。討論時間の延長や夜間開催など改革案が出ている。

野田佳彦首相が野党・自民党の安倍晋三総裁に衆院解散を宣言した2012年11月の党首討論

### ▶土地利用規制法

安全保障上重要な施設周辺の土地利用を規制する法律（土地利用規制法）が、22年9月に全面施行された。

自衛隊や在日米軍の基地、海上保安庁の施設、原発など安全保障上重要な施設の周辺約1kmや、国境近くの離島を首相が「注視区域」や「特別注視区域」に指定。対象となった区域では国が土地や建物の利用状況を調べ、施設の機能を損ねる行為に対しては、中止の勧告や懲役を含む罰則つきで命令できるようになる。特別注視区域では、一定の面積以上の土地や建物の売買時に氏名や国籍の事前届け出も義務づけた。

### ▶ふるさと納税

個人が自分で選んだ自治体に寄付すると、払う税金が減るという制度。寄付額のうち2千円を超える分が住民税や所得税から控除される仕組みで、実質2千円で寄付先の自治体から様々な返礼品がもらえる。08年度に始まった。

22年度の寄付総額は前年度比1.2倍の9654億円、寄付件数は同1.2倍の5184万件で、ともに過去最高を更新した。一方、寄付に伴う23年度の住民税の減収額は、全国で6797億円。

### ▶文通費の見直し（調査研究広報滞在費）

国会議員に月100万円支給される文書通信交通滞在費（文通費）について、在職日数に応じて日割り支給を可能にする改正関連法が、22年4月に成立した。

改正法では議員となった日を起点にし、日割り支給とする。衆議院の解散や死亡を除き、任期満了、辞職、退職、除名の場合も日割りとなる。名称が調査研究広報滞在費に改められ、目的も「公の書類を発送し及び公の性質を有する通信をなす等のため」から、「国政に関する調査研究、広報、国民との交流、滞在等の議員活動を行うため」に広げられた。

文通費は日割り支給の仕組みがなかったため、21年10月31日投開票の衆院選で当選したばかりの新人に10月分が満額支給され、見直しの声が出ていた。ただ、使途公開と、未使用分の国庫返納は今回の法改正に盛り込まれなかった。

### ▶文民統制

政治が軍事に優越する「シビリアンコントロール」の訳語。文民（シビリアン）である政治家が軍隊を統制することを指す。日本では過去に軍部が暴走した反省から、首相を自衛隊の最高指揮・監督権者とし、他国から攻撃を受け自衛隊が武力行使する「防衛出動」の際は、国会の承認が義務づけられている。

## 国際　International Relations

### ▶ QUAD

　日本、米国、豪州、インドの４カ国が安全保障などで協力する枠組み。「４」を意味する英語にちなみ、QUAD（クアッド）と呼ばれる。日本が中国を念頭に提唱する「自由で開かれたインド太平洋」（FOIP）を実現するために、民主主義の価値観を共有する４カ国で様々な協力をする。

　インド太平洋地域で、軍事的にも経済的にも台頭する中国に対抗するのが狙い。安倍晋三元首相が第１次政権で提唱し、第２次政権発足後の17年に局長級会談、19年に外相会談が実現し、21年３月の首脳協議に発展した。QUADが発展するにつれ、中国は警戒感を強めている。

### ▶ SDGs（持続可能な開発目標）

　15年９月の国連サミットで採択された、すべての加盟国が30年までに取り組むことを決めた国連の持続可能な開発目標（SDGs＝Sustainable Development Goals）。「地球上の誰一人として取り残さない」を共通の理念に、極度の貧困と飢えをなくすなどの従来の開発目標に加え、ジェンダーの平等や良好な雇用環境づくり、生産と消費の見直しなど、17分野からなる。

### ▶ アフガニスタン、タリバン復権

　アフガニスタンで、21年８月に首都カブールを制圧したイスラム主義勢力タリバンは、９月に暫定政権を発足させた。

　01年の米同時多発テロを契機に始まった戦いは泥沼化。バイデン氏は20年の米大統領選の公約にアフガン撤退を掲げ、駐留米軍を完全撤退させると表明。21年に撤収作業を本格化させると、タリバンは攻勢を強め、米軍に頼ってきた政府軍の統率は一気に崩れた。

　タリバン主導の国家運営に国内の混乱は続く。女性が外出する際に全身を覆うことを義務づけるなど、旧政権時代にも行った女性の社会進出や通学などの制限を進めており、国際社会から批判を浴びている。武装勢力による爆発事案も散発的に起きている。

町を巡回するタリバン戦闘員たち＝2022年６月、アフガニスタン中部バーミヤン

### ▶ アフリカ連合（AU）

　アフリカの54カ国と西サハラが加盟。アフリカ諸国の統一や植民地主義の根絶などを掲げて1963年に発足したアフリカ統一機構（OAU）の後継組織。南アフリカのムベキ大統領（当時）らの構想をもとに02年に発足した。EUをモデルに、安全保障や経済分野の協力を通じて統合を模索し、域内紛争や独裁政治の根絶をめざす。実現すれば、世界最大の国家連合となる。

### ▶ アルカイダ

　アラビア語で「基地」「拠点」の意味。旧ソ連軍のアフガニスタン侵攻（1979〜89年）の際に、アラブ側の義勇兵として参戦したオサマ・ビンラディン容疑者が、89年ごろ結成したといわれる国際的なテロネットワーク組織。過激なイスラム原

理主義者で構成され、01年の米同時多発テロなどを引き起こしたとされる。米軍によるアフガニスタン空爆やイラク戦争後、各地で頻発しているテロに関与しているとみられる。

### ▶安全保障理事会（安保理）

国連の主要機関で、常任理事国5カ国と非常任理事国10カ国の計15カ国で構成されている。米国、英国、フランス、ロシア、中国の常任理事国は「拒否権」を持ち、1カ国でも反対すれば決議は採択されない。また、この5カ国は国連憲章が改正されない限り、恒久的にその地位にある。非常任理事国は拒否権を持たず、任期は2年で毎年5カ国ずつ改選。地域配分はアフリカ3、アジア・太平洋2、中南米2、西欧その他2、東欧1。

1956年に国連に加盟した日本は、加盟国中最多の12回、非常任理事国に選出されている。日本が常任理事国になるためには、①作業部会で常任理事国入りを盛り込んだ国連改革案を決定②この改革案を盛り込んだ国連憲章改正の決議案を国連総会の構成国の3分の2の賛成で採択③すべての常任理事国を含む国連加盟国の3分の2によって決議を批准、の手続きが必要とされる。

国連安保理の会合＝2023年11月

### ▶ウイグル人権問題

ウイグル族は、中国・新疆ウイグル自治区に暮らすトルコ系少数民族。多くはイスラム教徒で、中華民国時代の1930〜40年代に「東トルキスタン」建国をめざす動きが起きるなど、歴史的にも漢族との確執を抱えてきた。2000年代には、武器や爆薬を使った襲撃事件が起き、中国政府は武装警察を投入するなどして締め付けを強めてきた歴史がある。

中国でウイグル族に対して深刻な人権侵害が続いているとして、批判が高まっている。人権状況を理由に、米欧は22年2月の北京冬季五輪に政府高官を派遣しない「外交ボイコット」に踏み切った。また、バチェレ国連人権高等弁務官（当時）が5月、国連の人権部門トップとして17年ぶりに訪中。8月には、テロ対策や過激派対策の名目で、中国政府による「深刻な人権侵害が行われてきた」とする報告書を国連人権高等弁務官事務所（OHCHR）が発表した。

### ▶核兵器禁止条約

核兵器の使用や保有などを法的に禁じる条約。17年7月に採択され、21年1月に発効した。核兵器の使用、開発、実験、保有、移転などを幅広く禁止する。核兵器の使用や実験の影響を受けた人々に、医療などの援助を提供することもうたう。

だが、核保有国や、日本など核保有国の核兵器に安全保障を依存する国々は反対・不賛同の立場だ。日本などは核不拡散条約（NPT）こそが核軍縮・不拡散を議論する場だと主張している。

### ▶国際刑事裁判所（ICC）

集団殺害や重大な戦争犯罪などを犯し

ベーシックワード

## ［BASIC WORDS］

た個人を裁くことを目的とする初の常設国際裁判所。98年にローマの外交会議で設立条約（ローマ規程）が採択され、02年7月1日に発効、裁判所が発足した。所在地はオランダ・ハーグ。判決で科すことができる刑罰は、30年以下の拘禁刑が原則だが、「犯罪の重大性と犯罪者の個別事情によって正当化される場合」には終身拘禁刑を科すこともできる。拘禁刑に加えて罰金、資産の没収を命ずることもできる。

　日本は07年10月に加盟した。ICCには、国連安保理常任理事国である米国、中国、ロシアが未加盟であるほか、脱退を表明する国も出ており、国際社会の幅広い参加を得ているとは言いがたい。

### ▶国際原子力機関（IAEA）

　原子力の平和利用を推進するために技術援助を行うほか、核物質の軍事転用を防止するため、各国の原子力関連施設への査察などを行う国際機関。1957年に発足、本部はウィーン。核不拡散条約（NPT）には加盟していないインド、パキスタン、イスラエルも加盟している。

### ▶国際司法裁判所（ICJ）

　1945年、国連の主要機関として設立された。オランダのハーグにある。領土権の確定など国家間の訴訟事件の裁判のほかに、国連総会や国連安保理、国連機関の要請を受けて、法律問題に関する勧告的意見を表明できる。96年7月には、核兵器の使用・威嚇が、国際法、人道法の原則に「一般的に反する」との判断を示した。裁判官は「国際法に有能の名のある法律家」15人で、任期は9年。裁判での決裁は9人で成立し、過半数制。可否

同数の場合は所長が決定投票権を持つ。

### ▶国際連合（UN）

　1945年4～6月、サンフランシスコに50カ国の代表が集まり、国連憲章を採択。のちにポーランドが加わり、同10月24日に正式に成立した。51カ国が原加盟国で、10月24日は国連の日と定められた。本部はニューヨーク。02年9月、「永世中立」を守り続けてきたスイスが加盟。23年12月現在の加盟国数は193。日本は56年12月に加盟した。

### ▶条約の批准

　国家がその条約に拘束されることを最終的に意思表示する行為で、通常は行政府が行う。大統領など行政府の長が批准書に署名したうえで、2国間条約の場合は相手国と交換する。多国間条約の場合は寄託国に寄託することによって完了する。

　議会の承認決議が「批准」と報じられることがあるが、これは誤り。議会の承認は、多くの国で条約批准の要件ではあるが、批准そのものではない。

### ▶シリア内戦

　11年春、中東に広がった民主化運動「アラブの春」に端を発したシリアの反体制運動に対するアサド政権の武力弾圧を引き金に、シリア内戦が勃発した。周辺国や大国が介入。さらに、過激派組織「イスラム国」（IS）やクルド人勢力なども入り乱れ、戦闘が続いた。だが、15年9月に政権の後ろ盾となるロシアが軍事介入すると、戦況は一変し、アサド政権の軍事的優位が固まった。一時、国土の約4割を支配したISはすべての拠点を失った。

　しかし、和平実現に向けた道のりは見

通せず、市民の窮状が続く。内戦の泥沼化で38万人以上が命を落とし、1300万人以上が国の内外に逃れた。「今世紀最悪の人道危機」と呼ばれる。

見渡す限り広がる避難民のキャンプ＝2020年３月、シリア北西部イドリブ県

### ▶朝鮮戦争

1950年６月、北朝鮮軍が南北の境界となっていた北緯38度線を越え、韓国に進攻。米国中心の国連軍が韓国を、中国の人民義勇軍が北朝鮮を支援するために参戦した。53年７月、休戦協定が米国、北朝鮮、中国の３者の署名で成立。韓国は「北進統一」を主張して署名を拒否した。

休戦を「終戦」に転換する話し合いは翌年開かれたが、破談。法的には、戦争状態のままで今に至っている。戦争を正式に終わらせるには、関係国の間で平和協定のように国際法に基づく条約を結ぶ必要があるが、終戦の見通しは立っていない。

### ▶米同時多発テロ

01年９月11日、テロリストが旅客機４機を乗っ取り、ニューヨークの世界貿易センタービルとワシントンの国防総省に激突させた。１機はペンシルベニア州で墜落。乗客・乗員、消防隊員ら約３千人が死亡。貿易センタービルは北、南の両棟とも倒壊した。

米国は、「単なるテロを超えた戦争行為」として、首謀者とみなされるオサマ・ビンラディン容疑者とテロ組織アルカイダをかくまうアフガニスタンのタリバン政権に対し爆撃を開始。同12月、タリバン政権を崩壊させた。

### ▶包括的核実験禁止条約（CTBT）

地下を含むすべての核実験を禁止する条約で、96年に国連総会で多数決採択された。署名185カ国、批准170カ国（21年３月現在）だが、未発効。発効には一定レベルの原子力施設を持つ国など計44カ国の批准が必要であり、そのうち米国や中国など５カ国は署名済みだが未批准で、ロシアは23年11月に批准を撤回。北朝鮮、インド、パキスタンは署名もしていない。日本は批准済み。

### ▶香港国家安全維持法

香港での反体制的な言動の取り締まりを狙って、中国の全国人民代表大会（全人代）で20年６月に成立、即日施行された。国家分裂や政権転覆、テロ活動、外国勢力との結託・海外勢力による国家の安全への危害などについて、無期懲役以下の刑事罰を科す。

法制定の背景には、容疑者の身柄を中国本土に引き渡すことを可能にする逃亡犯条例改正案をめぐり、19年に起きた大規模デモに危機感を強めたことがあった。しかし、香港返還時の「高度な自治を香港に認め、従来の制度や生活様式を50年は変えない」という約束に反した、一国二制度を骨抜きにする内容だ。

施行後、当局による言論弾圧や民主派の逮捕が続く。中国政府の統制強化を受け、香港を脱出する移民が急増し、人口が減少している。

ベーシックワード

## 経済 Economy

### ▶ ESG投資

環境（Environment）と社会（Social）、企業統治（Governance）を表す英語の頭文字を順番に並べたのがESG。この3点に配慮してたくさんのお金を投資するやり方をESG投資と呼ぶ。

利益だけでなく、環境保護や社会問題の解決にもつなげる。例えば、「環境」なら、温室効果ガス削減に積極的な企業に投資し、二酸化炭素を多く出す石炭火力発電所への投資をやめる。「社会」だと、女性の活躍に取り組む会社の株や新型コロナウイルス対策にお金が使われる債券を買う。「企業統治」の場合、外部の厳しい意見を経営に採り入れることを求めることもある。

2015年に国連がSDGs(持続可能な開発目標)を設けたこともあり、活発化している。

### ▶ G20サミット

Gはグループの頭文字。日本、米国、英国、ドイツ、フランス、イタリア、カナダの主要7カ国（G7）に、ロシア、中国、インド、ブラジル、南アフリカ、韓国、オーストラリア、メキシコ、インドネシア、サウジアラビア、トルコ、アルゼンチン、欧州連合（EU）を加えた20カ国・地域によるサミット（首脳会議）。08年のリーマン・ショックを機に始まり、中国やブラジルなどの新興国も参加して毎年開かれる。G20には首脳会議のほか、財務相・中央銀行総裁、外相、農業相などの関係閣僚の会合もある。

### ▶ M&AとTOB

M&Aは、合併や買収の形で相手企業やその事業部門を入手すること。Mは合併（merger）、Aは買収（acquisition）の頭文字を指す。日本企業は銀行や企業間での株式持ち合いでM&A攻勢をしのいできたが、バブル崩壊以降の持ち合い解消の動きや法整備が進んだことなどから、活発になった。

株式公開買い付け(TOB=takeover bid)はM&Aの手法の一つ。買収を予定している株数や株価を公表し、一定期間中に株主に売るよう呼びかけるもの。短期間で多くの株を取得できるのが利点。相手企業の同意を得ないTOBは「敵対的TOB」と呼ばれる。

### ▶ QRコード決済

QRコードを利用してスマホのアプリで支払う決済。代表的なのはPayPay、楽天ペイ、d払い、au PAY、メルペイなど。消費税を10%に引き上げた19年、政府が景気対策の一環として、現金を使わないキャッシュレス決済の利用者にポイントを還元する施策を打ち出し、利用する人が増えた。

キャッシュレス決済のうち、最も使われるのは現状でもクレジットカードだ。ただQRコードも年々その比率を伸ばしている。

東急電鉄で使われ始めたQRコードをかざして乗れる改札機＝2023年8月、東京・渋谷駅

## ▶RCEP

日中韓とオーストラリア、ニュージーランド、東南アジア諸国連合（ASEAN）の15カ国による自由貿易圏構想「地域的包括的経済連携」（RCEP=Regional Comprehensive Economic Partnership Agreement）。20年11月、首脳会合で正式に合意し、22年1月に発効した。

世界人口の約3割、国内総生産（GDP）の約3割を占める巨大な経済圏となる。参加国の人口（約23億人）やGDPの合計（約25兆ドル）は、発効済みの環太平洋経済連携協定（TPP）や欧州連合（EU）との経済連携協定（EPA）より大きく、日本にとっては、最大の貿易相手国である中国と第3位の韓国との間で結ぶ初めての自由貿易協定となる。

## ▶暗号資産

インターネット上の理論をもとに09年以降、価値を持った電子データとしてネット送金や決済に使われている。「交換業者」と呼ばれる会社に口座を開いて使うのが一般的。法定通貨の円やドルと交換できるが、価値を裏づける資産はなく、中央銀行のような公的な管理者はない。複数のコンピューターでデータを管理する「ブロックチェーン」という仕組みで偽造を防ぐ。

従来、「仮想通貨」と呼ばれていたが、法定通貨と誤解されやすいとして、日本では19年5月に成立した改正資金決済法で「暗号資産」と改称した。

## ▶インサイダー取引

上場企業の役員や社員、その他関係者が、株価に影響を与えるような会社の重要情報を知りながら、その情報の公表前に会社の株を売買する不正な取引。市場の公正さをゆがめる行為として、一般投資家を保護するために金融商品取引法で禁止している。違反すると、個人は懲役5年以下か罰金500万円以下、法人は5億円以下の罰金が科される。

大手証券会社で公表前の増資情報が相次いで漏れていたことが発覚したため、新たにインサイダー情報を漏らした側も刑事罰（5年以下の懲役）の対象とした改正金融商品取引法が13年6月に成立。14年4月に施行された。

## ▶売上高、営業損益、経常損益、純損益

売上高は、企業の本業による収益のこと。本業以外で発生する受取利息などは営業外収益となり、売上高には含まれない。営業利益は、企業の営業活動から直接生じた利益。これに金利などの営業外収益を加えたものが経常利益で、企業の経営状態を最もよく示す数値として一般に用いられる。経常利益に、資産の売却益や評価益などの臨時的な損益（特別利益、特別損失）を加減し、法人税などの税金を引いたものが純利益。それぞれ損失の場合は、営業損失、経常損失、純損失となる。

## ▶格付け会社

国や企業が投資家からお金を借りるために発行する「債券」について、元本や金利が約束通り返済されない「債務不履行」（デフォルト）になる確率を分析し、ランク付けする。米スタンダード・アンド・プアーズ（S&P）、米ムーディーズ・インベスターズ・サービス、欧米系のフィッチ・レーティングスが世界の3大格付け会社とされる。

## [BASIC WORDS]

### ▶キャッシュレス決済

お札や小銭といった現金を使わずに支払いを済ませること。クレジットカードや、JR東日本のSuica などカードにお金をチャージして使う電子マネー、スマートフォンなどでQRコードを読み込むなどの決済手段がある。

22年のキャッシュレス決済額は111兆円（前年は95兆円）となり、初めて100兆円を超えた。国内の総支出額に占めるキャッシュレス決済の比率は36％。内訳は、大半がクレジットカードで、決済額は93.8兆円。QRコードなどのコード決済が7.9兆円、電子マネーが6.1兆円、デビットカードが3.2兆円。

政府は現金の輸送コストなどを減らすため、キャッシュレス決済を推進している。25年までに比率を4割程度とする目標を掲げる。

### ▶金融商品取引法

従来の証券取引法を抜本改正して関連法と統合し、投資家保護と証券取引の透明化をめざす法律。07年9月末に完全施行された。株や債券などの有価証券のほか、ファンドやデリバティブ（金融派生商品）など様々な投資商品があふれているが、従来は規制する法律が業界や商品ごとにバラバラだった。金融商品取引法は、これらに横断的に規制の網をかけることで、投資家保護を図る。

主な内容は、①元本割れの恐れがある金融商品を横断的に規制②粉飾決算やインサイダー取引の罰則を強化③各種投資ファンドを届け出・登録制にする④株式公開買い付け（TOB）制度を厳格化⑤株式大量保有報告制度の特例措置の期間を短縮、など。

### ▶クラウドファンディング

「crowd」（群衆）と「funding」（資金調達）を組み合わせた造語。事業などに必要な資金を集めたい人や企業が、目標金額や募集期間などをインターネットサイトで示し、趣旨に賛同した不特定多数の人から支援金や寄付を集める仕組み。出資の返礼としてモノやサービスが提供される購入型、お返しがない寄付型などがある。

寝台特急「ブルートレイン」を活用した遍路宿。クラウドファンディングで資金を集め、オープンした＝2023年4月、香川県観音寺市

### ▶軽減税率

消費税は食料品など生活必需品にも一律にかかるため、低所得者ほど負担が重い逆進性がある。自公政権は13年末、消費税率10％への引き上げ時に生活必需品の税率を低く抑える軽減税率の導入で合意。16年成立の税制改正関連法で、税率を8％に据え置く対象を「酒類と外食を除く食品全般」と「定期購読の新聞」と決めた。

### ▶経済連携協定（EPA）

Economic Partnership Agreement。特定の国や地域の間で、物品の関税撤廃やサービス貿易の障壁を取り除く自由貿易協定（FTA＝Free Trade Agreement）

を柱に、知的財産権制度や人の移動、投資、経済協力など幅広い分野で共通ルールを定める協定。

日本は23年11月時点で21カ国・地域と締結（発効・署名済み）、3カ国・地域と交渉段階。

## ▶月例経済報告

政府の公式な景気判断を示す報告書。経済財政担当相が毎月、関係閣僚会議に示し、了承を得る。企業の生産や設備投資、輸出、住宅建設、個人消費、雇用情勢といった各種経済統計の変化を分析。それらを総合した景気の総括判断を文章にまとめる。報告では、「下げ止まり」「底入れ」といった独特の言い回しが使われる。一般の人には微妙なニュアンスが分かりにくいことから、「月例文学」と皮肉られることもある。

## ▶減価償却費

土地などを除く固定資産は、時間を経て使用することによって経済的価値がだんだん下がっていく。これを減価という。減価を事前に見積もって、各会計期ごとに費用として把握するのが減価償却費。固定資産の残存価値や耐用年数などから算出する。

## ▶鉱工業生産指数

自動車、機械、石炭から靴下やボールペンにいたるまで、製造業と鉱業の製品412品目の生産量を調査して、基準年を100として製品ごとの指数をはじき出し、総合した指数。生産活動の状況を判断するのに使われる。特に季節調整の処理をしているので、前月あるいは前期と比較して上昇しているか下降しているか判断できる。生産のほか、出荷、在庫、在庫

率の指数もある。

経済産業省が翌月下旬に速報、翌々月中旬に確報を出す。季節調整とは、決算期前は駆け込み生産で増えるとか、8月は夏休みで生産が減るといった季節的な変動を取り除く方法。

## ▶国際通貨基金（IMF）

各国の為替相場の安定と資本移動の自由化を推進しつつ、世界貿易や経済の発展を支援する国際機関。1944年に、連合国側（米、英、仏など）が米国のブレトンウッズで戦後の国際通貨体制について協議し、設立が決まった。国際金融の安定のために加盟国への資金貸し付けや金融支援を行う。最終イメージは「世界中央銀行」だが、まだ多くの困難がある。

## ▶最低法人税率

日本など136カ国・地域は21年10月、国際課税の新たなルールについて最終合意した。法人税に世界共通の最低税率を設け、税率は「15％」にする。

多国籍企業が法人税率の低い国や地域に子会社を置き、利益に見合った課税を逃れるケースが目立っていた。新ルールで、各国の法人税率引き下げ競争に歯止めをかけることも期待される。ただ、15％は、日本やドイツの約30％、米国の

**世界共通の最低税率を導入**

■ 法人税の最低税率を「15％」とし、軽課税国の税率との差額分を親会社が本社を置く政府に納める

最低税率
15％

親会社が本国に
納める法人税

軽課税国
の税率

子会社が
軽課税国に
納める法人税

## ［BASIC WORDS］

約28％などとの差が大きく、効果は限定的との見方がある。

### ▶指標原油

世界で取引される原油価格には、基準とされる原油が３種類あり、指標原油と呼ばれる。米国市場ではWTI（West Texas Intermediate）原油の先物、欧州市場ではブレント原油の先物、アジア市場ではドバイ原油の現物取引だ。

石油会社が産油国から購入する原油の価格は、指標原油の動きに準拠して決める契約を結ぶことが多い。日本が輸入の95％を依存する中東は、ドバイ原油やオマーン原油などを使っている。

### ▶種苗法改正

ブランド農作物の海外流出を防ぐことを目的とした改正種苗法が20年12月に成立、21年４月に施行された。

日本国内で開発され、国に登録された高級果実などの種や苗木について、海外への無断での持ち出しを禁じる。新品種の開発者が国内の栽培地域を指定できる。農家が自らの栽培のために登録品種から種や苗木をとり、翌年の栽培につかう「自家増殖」をする際には、事前に開発者の許諾をとることを求め、種苗の管理を強化する。

近年、日本の研究機関が数十年かけて開発した高級ブドウやサクランボなどの種苗が海外に流出し、アジアなどで格安で販売される事例が相次いでおり、対策が求められていた。

### ▶政府経済見通し

政府が、翌年度の経済運営の手がかりとするため、予算編成と並行して策定する。個人消費や輸出などの項目ごとに数字をはじき出し、国民経済全体の成長率を算定する。毎年年末に、内閣府が中心になり原案をまとめ、財務省、経産省と意見調整して閣議決定する。政府経済見通しを基礎として税収見通しや公共投資額などが決定されるので、政府の財政政策が色濃く反映される。

### ▶デリバティブ

金融派生商品のこと。為替相場や金利、株価などの変動を利用し、リスク（損失の危険性）の相殺や、低コストでの資金調達や高利回りの資金運用を可能にする。スワップ、オプション、先物取引などが代表例。複雑な金融技術を組み合わせて、為替、金利などが変動する幅をはるかに超えて価格が変動する商品もあり、投機取引に使われることも多くなった。

### ▶電力需給逼迫警報

「電力需給逼迫（ひっぱく）警報」は東日本大震災後の12年につくられた。電力供給の余裕を示す予備率が３％を切ることが予想される場合に、政府が出す。節電を呼びかけることで強制的に電気の使用量を減らす計画停電を未然に防ぐための措置だ。

22年３月に初めて東京・東北電力の管内に出た。福島県沖の地震で一部の火力発電所が停止。さらに、悪天候で太陽光の発電量が減り、真冬並みの気温で暖房による電力消費の増加も重なった。突然の発出が社会を混乱させたとして、22年５月に新たに「注意報」がつくられた。予備率が５％を下回りそうな場合、警報の前段階として注意報が出る。

### ▶東証、市場再編

東京証券取引所の市場が22年４月、約60年ぶりに再編された。五つに分かれて

違いが不明確だった市場をプライム、スタンダード、グロースの三つに統合した。

　最上位市場にあたるプライムに上場する企業は、市場で流通している株の時価総額が100億円以上とし、満たさなければ上場廃止にする。企業統治の面でも、気候変動によって受けるリスクの情報開示や独立社外取締役を3分の1以上に増やすことを求めるなど、基準を厳しくした。ただ、基準を満たさなくても旧1部は原則的にプライムへ移れる経過措置も導入。この措置を利用した295社を含む旧1部の84％がプライムに移行し、構成企業は大きく変わらない姿となった。

　東証は23年1月、経過措置が26年3月から順次、終了する案を公表。期限までに基準を満たさない企業は、上場廃止となる。

新市場の各種情報が掲示された東証のボード＝2022年6月

### ▶日経平均株価

　東京証券取引所プライム市場（22年4月までは第1部）に上場する約2千社のうち、代表的な225銘柄を対象に平均を算出した株価指数。もともとは東証が算出していたが、1970年、指数の算出と公表を日本経済新聞社が引き継いだ。対象銘柄は業種のバランスを考慮したうえで選ばれ、入れ替わることもある。算出以来の最高値は、バブル絶頂期の89年12月につけた3万8915円87銭。

### ▶バレル

　米国の油田で、石油の輸送に樽（バレル）が使われたことから、その後、国際的な原油・石油製品の取引の体積の単位となった。1バレルは約158.987L。

### ▶粉飾決算

　企業決算で利益を故意に過大または過小に計上すること。業績が悪い会社が経営破綻（はたん）を回避するため、売上高を架空計上したり、損失を関係企業に付け替えたりして実態は赤字なのに黒字にする例が多い。費用を過大に見積もって利益を少なく見せ、税金対策をする場合もある。

　虚偽決算の公表は公正な株価の形成に悪影響を与え、金融機関や取引先の貸し倒れなどのリスクも増大するため、金融商品取引法で禁じられている。有価証券報告書の虚偽記載の罰則は、個人が懲役10年以下か罰金1千万円以下、法人は7億円以下の罰金。

### ▶リーマン・ショック

　米大手金融機関リーマン・ブラザーズが08年9月に経営破綻したことをきっかけに広がった金融危機と不況の総称。不良債権を抱えた欧米の金融機関の貸し渋りが企業の資金繰り不安を招き、実体経済へと飛び火した。日本でも自動車や電気機器の輸出が急減し、工場で働いていた派遣社員が仕事を失う「派遣切り」などが社会問題になった。個人消費も冷え込み、危機翌年の09年1～3月期の実質GDPは年率換算で前期比17.9％減を記録。コロナ危機までは「戦後最大」の落ち込みだった。

# 社会 Society

## ▶ DNA型鑑定

DNAは細胞の一つひとつの中にあり、先祖や親から受け継いだ特徴が記録された化学物質。一人ひとり違う特徴があるため、汗や血液、つばや髪の毛、皮膚片などを鑑定し、その人の型を調べることができる。

日本で鑑定が実用化された1989年当時は精度が低く、「1千人中5人」は似た結果が出る可能性があったが、今は「565京人に1人」を見分けられる。犯罪の捜査にも使われるが、現場の物証からDNA型が出ても、それだけで犯人だとはいえない。他の証拠と矛盾しないか、常に慎重な判断が必要だ。

## ▶ LGBTQ＋

Lesbian（女性同性愛）▷ Gay（男性同性愛）▷ Bisexual（両性愛）▷ Transgender（生まれたときに区分された性別に違和感がある）▷ Questioning（自分の性別、好きになる相手の性別がわからない）の英語の頭文字を取った性的少数者の総称。実際には、Pansexual（好きになる相手の性別にとらわれない）やAsexual（性欲や性愛を感じない）などもあり、末尾に「＋（プラス）」をつけることも近年増えている。

## ▶ あおり運転に罰則

ほかの車の走行を妨げる「あおり運転」を新たに罪と定めることを盛り込んだ改正道路交通法が2020年6月に成立・施行された。あおり運転を、「通行を妨害する目的で、交通の危険の恐れがある方法により一定の違反をする行為」などと規定。対象となる違反は車間距離の不保持や、急ブレーキ、蛇行運転や幅寄せなど10項目で、警察はドライブレコーダーや防犯カメラ、関係者の供述などから立証する。あおり行為など妨害運転を厳罰化する改正自動車運転死傷処罰法も20年6月に成立、同7月に施行された。

あおり運転は、17年に神奈川県の東名高速で起きた一家4人が死傷する事故をきっかけに問題視されるようになったが、従来の道交法にあおり運転の規定はなかったため改正された。

### 「あおり運転」対策の新制度（太字部分）

| | 死傷者 | なし | あり |
|---|---|---|---|
| 罪名 | あおり運転(妨害運転)罪 道路交通法 | | 危険運転致死傷罪 自動車運転死傷処罰法 |
| 定義 | 交通の危険のおそれがある方法により一定の違反 | ・車間距離の不保持 ・急な車線変更 ・急ブレーキなど 妨害目的での違反10項目 | ・走行中の車の前に停車するなどして著しく接近 ・高速道路などで止まるなどし、後ろの車を停車か徐行させる これまでの6類型に2類型を追加 |
| 罰則 | 3年以下の懲役または50万円以下の罰金。高速道路などで他の車を止めるなどしたら5年以下の懲役または100万円以下の罰金 | | けがをさせたら15年以下の懲役、死亡させたら1年〜20年の懲役 |
| 行政処分 | 1回で免許取り消し（欠格期間2年〜10年） | | 1回で免許取り消し（欠格期間5年〜10年） |
| 施行 | 2020年6月30日 | | 2020年7月2日 |

## ▶ 改正組織犯罪処罰法

犯罪を計画段階から処罰する「共謀罪」の趣旨を盛り込んだ改正組織犯罪処罰法が17年6月に成立、同7月に施行された。組織的犯罪集団が対象となる277の犯罪を2人以上で計画し、このうちの誰かが資金・物品の手配や場所の下見などの準備行為を実行した場合に、グループ全体が摘発される。対象犯罪の種類によって5年以下の懲役・禁錮か、2年以下の懲役・禁錮が科される。

例えば振り込め詐欺を繰り返してきたグループ（組織的犯罪集団）が、新たな詐欺事件を企て（①計画）、電話機を購

入し（②準備行為）、うその電話をかけた（③実行）というケースでみると、これまでは③の電話をかけた段階になって犯罪が成立した。改正法施行後は、犯罪を計画しているグループがあるという情報があれば、捜査当局は実際に犯罪に着手する前にメンバー全員を一網打尽にできる。

### ▶凶悪事件の時効廃止

殺人事件などの公訴時効を廃止する改正刑事訴訟法が、10年4月成立、即日施行された。

改正法の対象は、「人を死亡させた罪」。このうち殺人や強盗殺人など、法定刑に死刑を含む罪については時効が廃止された（従来は25年）。強姦致死など、無期懲役を含む罪は従来の15年から30年に、傷害致死や危険運転致死などは10年から20年に延長されるなど、一部の罪を除いて時効の期間が2倍になった。また、改正法は、施行された時点で時効が完成していない事件についても適用される。

### ▶検察審査会

くじで選ばれた11人の市民の目で、検察官の不起訴処分が妥当だったかどうか審査する仕組み。議決は「不起訴相当」「不起訴不当」「起訴相当」の3種類。「起訴相当」の議決が出た後、検察官が起訴しなかった場合は再審査となり、「起訴議決」をすれば、その容疑者は強制的に起訴される。その際、検察官は証拠を再検討しても起訴しない判断を固めていることになるため、裁判所が指定した弁護士が検察官に代わって起訴する。

かつては審査会の議決に拘束力はなく、「起訴相当」と議決しても検察が再検討して「起訴の必要なし」と考えればそれで終わりだった。しかし、裁判員制度を生み出した司法制度改革で、検察が大きな裁量を持つ仕組みのままでいいのかが議論となり、裁判員制度が導入された09年5月に改正検察審査会法が施行。市民が2度「起訴すべきだ」と判断すれば強制的に起訴となり、注目されるようになった。

検察が起訴を見送った事件なので無罪の可能性は高く、制度の見直しを求める声がある半面、「無罪でも強制起訴の意義はある」との声もある。

### ▶拘禁刑の創設

刑罰から懲役と禁錮をなくし、拘禁刑をつくる改正刑法が22年6月に成立、25年6月に施行される。

従来の刑罰には、生命を奪う死刑、自由を奪う懲役、禁錮、拘留のほか、財産を奪う罰金、科料、没収がある。自由を奪う刑のうち、懲役は木工や印刷などの刑務作業が義務づけられるが、禁錮は義務づけられない。拘留は作業の強制もない。20年の受刑者のうち99.65％は懲役で、

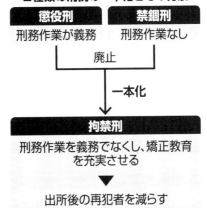

**2種類の刑罰の一本化とその背景**

| 懲役刑 | 禁錮刑 |
|---|---|
| 刑務作業が義務 | 刑務作業なし |

廃止

一本化

**拘禁刑**
刑務作業を義務でなくし、矯正教育を充実させる

▼

出所後の再犯者を減らす

禁錮が0.32％。禁錮刑の大半は希望して作業に従事しており、両者を区別する意味は薄れていた。

法改正の背景には、刑法犯が減少する一方で、再犯者の割合が近年は約5割と高止まりしている現状がある。再犯防止教育や矯正指導などを充実させ、再犯者を減らす狙いがある。

▶**再審**

確定した有罪判決に重大な誤りがあったときなどに、裁判をやり直す手続き。「無罪を言い渡すべき新たな証拠が見つかった」場合などに認められ、裁判所が法廷で改めて審理する。

「疑わしきは被告人の利益に」という刑事裁判の鉄則が再審にも適用されるとした最高裁の「白鳥決定」（1975年）により、再審開始のハードルが下がった。これをきっかけに、80年代には免田、財田川、松山、島田の4事件の再審で死刑囚が無罪となった。戦後に死刑か無期懲役が確定しながら、白鳥決定以降に再審無罪となったのは、9件（11人）。

▶**裁判員制度**

殺人など重大事件の刑事裁判の審理に市民が参加する制度。国民の健全な社会常識を裁判に反映させる「開かれた司法」をめざす司法改革の柱。09年5月に始まった。20歳以上（22年4月から18歳以上に引き下げ）の有権者から無作為抽出された6人と裁判官3人の計9人で評議する。殺人や強盗致死傷、危険運転致死傷などが対象で、選ばれた裁判員は裁判官とともに有罪・無罪や、「死刑か無期懲役か」などの量刑も決める。

審理の長期化で辞退する裁判員候補者が増えているため、15年6月、審理に著しく時間がかかる「長期裁判」を裁判員裁判の対象から除外することなどを盛り込んだ改正裁判員法が成立した。

▶**成人年齢の引き下げ**

22年4月1日、改正民法の施行により成人年齢が20歳から18歳に引き下げられた。成人の定義が変わるのは146年ぶり。

18、19歳が成人となり、保護者の同意がなくてもローンなどの契約を結んだり、クレジットカードを作ったりすることができるようになった。また、女性が結婚できる年齢は、16歳から18歳に引き上げられた。結婚できるのは成人のみとなり、保護者の同意は不要になる。一方、飲酒や喫煙、競馬や競輪などができる年齢は20歳以上が維持される。

成人年齢の引き下げは、07年成立の国民投票法で投票年齢が「18歳以上」と規定されたことから議論が進んだ。選挙権年齢は、16年から18歳以上になった。

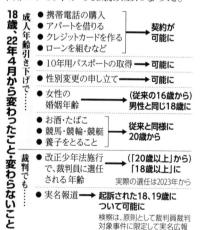

▶**永山基準**

どんな場合に死刑を言い渡すことが許されるか、最高裁が83年に示した基準。

「連続ピストル射殺事件」で4人を殺害した永山則夫被告に対する判決で、次のように判示した。①犯行の罪質②動機③殺害の手段方法の執拗性・残虐性④結果の重大性、ことに殺害された被害者の数⑤遺族の被害感情⑥社会的影響⑦犯人の年齢⑧前科⑨犯行後の情状、などを併せ考察したとき、その罪責が誠に重大で、罪刑の均衡の見地からも一般予防の見地からも極刑がやむを得ないと認められる場合は、死刑の選択も許される。

## ▶ネグレクト

一般的には、子どもに対するものは育児放棄といわれる。食事を与えない、風呂に入れない、病院に連れて行かない、学校に行かせないなど、子どもに適切な対応をしない行為。身体的虐待、性的虐待、心理的虐待と並ぶ虐待の一形態で、虐待相談のほぼ3分の1を占める。暴力などと比べ軽くみられがちだが、子どもに与える影響は大きいといわれている。

## ▶侮辱罪の厳罰化

侮辱罪の厳罰化などを盛り込んだ改正刑法が2022年6月に成立し、7月に施行された。

侮辱罪の対象は、「事実を摘示しなくても、公然と人を侮辱」する行為。従来の法定刑は「拘留（30日未満）または科料（1万円未満）」で、刑法で最も軽かった。改正法は罪の構成要件は変更せず、法定刑を「1年以下の懲役・禁錮か30万円以下の罰金、または拘留か科料」に引き上げた。公訴時効も1年から3年に延びた。

## ▶盛り土の規制強化

盛り土の安全対策を強化する改正宅地造成等規制法が22年5月に成立、23年5月に施行された。

21年に静岡県熱海市で起きた土石流災害を受けた改正。土地の用途にかかわらず、危険な盛り土に全国一律の基準で規制をかける。法律の名称も「宅地造成及び特定盛土等規制法」（通称・盛土規制法）に変更した。盛り土で人家などに被害が出る恐れがある区域を知事らが「規制区域」に指定。同区域での盛り土を許可制にする。また、土地所有者らが安全な状態を維持する責務を明確化し、必要な場合は所有者や施工者、過去の所有者らに対して是正措置などを命令できるようにした。

盛り土は一律に規制する法律がなく、同法の規制対象も一定規模の工事に限られていた。

## ▶ヤングケアラー

大人の代わりに家事や介護といった家族の世話を担う子ども。21年4月に発表された、厚生労働省が公立の中学2年生と全日制高校2年生などを対象に初めて実施した全国調査で、中高生でおよそ20人に1人いることが明らかになった。中学2年で約5万5千人（5.7％）、全日制高校2年で約4万2千人（4.1％）がヤングケアラーという計算になる。

また、22年4月には、小学6年生と大学3年生を対象に実施した調査で、小学6年生の15人に1人（6.5％）、大学3年生では16人に1人（6.2％）いることがわかった。小学生では長時間のケアが学校生活に影響し、大学生は就職とケアの両立に悩むなど、課題の変化も浮かび上がった。

## 医療・福祉　Medical Care/Welfare

### ▶ ES 細胞

胚性幹細胞。不妊治療の際に余った受精卵（胚）をもとに作る。体のすべての組織の細胞になりうる能力を維持する、iPS 細胞の「お手本」にあたる存在だ。

米ウィスコンシン大学のチームが1998年にヒトES細胞を作製、国内では2003年に京都大学が作製した。日本は「受精卵を壊す」という倫理的な懸念から基礎研究に限っていたが、欧米で臨床試験が進んでいることを受けて13年に方針を転換。20年5月には国内初の臨床試験（治験）が行われた。

### ▶ iPS 細胞

人工多能性幹細胞（induced Pluripotent Stem cell）の略称。「万能細胞」とも呼ばれる。皮膚などの体細胞に複数の遺伝子を導入し、様々な細胞や組織になりうる能力を持たせた細胞。京都大学の山中伸弥教授らが06年8月にマウスでの作製成功を発表。07年11月にはヒトでも成功し、山中教授は12年、ノーベル生理学・医学賞を受賞した。

難病の治療や再生医療、新薬開発につ

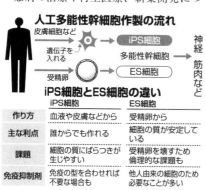

ながると期待されており、医療現場では実用化へ向けた動きが加速している。

### ▶ PCR 検査、抗原検査、抗体検査

PCR検査は、ウイルスに含まれる特定の遺伝子を増やして調べる検査方法。患者の鼻やのどの粘液やたんから採ったウイルスから遺伝子を取り出し、試薬とともに検査装置に入れる。遺伝子を増幅させて測定することで、調べたいウイルスの有無を判定する。

抗原検査はウイルスに特有のたんぱく質（抗原）の有無を調べる検査。結果が出るまでPCR検査が数時間かかるのに対し、抗原検査は検査キットを使い、30分ほど。ただ、ウイルスの量が多くないと抗原を検出できず、感染を見逃す恐れがある。

抗体検査はウイルスに感染した後に体内にできるたんぱく質（抗体）を調べる。診断には向かないが、感染歴がわかる。簡易キットを使えば採血から15分で結果が出る。

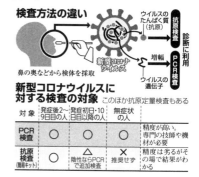

### ▶ 医療事故調査制度

第三者機関が医療事故の原因究明と再発防止を図る制度。15年10月に創設された。調査の対象は、全国約18万カ所の全医療機関で診療中に起きた「予期せぬ死

亡事故」。病院は第三者機関「医療事故調査・支援センター」に届け出たうえで、自ら調査し、結果を遺族に説明し、センターに報告する。遺族がその結果に納得できなければセンターが独自に調査し、遺族と病院に結果を報告する。

### ▶インフォームド・コンセント

治療方法などを十分に知らされたうえで、患者が治療に同意すること。治療が医師側の都合だけで行われると患者の権利が侵害されるほか、患者の協力なしには効果の上がらない治療も多い。欧米では、患者が医師から治療内容を詳しく知らされ、納得したうえで治療を進めることが必要とされる。日本でも1990年に日本医師会生命倫理懇談会が、医療の中にインフォームド・コンセントを根づかせることが重要という報告書を出してから広がっている。

具体的には、医師は病気の内容、どんな治療法があるか、治る確率や治療の問題点、危険性などを、患者が理解できる言葉で説明し、患者に治療法を選択させたり、同意させたりする。

### ▶エムポックス

ウイルスに感染することで発症し、発疹、発熱などの症状が出る。動物実験のために集められたサルに天然痘のような症状が出たことから「サル痘」と呼ばれてきたが、差別的な表現につながったことや動物福祉の観点から、世界保健機関（WHO）が「mpox」に名称変更した。

感染した動物との接触で人に感染するが、「濃厚接触しなければ、人から人へは容易には感染しない」（米疾病対策センター）とされる。WHOによると、致死率は3〜6％程度。

22年5月以降、感染が世界的に広がり、WHOは7月、20年1月の新型コロナ以来となる「国際的に懸念される公衆衛生上の緊急事態」を宣言。その後に感染者数が減少したため、WHOは23年5月、緊急事態を終了すると発表した。

### ▶オプジーボ

小野薬品工業が14年9月に発売した新型がん治療薬。皮膚がんの悪性黒色腫（メラノーマ）の治療薬として承認され、その後、肺がんや胃がんなどにも適応が拡大。60カ国以上で承認されている。末期のがん患者でも進行をほぼ抑え、生存できることがあり、世界中に衝撃を与えた。ただ、すべての患者に効くわけではなく、効果が見られるのは患者の2〜3割といわれる。

本庶佑・京都大特別教授の研究をもとに開発され、本庶氏は18年のノーベル生理学・医学賞を受賞した。

### ▶改正臓器移植法

10年7月に本格施行された。97年に施行された旧法では、臓器移植に限り脳死を人の死と認めていたが、改正法では「脳死は人の死」を前提とし、家族に判定の拒否権を認めた。臓器提供の条件は、旧法では本人の意思表示と家族の同意が必要で、15歳未満の移植は禁止されていたが、改正法では本人が拒否の場合を除き家族の同意があればできるようになり、0歳からの移植も可能となった。

### ▶骨髄バンク

白血病や再生不良性貧血など健康な血液成分がつくれない患者に、血液成分をつくる幹細胞を含んだ骨髄液を移植（注

入）すると治癒が期待できる。ただし、患者と提供者は、白血球の血液型に相当する組織適合性抗原（HLA）が一致する必要がある。骨髄バンクは、広く募った提供者のHLA型を登録し、患者と結びつけ、提供者に万一の事故があった場合は補償する重要な役割を担う。

全国規模の公的骨髄バンクとして骨髄移植推進財団（現・日本骨髄バンク）が91年12月に発足した。ドナー登録者は23年10月末現在で55万559人。

#### ▶ジェネリック

後発医薬品。新しくつくられた薬（先発医薬品）に対し、別の製薬会社が薬の特許期間（20〜25年）が過ぎた後に、その薬と同じ量の有効成分でつくる。新薬の開発は、一般的に10年以上の時間と数百億円規模の研究開発費がかかるが、ジェネリックはこうしたコストがかからないため、数千万〜1億円ほどで製品化でき、価格は先発薬の4〜5割と安くなる。

#### ▶出生前検査（NIPT）

妊婦の血液だけでダウン症など、胎児の3種類の染色体異常がわかる検査。DNAの解析技術の飛躍的な向上により、従来の検査手法より早い妊娠10週以降に妊婦の血液を調べるだけで、染色体異常があるかどうか99％以上の精度でわかる。血液を採るだけなので、妊婦や胎児への負担は少ない。陽性の場合、結果の確定には羊水検査が必要となる。

13年からダウン症を含む三つの染色体異常を対象に、日本医学会が認めた病院で臨床研究として始まった。しかし、学会が認めていない施設が検査を実施していることが問題化したため、22年7月か

ら新制度が導入された。大学病院など169施設が新たな実施体制の要となる基幹施設に認証された。また、35歳以上としていた年齢制限も撤廃された。

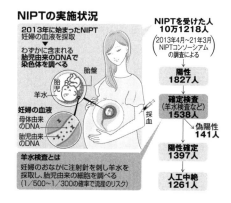

NIPTの実施状況

2013年に始まったNIPT
妊婦の血液を採取
わずかに含まれる胎児由来のDNAで染色体を調べる
胎盤　胎児　羊水
妊婦の血液　母体由来のDNA　胎児由来のDNA　採血

羊水検査とは
妊婦のおなかに注射針を刺し羊水を採取し、胎児由来の細胞を調べる（1/500〜1/300の確率で流産のリスク）

NIPTを受けた人
10万1218人
（2013年4月〜21年3月）
NIPTコンソーシアムの調査による

陽性　1827人
↓
確定検査（羊水検査など）　1538人　→偽陽性141人
↓
陽性確定　1397人
↓
人工中絶　1261人

#### ▶心的外傷後ストレス障害（PTSD）

戦争や災害、事故、レイプなど、生命の危険を感じるような体験をした後、頭痛、めまい、吐き気、無力感などの心身の症状が長期にわたって続くこと。

現在、国際的に大方の同意が得られているPTSDの診断基準は、明瞭なストレスの存在、悪夢やフラッシュバックとしてその場面が出現する、外界への心の反応が麻痺する、以前にはなかった驚愕（きょうがく）反応、睡眠障害、罪悪感、集中力の低下などが1カ月以上続き、生活に支障がある場合、となっている。

#### ▶脳死

内臓の働きを管理する脳幹を含め、脳全体の働きが止まり、元に戻らなくなった状態。人工呼吸器をつけている間は心臓は動き続けられるが、いずれ心臓死にいたる。いわゆる「植物状態」は脳幹の機能が残っていて自発呼吸があり、脳死とは異なる。

## ▶ PM2.5

PM は英語の Particulate Matter の略で、「粒子状物質」の意味。大気中に漂う物質の中で、大きさ（粒径）が2.5マイクロメートル（μm）以下の微小のもの。髪の太さの30分の1程度と極めて小さいため、吸い込むと肺の奥まで入りやすく、肺がんやぜんそくを引き起こすリスクがある。自動車の排ガスや工場の煤煙、粉じん、たばこや木を燃やした煙などから出る。1990年代に注目され始めた。

トラックへの高性能の排ガスフィルター取り付けなどの対策により、ディーゼル車から排出される PM2.5 は改善している。かつて中国や韓国で発生した PM2.5 の飛来が問題となったが、環境省によると、両国ともに環境汚染対策が進みつつあるという。

## ▶ 暑さ指数（WBGT）

熱中症の危険度を判断する数値として、環境省が2006年から公表している。気温と湿度のほか、地面や建物などから出る「輻射熱」から算出する。単位は気温と同じ「℃」。同省のインターネットサイトで、全国840地点の2日先までの予測値や、実測値・実況推定値を見ることができる。

## ▶ エルニーニョ／ラニーニャ

赤道直下の太平洋のうち、日付変更線付近から南米ペルー沖にかけての海域（エルニーニョ監視海域）の水温が平年に比べて高い状態が続く現象を「エルニーニョ現象」という。「ラニーニャ現象」はその逆。気象庁の定義では、監視海域の5カ月間の平均水温が過去の平均より0.5度以上高い状態が続いたときがエルニーニョ、0.5度以上低かったときがラニーニャと判定される。

いずれの現象も発生すると海水温の変化によって上昇気流の強さが変わり、世界中の気圧配置に影響を与えて異常気象を起こす。日本ではエルニーニョのときは冷夏・暖冬になりやすい。ラニーニャのときは西日本の冬は寒冷になりやすい。

## ▶ 激甚災害制度

地震や台風など、被災地に著しい被害をもたらした災害を、「激甚災害」として政府が指定する制度。指定されると、国からの災害復旧費の補助率が1～2割程度かさ上げされるなどの特別措置を受けられ、その補助率は最大9割になる。1962年成立の激甚災害法に基づく。内閣府によると、公共土木施設や農地などの災害復旧費の見積額が、自治体の税収入や農業所得推定額の一定基準を上回ることなどが条件。95年の阪神・淡路大震災や11年の東日本大震災、18年9月の北海道胆振東部地震、18年6～7月の西日本豪雨などの被害が激甚災害に指定された。

## ▶ 国連気候変動枠組み条約（UNFCCC）

大気中の温室効果ガス濃度の安定化を究極的な目的とする国際条約で、1992年に採択され、94年3月に発効した。約200の国や地域が参加し、締約国会議（COP）がほぼ毎年、開かれている。

97年の COP3 で採択された京都議定書や2015年のパリ協定は、UNFCCC を達成するための具体的な枠組み条約。

## ▶ 国境炭素税

欧州連合（EU）は、環境対策が緩い

## ［BASIC WORDS］

国からの輸入品に事実上の税を課す「炭素国境調整措置」（国境炭素税）を26年から本格導入する方針だ。当面は、鉄鋼、アルミ、セメントなど6分野が対象で、EUと同等の環境規制がないと見なされた国・地域からの輸入品に課税する。規制の厳しいEU域内の企業が競争で不利にならないようにするための措置で、今後、ほかの分野に対象が拡大される可能性もある。

日本国内の対策が遅れれば、日本企業が国際競争力を失う恐れがあり、政府は脱炭素化の取り組みを加速させる考えだ。

### ▶シーベルトとベクレル

シーベルトは人体が放射線を浴びた時の影響の強さを測るのに使われる単位。α線、β線、γ線などの放射線の種類によって人体への影響が違うため、その違いを考慮して、統一した尺度で比較できるようにしてある（下図参照）。

ベクレルは放射性物質が放射線を出す能力を表す単位。原子核の崩壊が1秒間に1個起きるのが1ベクレル。

### ▶首都直下地震の被害想定見直し

東京都は22年5月、首都直下地震が起きた場合の都内の被害想定を発表した。23区南部を震源とするマグニチュード（M）7.3の地震を想定。湾岸や河川に近い地域は震度7に達するとみられる。空気が乾燥し、火を使う器具の利用が多い冬の午後6時（風速毎秒8m）に地震が起きた場合、火災や倒壊による建物被害が約19万4400棟、死者が約6200人などと予測する。

見直しは10年ぶり。東京湾北部地震（M7.3）を想定した前回より、建物被害は約11万棟（36％）、死者数は約3500人（36％）それぞれ減った。また、帰宅困難者が約453万人、避難者数が約299万人にのぼると予測する。在宅勤務の広がりなどを受けて前回より帰宅困難者、避難者数ともに約12％減ったものの、依然として甚大な影響が生じるとみられる。

### ▶震度とマグニチュード

震度は、ある地点での揺れの大きさを示す指標。気象庁は91年から震度計のデータをもとに計算で決めており、96年には、震度階級が従来の「0－7」の8段階から、震度5以上を5弱、5強、6弱、6強、7とした10段階になった。数字が大きいほど揺れが大きい。

マグニチュード(M)は、地震の規模を示す。Mが1増えると、エネルギーは約30倍になる。Mが大きくても震源が遠ければ震度は小さい。

### ▶線状降水帯

暖かく湿った空気が断続的に流れ込み、上昇気流によって複数の積乱雲が発生し

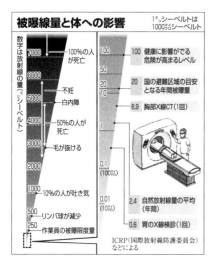

被曝線量と体への影響

数字は放射線の量（ミリシーベルト）

1ミリシーベルトは1000マイクロシーベルト

7000 100％の人が死亡
6000
5000 不妊
白内障
4000 50％の人が死亡
3000 毛が抜ける
2000
1000 10％の人が吐き気
500 リンパ球が減少
250 作業員の被曝限度量

100 健康に影響がでる危険が高まるレベル
50
20 国の避難区域の目安となる年間被曝量
10
6.9 胸部X線CT(1回)
1
0.1（100マイクロ） 0.01（10マイクロ）
2.4 自然放射線量の平均（年間）
0.6 胃のX線検診(1回)

ICRP（国際放射線防護委員会）などによる

て一列に並ぶ「バックビルディング現象」が起きて雨が降り続く降水域。通常の積乱雲は直径が約10kmで、1時間ほどで消えるが、線状降水帯は幅20〜50km、長さ50〜300kmの範囲で積乱雲が繰り返し発生し、数時間は激しい雨が続く。台風を除き、国内の集中豪雨の約3分の2は線状降水帯が原因とされる。

気象庁は22年6月から、線状降水帯の予測情報の発表を始めた。精度に課題があるものの、早めの避難準備に生かすことが期待される。

### ▶南海トラフ地震

静岡県沖の駿河湾から九州の東方沖まで、約700kmにわたる海底のくぼみ「南海トラフ」で想定される地震。大陸のプレートの下にフィリピン海プレートが沈み込んでいる。ひずみを解放する大地震が約100〜200年の間隔で発生しており、政府の地震調査委員会は、22年1月時点で、30年以内にM8〜9クラスの巨大地震が起こる確率を70〜80%と評価している。

政府の中央防災会議は19年5月、最大クラスの地震が発生した場合、太平洋沿岸の広い範囲で10m超の津波が襲い、死者・行方不明者数は約23万1千人にのぼるとの推計を発表している。

### ▶ヒアリ

強い毒を持つ外来種のアリ。南米原産。赤茶色で体長は2.5〜6㎜。毒針で何度も刺すほど攻撃性が高く、人が刺されるとアレルギー反応のアナフィラキシーショックで死亡する例もある。一度定着すると根絶は難しく、米国や中国、オーストラリアなどに生息域が広がっている。

日本は05年に特定外来生物に指定し、侵入を警戒してきた。しかし、17年5月、兵庫県で国内で初めてヒアリが見つかった。その後、各地で発見が相次いでおり、国や自治体は定着阻止へ向け、駆除に力を入れている。

### ▶東日本大震災

11年3月11日午後2時46分、東北地方太平洋沖地震が発生。国内観測史上最大のM9.0という巨大地震となり、沿岸に押し寄せた津波で、甚大な被害が出た。震源となった海域は岩手県沖から茨城県沖までの長さ約500km、幅約200kmに及んだ。宮城県北部で震度7を観測、東北や関東地方は強い揺れに見舞われた。地震による津波で、沿岸部の広い範囲が壊滅状態となった。亡くなった人は約1万6千人、行方不明者は約2600人。約12.7万戸が全壊、半壊は27.2万戸に及び、被害額は16兆〜25兆円とされる。

### ▶復興庁

東日本大震災と東京電力福島第一原発事故からの復興のため、12年2月に発足した。トップは首相で、補佐（事務の統括）として復興相を置く。

復興庁設置法により21年3月末で廃止されることが決まっていたが、設置期限を10年延長する改正復興庁設置法が、20年6月に成立した。原発事故を受けて国の避難指示区域が残る福島県のほか、津波被害の大きかった岩手県や宮城県でも21年3月までに事業が完了しないことから、存続させることになった。ただ、支援の対象は東日本大震災の被災地に限り、将来起きると想定されている南海トラフ地震など、他の大災害に備えた組織づくりは見送られた。

ベーシックワード

# 科学・技術　Science/Technology

## ▶ AI（人工知能）

Artificial Intelligence の略。厳密な定義はないが、記憶や学習といった人間の知的な活動をコンピューターに肩代わりさせることを目的とした研究や技術のことを指す。スマートフォンの音声応答機能や、工場の生産ラインの制御、販売の需要や株価予測、医療診断など、様々な分野でAIの活用・研究が進んでいる。

AIが近年、注目されるようになったのは、大量のデータを読み込んで自ら知識を得る「機械学習」だ。中でも、ディープラーニング（深層学習）の技術が大きい。急速に進化する一方で、人間の雇用が奪われることを心配する声もある。

## ▶ イグ・ノーベル賞

「人々を笑わせ、考えさせてくれた研究」に贈られる賞。ノーベル賞のパロディー版で、「愚かなノーベル賞」という意味がある。1991年に米ハーバード大系の科学誌「ありそうもない研究の紀要」の編集長マーク・エイブラハムズ氏が創設した。工学、物理学、医学、平和、文学、経済学などの部門がある。日本は受賞大国で、2023年までに29件受賞している。

## ▶ H3ロケット

日本の基幹ロケット「H2A」の後継機として、宇宙航空研究開発機構（JAXA）と三菱重工業が共同開発した。高さは最大63m、直径は5.2m。人工衛星の打ち上げ需要に応えるため、低コスト化を徹底。打ち上げ費用は、H2Aの半額の約50億円を目標としている。

23年3月、初号機が打ち上げられた。しかし、第2段エンジンの着火が確認できず、安全な飛行ができないと判断し、機体を破壊させる信号を送信して、打ち上げは失敗した。

## ▶ ゲノム編集

遺伝子を狙った部分で切ったり、置き換えたりする技術。細胞内の遺伝子の特定の場所に結合する性質を持ったRNA分子とDNAを切断する酵素を組み合わせたCRISPR／Cas9が12年に開発されると、使いやすさから急速に普及。開発した米仏の2氏は、20年にノーベル化学賞を受賞した。

放射線を照射して人為的に突然変異を起こす従来の品種改良や遺伝子組み換え技術に比べ、飛躍的に効率が良く、農作物や家畜の性質を改良する研究が進む。日本でも21年にゲノム編集で栄養成分を増やしたトマトや肉厚のマダイ、成長が早いトラフグの販売が始まった。食料生産の効率アップにつながる可能性を秘める。一方で、遺伝子を操作した動物の安全性の問題や、生態系などへの環境影響

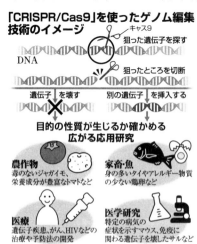

「CRISPR/Cas9」を使ったゲノム編集技術のイメージ

キャス9
狙った遺伝子を探す
DNA
狙ったところを切断
遺伝子を壊す　別の遺伝子を挿入する
目的の性質が生じるか確かめる
広がる応用研究

**農作物**
毒の少ないジャガイモ、栄養成分が豊富なトマトなど

**家畜・魚**
身の多いタイやアレルギー物質の少ない鶏卵など

**医療**
遺伝子疾患、がん、HIVなどの治療や予防法の開発

**医学研究**
特定の病気の症状を示すマウス、免疫に関わる遺伝子を壊したサルなど

をどう評価するかは国際的に定まっていない。

ゲノム編集を利用してエイズやがんを治療する臨床研究も行われている。だが、ヒトへの応用を考えた場合、狙っていない遺伝子が書き換えられる危険や次世代へのリスクを残すことになる。

## ▶スペースX

米国の宇宙企業。電気自動車テスラの最高経営責任者（CEO）でもあるイーロン・マスク氏が、ネット決済「ペイパル」の前身となった会社を興して得た資金で02年に設立した。

米航空宇宙局（NASA）から委託を受けて、国際宇宙ステーション（ISS）へ無人補給船を打ち上げるなど、宇宙開発分野で実績を重ねている。主力ロケットのファルコン9は回収・再利用が可能で、低コストを実現した。開発したクルードラゴンが20年に民間宇宙船として初めてISSに宇宙飛行士を運び、21年9月には民間のみによる世界初の地球周回旅行を始めた。NASAのアルテミス計画では、月面着陸機の開発企業に選ばれている。

## ▶ニホニウム

理化学研究所のチームが人工合成した原子番号113番の新元素。15年末、国際純正・応用化学連合（IUPAC）から、森田浩介・九州大教授が率いる理研のチームによる発見と認められ、16年11月に名称が正式決定した。元素記号は「Nh」。日本の研究チームが発見した元素が教科書でも習う周期表に載るのは初めて。アジアでも初。

## ▶はやぶさ2

世界で初めて小惑星から物質を持ち帰った日本の探査機「はやぶさ」の後継機。14年12月に打ち上げられると、18年6月に小惑星リュウグウに到着し、砂や石の採取に成功。20年12月に地球の重力圏へ帰還し、砂や石が入ったカプセルをオーストラリアの砂漠に送り届けた。初代はやぶさはカプセル放出後に大気圏に突入して燃え尽きたが、はやぶさ2は機体と燃料に余裕があり、別の小惑星1998KY26に向かった。到着は31年の予定。

| ▶日本のノーベル賞歴代受賞者 | |
|---|---|
| 1949年 | 湯川秀樹＝物理学賞 |
| 1965年 | 朝永振一郎＝物理学賞 |
| 1968年 | 川端康成＝文学賞 |
| 1973年 | 江崎玲於奈＝物理学賞 |
| 1974年 | 佐藤栄作＝平和賞 |
| 1981年 | 福井謙一＝化学賞 |
| 1987年 | 利根川進＝生理学・医学賞 |
| 1994年 | 大江健三郎＝文学賞 |
| 2000年 | 白川英樹＝化学賞 |
| 2001年 | 野依良治＝化学賞 |
| 2002年 | 小柴昌俊＝物理学賞 |
| | 田中耕一＝化学賞 |
| 2008年 | 南部陽一郎、小林誠、 |
| | 益川敏英＝物理学賞 |
| | 下村脩＝化学賞 |
| 2010年 | 鈴木章、根岸英一＝化学賞 |
| 2012年 | 山中伸弥＝生理学・医学賞 |
| 2014年 | 赤崎勇、天野浩、中村修二 |
| | ＝物理学賞 |
| 2015年 | 大村智＝生理学・医学賞 |
| | 梶田隆章＝物理学賞 |
| 2016年 | 大隅良典＝生理学・医学賞 |
| 2017年 | カズオ・イシグロ＝文学賞 |
| 2018年 | 本庶佑＝生理学・医学賞 |
| 2019年 | 吉野彰＝化学賞 |
| 2021年 | 真鍋淑郎＝物理学賞 |

ベーシックワード

## 情報・通信 Information/Communication

### ▶ GAFA

世界を席巻する米国のIT大手4社の頭文字をつないだ造語。「G」は検索エンジンのGoogle、「A」はネット通販のAmazon、「F」はソーシャル・ネットワーキング・サービス（SNS）のFacebook（現Meta）、「A」はデジタルデバイスのApple を指す。

GAFAなどの巨大IT企業は「プラットフォーマー」と呼ばれ、検索履歴や買い物履歴、情報発信などインターネットのサービスを通じて膨大なデータを収集・分析してビジネスに利用し、圧倒的な存在感を見せる。欧米や日本では、強すぎる影響力を制御することを狙いに、個人データの保護や違法コンテンツの排除、独占的な地位の利用禁止など、規制強化の動きが出ている。

### ▶ IoT（モノのインターネット）

Internet of Things の頭文字で、「モノのインターネット」と言われる。コンピューターやスマートフォンにとどまらず、家電や産業機器など、あらゆるモノをインターネットでつなぐこと。機器の遠隔操作や自動制御のほか、モノから大量の情報を集めて効率的な使い方や新サービスの開発に役立てることなどが期待されている。

IoTを使うと、企業はリアルタイムで状況を把握し、利用状況に応じたきめ細かいサービスを提供することや、利用者の手を煩わせずに製品価値を向上させるという新たなビジネスを展開できるようになる。そのため、ビッグデータと呼ばれる膨大なデータを解析する技術や、データをもとに自ら考える人工知能（AI）の開発も盛んになっている。

### ▶ MVNO

Mobile Virtual Network Operator（仮想移動体通信事業者）の略称。大手携帯会社から通信回線を借りて、利用者に通信サービスを提供している。回線の賃貸料は総務省が定める基準で決められ、毎年下がっている。日本通信やインターネットイニシアティブ（IIJ）、NTTコミュニケーションズ、ビッグローブなどが、格安スマホの通信サービスを支える。携帯だけでなく、カーナビなど様々な商品に通信機能を提供する。

### ▶ ウェブ3.0

ウェブ3.0は、GAFAなどの米IT大手が覇権を握る今のインターネットを「2.0」と位置づけ、それに代わる次世代のネットを表す概念。取引に関わる参加者が取引履歴を分散共有するブロックチェーン（分散型台帳）と呼ばれる技術を基盤とし、特定の管理者に頼らずに取引の信頼性を担保できる。ビットコインなどの暗号資産や、デジタルアートなどの希少性を証明するNFTといった技術が知られる。

急成長するこの分野では、国際的な競争が激しさを増している。日本では暗号資産をめぐる税制などが壁になっており、政府が対策の議論を本格化させている。一方、詐欺や投機的な動きなどを問題視する意見もある。

### ▶ クラウドサービス

IT企業や通信事業者がデータの保存やその分析などを請け負うサービス。利

用企業にはハードウェア調達のためのコストや管理・運用のための人的コストをかけずに済むなどのメリットがあり、近年、普及が急速に進む。

### ▶ソーシャルメディア

オンライン上で、ユーザーが情報を送受信することで形成されるメディアをソーシャルメディアと呼ぶ。一般的にはブログや、5ちゃんねる（旧・2ちゃんねる）などの掲示板、ミクシィやフェイスブックなどのSNS、動画投稿サイト、X（旧ツイッター）などがある。

情報の伝搬力が強く、世界的に広がる中で、社会基盤としての側面も持つようになっている。一方で、誤報の拡散や、情報を書き込んだ人がバッシングに遭うなど、負の側面も表面化している。

### ▶デジタル課税

日本など136カ国・地域は2021年10月、GAFAなどの巨大IT企業のような多国籍企業に対する「デジタル課税」制度の創設について最終合意した。創設されるデジタル課税は、対象企業の利益率10%を上回る利益の25%を売り上げに応じて各国で配分し、課税できるようにする。

**デジタル課税の導入**

- 巨大IT企業のサービスの利用者がいる国（市場国）は、工場などの拠点がなくても課税可能に
- 利益率10%を上回る利益の25%分の課税権を市場国で分け合う

25年の実施をめざしている。

現在のルールでは、工場や事務所などの恒久的な拠点を置く国や地域で法人税を納めることが原則で、ある国の消費者や企業を相手にネット上のビジネスで利益を上げても、その国に拠点がなければ課税することは難しい。デジタル課税で課税対象となる利益は1250億ドル以上とされ、日本も新ルールでIT企業などからの税収が増えるとみられる。

### ▶ビッグデータ

インターネット上で日々生み出される大量の情報のこと。ネットの検索履歴や携帯端末の全地球測位システム（GPS）、コンビニでの買い物履歴などが一例。この巨大な情報を分析して、新商品やサービスを開発しようという取り組みが注目されている。

### ▶ローミング

契約している通信事業者の通信網が使えないときに、他社の通信網に乗り入れて通信を使うこと。海外旅行の際や、楽天モバイルが自社の基地局設備が不十分な地域でKDDIの回線を使う例など、身近に利用されている。

米国などでは、災害で基地局が使えない場合などを想定し、携帯電話事業者などにローミングを義務づけている。22年7月に起きたKDDIの通信障害は約61時間に及び、幅広い分野でサービスが滞ったことから、総務省は一般通話やデータ通信ができるフルローミング方式を導入する方針だ。フルローミングが難しい場合でも、110番、119番ができる「緊急通報のみ」のローミング方式を可能にする。25年度末ごろに運用を始める計画だ。

# 労働 Labor

### ▶過労死防止大綱

　政府は2021年7月、過労死防止大綱の改定版を閣議決定した。過労死ゼロをめざして15年に策定された大綱は3年ごとに見直され、今回が2回目の改定。

　数値目標として、①勤務間インターバル制度を導入する企業の割合：4.2％（20年）→25年までに15％以上②フルタイム（週40時間勤務）の人のうち週労働時間が60時間以上の人の割合：9.0％（20年）→25年までに5％以下③年次有給休暇の取得率：56.3％（19年）→25年までに70％以上、を掲げた。

### ▶勤務間インターバル

　仕事が終わって次に仕事を始めるまでに一定の休息時間をおくこと。例えば、

**勤務間インターバル制度のイメージ**
会社が
**「休息11時間」の確保**
を決めた場合なら…

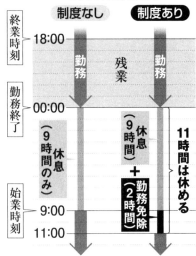

ある企業が11時間のインターバル制度を導入すると、24時まで残業をしたら翌日は11時まで働けなくなる。欧州連合（EU）諸国では勤務終了後、次の勤務が始まるまでに最低11時間の休息を労働者に保障することを義務づけている。

　働き方改革関連法の施行で、制度の導入が19年4月から企業の努力義務となった。不眠不休で働くことを防げるため、過労死対策の「切り札」とも言われるが、22年1月時点の導入実績は5.8％。前年の調査から1.2ポイントの増加にとどまる。

### ▶高度プロフェッショナル制度

　年収1075万円以上の一部専門職を労働時間の保護から外す制度。19年4月に導入された。金融商品の開発、ディーリング、アナリスト、コンサルタント、研究開発の5業務が対象。会社側は、労働時間の把握義務がなくなり、残業代や深夜・休日の割増賃金も支払わなくてよい。適用には本人の同意が必要。会社側は労働時間について指示できない。「年104日以上、4週間で4日以上の休日確保」などの健康確保措置が企業に義務づけられた。

### ▶残業の上限規制

　19年4月に施行された働き方改革関連法で、それまで事実上青天井だった残業時間に、超えることができない法律上の上限が初めて設定された。違反した企業には罰則が科される。上限は「月45時間、年360時間」が原則。繁忙期もあるため、年6カ月までは月45時間を超えることが可能だが、その場合でも、年間の上限は720時間。単月の上限は最大100時間未満、2〜6カ月平均で月80時間になった。

　従来は労働基準法で労働時間の上限を

原則１日８時間、週40時間と定めていたが、労使が合意して協定（36協定）を結べばこれを超える上限を設定でき、事実上青天井にできた。

### ▶春闘

労働組合が毎年春、賃金の引き上げなどを求めて行う統一行動。連合の場合、「春季生活闘争」と呼んでいる。一斉に底上げを要求することで、企業ごとの交渉の限界を補える。1956年、総評（現在は連合に合流）の指導で官民290万人の統一闘争をしたのが発端とされる。

### ▶ジョブ型雇用

ジョブ型雇用とは、会社が職務（ジョブ）と賃金を定め、それに見合う技能を持つ人を雇用すること。海外では一般的な制度で、社員は原則その職務以外はせず、年齢が上がっても賃金は増えない。経営環境が変わり、その職務がなくなれば解雇されることもある。

日本で一般的なのはメンバーシップ型雇用で、年功序列や終身雇用を前提にいろいろな仕事をさせて育成する。グローバル化や技術革新など、経営環境が変わる中、ジョブ型を取り入れる動きがある。ただ、中高年社員らにとっては賃下げや、雇用の安定性が揺らぐ可能性もある。

### ▶定昇

定期昇給のこと。賃金表に基づき、年齢や勤続年数に応じて、毎年自動的に賃金を増やす仕組み。大企業にはあるが、中小企業だと定昇がない場合がある。

### ▶ベア

ベースアップ。賃金表を書き換え、賃金全体を底上げすること。物価上昇による賃金の目減りを補う役割が強いため、デフレが定着した02年ごろから会社側のベアゼロ回答や、労働組合がベア要求を控える動きが出た。

### ▶有効求人倍率

ハローワークで仕事を探す人１人につき何人分の求人があるかを示す指標。1.09倍なら、求職者100人に対し109人分の仕事がある。１倍を上回ると求人が求職より多い「人手不足」の状況を示す。厚生労働省が毎月発表している。

### ▶連合

日本最大の労働組合の中央組織で、正式名称は日本労働組合総連合会。企業ごとの労組が集まった47の産業別組織（産別）が加盟している。全都道府県に47の地方連合会があり、組合員は約700万人。支持政党が異なっていた総評、同盟など四つの中央組織が1989年に大同団結して結成された。

### ▶労働分配率

企業の収益のうち、労働者に賃金としてどれぐらい還元されたかの目安となる数値のこと。財務省の法人企業統計調査では、企業が生み出した付加価値のうち、人件費が占める割合として算出する。不況時には高くなり、好況時には低下する傾向があるといわれる。賃上げ交渉での有力な指標。あまりに高くなると経営者が慎重になり、成長が鈍化するという。

### ▶ワーク・ライフ・バランス

仕事と生活の調和。「仕事か生活か」の二者択一ではなく、「仕事も生活も」という考え方。少子高齢化が進む中での労働力確保のため、子育てや介護をしながら働き続けることができる組織や社会づくりが求められている。

ベーシックワード

## 教育　Education

### ▶ PISA

　経済協力開発機構（OECD）の国際的な学習到達度調査。2000年から3年ごとに実施されている。各国の15歳（日本は高1生）を対象に、読解力、数学的リテラシー、科学的リテラシーの3分野を調べる。知識の量ではなく、知識を日常でどのように活用できるかを重視しているのが特徴。

　日本の順位は3回目まで下がり続け、学力低下の裏付けと取られた。これを受けて文部科学省は「脱ゆとり」に舵を切った。

　22年の8回目は81カ国・地域の約69万人が参加。日本の順位は「読解力」が前回18年の15位から3位に、「科学的リテラシー」も5位から2位に上がった。「数学的リテラシー」は5位（前回6位）。3分野ともトップレベルとなったが、コロナによる休校期間が他国より短かったことも影響した可能性がある。

### ▶ いじめ防止対策推進法

　いじめの早期発見や防止のための組織設置などを学校に義務づけた法律。13年9月、施行された。

　法律ではいじめを、「一定の人的関係にある子による心理的・物理的な影響を与える行為で、対象の子が心身の苦痛を感じているもの」と定義。複数の教職員や専門家が情報共有して対応することや、いじめが自殺や不登校、財産被害など深刻な結果を招いた疑いがある場合を「重大事態」として第三者委員会で調べることなどを義務づけた。また、いじめた子

には懲戒や出席停止などの措置を適切にとらなければならない。

### ▶ 教員の性暴力防止法

　児童生徒にわいせつ行為をした教員を学校現場に戻さないための新法「教員による性暴力防止法」が、21年5月に成立、22年4月に施行された。

　新法は、教員による児童生徒や18歳未満に対する性交やわいせつ行為などを、同意の有無を問わず「児童生徒性暴力」と定義し、禁止を明記。従来は、懲戒免職になり教員免許を失効しても3年たってから申請すれば自動的に再交付を受けられたが、再交付を拒否できる権限を都道府県教育委員会に与えた。過去には、再交付された免許で別の教委に採用され、再びわいせつ行為をした事例もあった。

### ▶ 教員免許更新制の廃止

　教員免許更新制が、22年7月に廃止された。更新制は教員の資質確保を目的に09年度に開始。無期限だった幼稚園や小中高校などの教員免許に10年の期限を設け、期限切れ前に更新講習を受けなければ失効する仕組みだった。しかし、夏休みなどに受ける講習は多忙化する教員に不評で、定年退職前の早期退職など、教員不足の一因とも指摘された。更新を忘れる「うっかり失効」も相次いでいた。

　廃止に伴い、免許の有効期限や更新講習がなくなり、教員ごとに研修記録を義務づける新たな制度が始まった。

### ▶ 教科担任制

　小学5、6年生の一部の教科を専門の教員らが教える教科担任制が、国の施策として22年4月から外国語（英語）と理科、算数、体育の4教科で、本格的に始

まった。5、6年生で専門性が高くなる算数や理科は授業準備などで負担が大きく、英語も含めて専門の教員が教えることで授業の質を上げる。体育は、定年後も働く教員が増えていることから、体力面も考慮した。受け持つ授業を減らすことで、教員の「働き方改革」を進める意味もある。教科担任制は、これまで各都道府県教育委員会などの裁量で実施していた。

教科担任による英語の授業＝2020年8月、姫路市

### ▶小3から英語授業

20年度に実施された新学習指導要領で、「外国語活動」の開始が従来の小5から小3になった。「聞く・話す」を中心に週1コマをあてる。小5からは教科書を使う正式な教科「外国語」に格上げされ、「読む・書く」を加えて授業時間を年間70コマに倍増させる。

小学校での英語教育は経済界などからの提言を受け、11年度から始まった。

### ▶総合型選抜と学校推薦型選抜

大学入試改革の一環で、20年度からAO入試は「総合型選抜」に、推薦入試は「学校推薦型選抜」に名称が変わった。総合型選抜は部活動の成績や生徒会活動などをアピールする書類を自ら用意して出願する。学校推薦型選抜は学業や課外活動などの実績をもとに高校が生徒を推薦する。名称変更と同時に、両選抜には小論文やプレゼンテーションなどが組み込まれ、学力チェックの要素が増えた。

### ▶中央教育審議会

文科相の諮問に応じて教育行政の方向性を話し合う常設機関。1952年の創設以来、「期待される人間像」(66年)、「第3の教育改革」(71年)など重要項目を答申してきた。01年、文科省発足の時に、別の独立した諮問機関だった大学審議会、生涯学習審議会などを吸収、より大きな組織になった。現在は「教育制度」「生涯学習」「初等中等教育」「大学」の4分科会がある。

### ▶プログラミング教育の必修化

コンピューターに動きを指示するために使われるプログラムを学ぶ「プログラミング教育」が20年度から順次、小中高校で必修化された。自分が求めることを実現するために必要な動作や記号を考え、組み合わせながら改善していく論理的な「プログラミング的思考」を育み、不足する「IT人材」の裾野を広げるのが狙いだ。

### ▶ゆとり教育

詰め込み教育が落ちこぼれを生んだとして、学習時間と内容を減らし、自ら学び考えることを重視した教育。80年度実施の学習指導要領から削減が始まった。02年度実施の学習指導要領では、学校完全週5日制とともに教育内容を3割削減した。だが、04年に発表されたPISAの結果で、日本は順位を落とすなど学力低下が社会問題となり、学力を重視する「脱ゆとり」へと方針転換した。

# 文化　Culture

## ▶ e スポーツ

エレクトロニック・スポーツの略。個人やチームがオンラインゲームで対戦し、観客は大型モニターなどで観戦を楽しむ。「選手」であるプレーヤーたちは、格闘、パズル、スポーツゲームなどで腕を競う。海外では頻繁に大会が開かれ、トップ選手は1年間に数億円稼ぐといわれる。観客やスポンサーも集まり、インターネット配信も人気だ。

## ▶ 芥川賞と直木賞

純文学の新人作家に芥川賞が、大衆文学の新人・中堅作家に直木賞が与えられる。創設は1935年。伝統と伝説に満ち、芥川賞は太宰治が「何卒私に与へて下さい」と選考委員の川端康成に手紙を書いたり、選考結果に納得しない選考委員が辞任したりしたこともある。それ以上に、村上龍の「限りなく透明に近いブルー」や、19歳で受賞した綿矢りさの「蹴りたい背中」など、時代の空気をつかむ話題作を見つけるのが抜群にうまかったことが、賞への注目度を高めている。両賞とも賞金は100万円だが、受賞作が売れるほか、講演に呼ばれたり原稿料のランクが上がったりして、人によっては数千万円の効果があるといわれる。

## ▶ 三大国際映画祭

カンヌ（仏）、ベネチア（伊）、ベルリン（独）の三つの映画祭。コンペティション部門の最優秀作品に対し、カンヌは「パルムドール」が、ベネチアは「金獅子賞」が、ベルリンは「金熊賞」が授与される。近年は第一線の監督の多くがカンヌをめざし、一極集中の傾向が強まっている。

## ▶ チケット不正転売禁止法

インターネットでのチケットの不正な転売を罰則付きで禁止するチケット不正転売禁止法が2018年12月に成立、19年6月に施行された。対象は、映画や演劇、音楽、スポーツなどの興行のチケット。紙に印刷されたものだけでなく、QRコードやICカードをチケットとして使う場合も含まれる。

条件は、▷不正転売禁止の明記▷入場者の事前登録や座席指定との連動▷販売時に入場者の名前や連絡先を確認、などだ。さらに、禁じられるのは「業として」の行為で、反復・継続して商売目的とみなされた場合。病気などで行けなくなって他人に売ることは対象外となる。多くの自治体が、条例などで駅前やチケット売り場など「公共の場」でのダフ屋行為を禁じているが、ネット上での転売を規制する法律はなく、定価数千円のチケットが数十万円で転売されることもあり、問題となっていた。

## ▶ 著作権保護期間「70年」に延長

日本の美術、文芸、音楽作品の著作権の保護期間が、作者の死後「50年」から欧米並みの「70年」に延びた。18年12月のTPP（環太平洋経済連携協定）発効に合わせたもので、延長されるのは約半世紀ぶり。

作者の死後も保護期間がある理由は、「権利を継いだ遺族などが収入を得られるとなれば、作者の創作意欲も上がるため」などと説明される。著作権の国際ルールを定めたベルヌ条約の1948年の改正で、作者の孫世代までカバーできる50年

を基準として義務化されたが、平均寿命が延びる中で、「より長い保護期間が必要」という説が現れ、欧米など先進国では70年が主流になっている。TPPでは延長は義務ではないものの、こうした背景も踏まえ、日本も延長を選択した。

**著作権保護期間、延長されると？**

50年間→70年間 たとえば…

壺井栄
山本周五郎（**1967年没**）
2017年末で著作権消滅　→　消えたまま

三島由紀夫（**1970年没**）
2020年末に消滅　→　2040年末に消滅

志賀直哉（**1971年没**）
2021年末に消滅　→　2041年末に消滅

川端康成（**1972年没**）
2022年末に消滅　→　2042年末に消滅

## ▶ 日本遺産

文化庁が15年度から始めた、地域の歴史や文化を国内外にアピールし、地元の活性化も狙う新事業。ユネスコ世界遺産との関係はなく、遺跡や祭りなど有形・無形の文化財を組み合わせて地域の歴史・文化を伝える「ストーリー」や、文化財を生かした地域振興の仕組みが整っているかどうかを基準に、文化庁が依頼した文化遺産に詳しい人たちが審査する。104件が認定されている。

## ▶ ファスト映画

映画の動画や静止画を無断で編集し、字幕やナレーションをつけ、あらすじを紹介する10分程度の動画。映画会社の許可を取らずに作る海賊版の一種で、著作権法に違反している。

20年春ごろから動画サイトYouTubeへの投稿が目立つようになっていたが、21年6月にファスト映画をネット上に投稿したとして、宮城県警が3人を著作権法違反容疑で逮捕。3人はその後同法違反で有罪判決を受け、ファスト映画をめぐり全国で初めて刑事責任が認められた。22年5月には、映画会社など13社が3人を相手取り、5億円の損害賠償を求め提訴。3人のうち2人に対する判決が同11月にあり、請求通り計5億円の賠償を命じた。

## ▶ 本屋大賞

全国の書店員が、「自分が読んで面白かった、店で売りたい、客に薦めたい」本として、ネットを通じて選ぶユニークな文学賞。大衆性が強いはずの直木賞の結果への違和感から創設された。書店員で組織する本屋大賞実行委員会が運営する。04年に始まった。

映画化された『告白』（湊かなえ著、09年第6回）や『天地明察』（冲方丁著、10年第7回）、『舟を編む』（三浦しをん著、12年第9回）など、受賞作品はいずれもベストセラーになっている。23年の第20回は凪良ゆう『汝、星のごとく』。

## ▶ ユネスコ「三大遺産事業」

国連教育科学文化機関（ユネスコ）が実施する「世界遺産」「無形文化遺産」「世界の記憶」（世界記憶遺産）の三つ。「世界遺産」（文化、自然、文化と自然の複合）は、人類にとって普遍的な価値を持つ遺跡や建造物、自然などを守るため、ユネスコが認定、登録する。「無形文化遺産」は人から人に伝えられる芸能や工芸技術、風俗慣習などの文化の保護を目的にした条約で、06年に発効した。「世界の記憶」は歴史的な文書や絵画、音楽、映画などを保存し、後世に伝えることを目的に92年から始まった。

ベーシックワード

# マスコミ Mass Communications

## ▶ AMラジオのFM転換

全国の民間AMラジオ47局のうち、北海道と秋田県の局を除く44局は、2028年秋までにFMラジオ局への転換をめざしている。

AM波はビル壁などに弱く、都市部での難聴が問題化したことや、送信所の水害などへの備えも不十分だとの指摘から、より簡易な設備で放送できるFM波との併用であるFM補完放送（ワイドFM）が14年から始まった。だが、AM局の営業収入が減少する中、AMとFMの二重負担や、FMより高い設備更新費などが負担だった。

総務省は制度を改めてAM局のFM放送への一本化を可能にし、24年にもAM停波の実証実験を始める。FM波が届かない山間地域への対応が課題となる。

## ▶ SLAPP

住民運動や言論活動を封じるために、企業などが高額の損害賠償を求めて起こす訴訟。Strategic Lawsuit Against Public Participationの略。

## ▶ アドフラウド（広告詐欺）

インターネット広告で、利用者が広告を見ていないにもかかわらず、見たように装って広告費をだまし取る不正行為を指す。ネット上の表示数やクリック数で広告費は増減し、その結果に応じて広告主がサイト運営者に支払う仕組みを悪用したもので、主な手法には自動プログラム（ボット）などを使い、多くの利用者がクリックしているように見せかけたり、広告商品の資料請求を自動的に繰り返したりするものがある。アドフラウド対策を手がける「スパイダーラボズ」は国内の被害額は年1千億円規模にのぼると推計する。

## ▶ 個人視聴率

個人視聴率は、番組をどれくらいの「人」が見たのかを表す割合。調査会社ビデオリサーチが20年春から全国に調査対象を広げた。それまでよく使われてきた世帯視聴率は、どれくらいの「家」で見られたかを表していた。昔のようにお茶の間にある1台のテレビを家族みんなで見るという家庭は少なくなるなど、生活習慣が変わった影響だ。

実際、民放各局はCM獲得のために個人視聴率を重視している。さらに、個人の中でも年齢や性別まで絞り込んだ特定層（コア）の視聴率を注視し、見逃し動画の再生回数も重要な指標になっている。

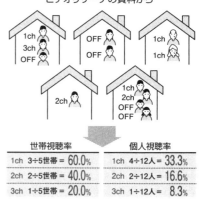

**世帯視聴率と個人視聴率**
ビデオリサーチの資料から

| 世帯視聴率 | | 個人視聴率 | |
|---|---|---|---|
| 1ch 3÷5世帯= | 60.0% | 1ch 4÷12人= | 33.3% |
| 2ch 2÷5世帯= | 40.0% | 2ch 2÷12人= | 16.6% |
| 3ch 1÷5世帯= | 20.0% | 3ch 1÷12人= | 8.3% |

## ▶ 再販売価格維持制度

独占禁止法は製造業者が小売店に定価販売を強制することを禁じている。しかし、言論や文化の多様性を保持することを目的として、書籍や新聞、音楽CDな

どの著作物に限り特例措置として認めている。ただ、値引き販売を禁止するものではないため、公正取引委員会は、一定期間後に値引き販売する「時限再販」などへの積極的な取り組みを関係業界に促している。

### ▶出版流通の仕組み

書籍は一般に取次会社を経て、出版社から書店が仕入れる。委託販売制の場合、書店の仕入れ値は定価の77～78％。定価との差額の23～22％が粗利益。売れ残りは仕入れ値と同額で出版社に返品できる。取次会社は本が売れたら定価の8％前後を出版社から受け取る。多様な本を店頭に並べられる利点がある一方、出版社の負担は大きく、約4割という返品率の高止まりの背景になっている。岩波書店など一部の出版社は返品を受けない「買い切り制」が原則。

### ▶総合視聴率

テレビ放送と同時に見た視聴率（リアルタイム視聴率）に、録画して1週間以内に見た視聴率（録画再生率、タイムシフト視聴率）を加え、重複分を除いた数字のこと。録画機が普及する中、視聴者の動向を把握するため、ビデオリサーチが16年から調査を始めた。

### ▶パブリシティー権と肖像権

パブリシティー権はもともと米国で発展した考え方で、芸能人やスポーツ選手など、客を引きつける力がある著名人が、自らの名前や写真が持つ価値を独占的に利用できる権利を示す言葉として使われてきた。しかし、法律には明確な規定はなく、著名人の写真を無断で利用して本やグッズを売るビジネスが横行。1970年代以降、各地の地裁や高裁では、権利として認めたうえで賠償を認める判決が相次いでいた。

12年2月、最高裁がパブリシティー権を初めて認定した。「名前や写真などが客を引きつける力を持つ著名人の場合、その価値を商業的に独占できる」権利とし、権利侵害となる三つのパターンを例示した。①写真そのものを見て楽しむブロマイドやグラビア②他の商品と差別化を図るために著名人の名前や写真を使うキャラクターグッズ③著名人の名前や写真を使った広告――。一方で、報道や論説、創作物などに使われることもあるため、「正当な表現行為として我慢すべきケースもある」とした。

肖像権は、著名人に限らず、自分の写真などをむやみに撮影・公表されない権利をいう。

### ▶放送法4条

放送事業者が国内外で放送する番組の編集について定めた条文。①公安及び善良な風俗を害しないこと②政治的に公平であること③報道は事実をまげないですること④意見が対立している問題については、できるだけ多くの角度から論点を明らかにすること――を求めている。

### ▶放送倫理・番組向上機構（BPO）

正確な放送と放送倫理向上のための第三者機関。政府から介入を受けず、自律的に問題を解決するため、NHKと民放連などが03年に設立した。Broadcasting Ethics & Program Improvement Organizationの略。放送内容に偽りがないかなどを調べる放送倫理検証委員会など、三つの委員会がある。

ベーシックワード

# くらし　Life

## ▶合計特殊出生率

　その年の15歳から49歳までの女性が産んだ子どもの数をもとに、生涯で女性1人が産むだろうと想定される子どもの数を算出したもの。2.07が人口を維持できる水準とされる。日本は1975年に2を下回り、長期低落傾向にある。2022年は1.26で、データのある1947年以降では05年と並んで過去最低の水準となった。

## ▶子ども食堂

　貧困家庭や孤食の子どもに食事を提供し、安心して過ごしてもらう場所。料金は無料から数百円くらいで、NPO法人や民間団体、個人などが運営する。
「子ども食堂」という名称は、12年に東京都大田区で開かれた食堂が先駆けとされる。食堂の支援と普及に取り組む「全国こども食堂支援センター・むすびえ」によると、22年末時点で全国に7363カ所ある。コロナ禍で困窮する家庭が増加していることを背景に、コロナ前と比べて3645カ所増えた。

## ▶受動喫煙対策の強化

　受動喫煙対策を強化する改正健康増進法が、20年4月に全面施行された。これまで努力義務だった受動喫煙防止を、初めて罰則付きで施設の管理者やたばこを吸うすべての人に義務づけた。

　住宅や旅館、ホテルの客室を除くすべての施設や公共交通機関が原則として屋内禁煙となった。ただ、客席面積が100㎡以下の個人経営などの飲食店では例外が設けられた。厚生労働省の試算では、全国の約55％が当てはまる。東京都などは、国より厳しい条例を施行している。

## ▶消費期限と賞味期限

　いずれも食品の「食べられる期限」を示す。消費期限は、その期限内なら健康を害さず、「安全に食べられる」という期限。生菓子や総菜、弁当など製造日を含めておおむね5日程度の、あまり日持ちしない食品につけられる。賞味期限は「おいしく食べられる」期限を示したもので、期限を超えて食べてもすぐに健康を害するわけではない。レトルト食品や缶詰など日持ちする食品に表示される。

　期限は、製造者が理化学試験や官能検査などから科学的・合理的根拠に基づいた可食期間を算出、その日数に「安全率」を掛けて設定している。期限表示については、二つの期限の違いが消費者にわかりにくいことなどから、表示の一本化を求める声も出ている。

## ▶消費者安全調査委員会

　身近なくらしにかかわる事故の原因を調べる消費者安全調査委員会（消費者事故調）が12年10月、消費者庁に発足した。

　調査の対象は、国土交通省の運輸安全委員会が担う航空、鉄道、船舶の事故を除くすべての分野。製品事故から食品による健康被害、プールや公園、医療・介

改正健康増進法による受動喫煙対策

屋内完全禁煙　19年7月〜
屋外喫煙所は設置可
学校、病院、行政機関

原則屋内禁煙　20年4月〜
喫煙専用室内で喫煙可
オフィス、パチンコ店、船、鉄道、新規やチェーンの飲食店

「喫煙可能店」などの表示で喫煙可（経過措置）
小規模の既存飲食店
（個人または中小企業で、客席面積100平方㍍以下）
全国の飲食店の55％

東京都の受動喫煙防止条例
従業員を雇っている飲食店は原則屋内禁煙
飲食店以外の施設は改正法とおおむね同じ

都内飲食店の84％

護施設での事故、エステでのトラブルまで幅広く扱う。委員は安全工学や心理学、医学などの専門家ら。また、消費者事故調には事故の被害者や遺族らに限らず、誰でも調査を申し立てられる。

## ▶食品ロス

食品ロスは、まだ食べられるのに捨てられてしまう食べ物のこと。消費者庁などの推計によると、21年度の国内の食品ロスは523万ｔで、統計開始以来最少だった前年度とほぼ同程度（1万ｔ増）だった。国民1人あたりに換算すると、1日約114ｇ、年間で約42kgの食べ物を捨てたことになる。食品産業が出す事業系ロス量は279万ｔで、前年度より4万ｔ増。各家庭が出す家庭系ロス量は244万ｔで、前年度より2万ｔ減った。

食品ロスは世界的な課題で、持続可能な開発目標（SDGs）には、世界全体の1人あたりの食料の廃棄を30年までに半減させることが盛り込まれた。政府は食品ロスを00年度の約980万ｔから30年度までに半減させる目標を掲げている。19年には食品ロス削減推進法が施行された。

## ▶待機児童

小学校就学前の子どもで認可保育所などへ預けるための入所要件に該当しているが、申し込みをしても入ることができない児童のこと。こども家庭庁によると、23年4月時点の人数は2680人（前年比264人減）だった。5年連続の過去最少で、近年のピークだった17年と比べ、10分の1程度になった。

調査対象の9割近い自治体で待機児童がゼロ人だった。同庁は、受け皿となる施設整備や出生数減によって、待機児童が減ったとみている。一方、待機児童の約6割が首都圏や近畿圏といった都市部に集中した。

## ▶熱中症

発汗や皮膚の血流の増加だけでは体内の熱を十分に放散できず、体温が上昇して脳の体温調節機能に障害が起こる。そうした状態の総称。

症状の軽い順から①血液の電解質バランスが崩れて起きる「熱けいれん」②血圧の低下で起きる「熱失神」③脱水症状に伴う「熱疲労」④脳の体温調節中枢が壊れて体温が40度を超す「熱射病」に分けられる。めまい、頭痛、吐き気などの症状が現れ（③）、放置すると意識障害を引き起こし（④）、死亡することもある。

## ▶フードドライブ

家庭で余った食材を持ち寄り、生活が厳しい家庭などに届ける取り組み。フード（食べ物）とドライブ（活動）を足した言葉で、1960年代に米国で始まり、世界中に広がった。

一般的に「フードバンク」が食品会社などから規格外品などを提供してもらうのに対し、フードドライブは個人による寄付が主体だ。「食品ロス」の削減にもつながるとして注目されている。

サッカー・Ｊ1の名古屋グランパスが試合会場で実施したフードドライブ＝2022年3月、豊田スタジアム

# スポーツ Sports

## ▶ VAR

ビデオ・アシスタント・レフェリー。サッカーの試合で、映像で主審の判定を補助する制度。試合結果を左右する場面での明らかな判定ミスを減らすことが目的。使用する場面は「得点」「PK」「一発退場」「警告と退場時の人違い」に限定される。映像をチェックするVARから無線で連絡を受けた主審は、必要と判断すればピッチ脇のモニターで確認し、最終的な判定を下す。選手や監督などが求めることはできない。ワールドカップ（W杯）では、2018年ロシア大会で初めて導入された。

## ▶ 育成選手

プロ野球12球団で70人の支配下選手枠以外に獲得できる選手。若手の育成とプロ野球の裾野を広げる制度として05年から始まった。2軍戦やオープン戦に出場でき、年俸の最低額は240万円などの制約がある。実力を認められて支配下登録されれば、1軍でプレーできる可能性がある。

## ▶ 継続試合

高校野球で、雨などで試合が中断した場合、翌日以降に続きを行うこと。春の選抜、夏の全国選手権、全国軟式選手権の各大会に導入され、22年春の第94回選抜大会から適用された。それまでは降雨などで、高校野球の試合が成立する七回終了より前に打ち切られると「ノーゲーム」に、試合成立後に打ち切られると「コールドゲーム」になっていたが、ともになくなった。

## ▶ 国際オリンピック委員会（IOC）

フランスのクーベルタン男爵が古代オリンピックの復活を訴えた1894年に設立された。第1回の近代五輪はその2年後、アテネ（ギリシャ）で開かれた。

本部はスイス・ローザンヌ。会長はドイツの弁護士トーマス・バッハ氏。IOCは、五輪開催地の決定権を持つほか、五輪やスポーツを通じて世界平和や友情を追求する「オリンピック・ムーブメント」を、世界に広める役割を担う。1980年代に五輪の商業化に舵を切り、以来、財政的には潤っている。

## ▶ ショットクロック

23年のラグビーW杯フランス大会から導入された取り組み。ゴールキックの制限時間を場内の大型ビジョンやテレビ画面に表示している。トライ後に与えられるゴールキックはトライ認定から90秒以内、相手の反則で得たペナルティーゴール（PG）はチームが狙う意思を示してから60秒以内に蹴らなければならない。超過するとトライ後のキックは失敗とみなされ、PGでは自ボールスクラムからの再開となる。

## ▶ スポーツ基本法

スポーツ振興法を50年ぶりに全面改正するスポーツ基本法が、11年6月に制定された。前文と5章35条からなり、すべての国民にスポーツをする権利（スポーツ権）があることを認め、スポーツの推進は国の責務とした。

## ▶ スポーツ庁

トップ選手の競技力向上から国民の健康増進まで、スポーツにかかわる施策を一元的に担う省庁。15年10月に発足した。

従来、運動施設の整備は国土交通省、国際スポーツ交流は外務省、障害者の健康増進は厚生労働省など、複数の省庁に分かれていた「縦割り行政」を解消するのが狙い。だが、各省の反対もあって、権限や予算は委譲されなかった。長官は、アテネ五輪ハンマー投げ金メダリストの室伏広治氏。

### ▶スポーツの日

「体育の日」は、20年から「スポーツの日」に名称が変わった。体育の日は、1964（昭和39）年に東京五輪の開会式が行われた10月10日を記念して、66年に制定された。「国民の祝日に関する法律」（祝日法）の一部改正で、2000年から「10月の第2月曜日」に変更されていた。

コロナ禍で延期となったが、20年は東京五輪の開会式が予定されていた7月24日、21年は開会式が行われた7月23日だった。

### ▶ドーピング

筋肉を増やしたり、持久力を強めたりする薬物を使って記録や成績の向上をめざす行為。公正でないほか、体に副作用などの悪影響があるとして禁止されている。赤血球を増やして持久力を上げるため、自分の血液を抜いて保存し、試合前に戻す「自己血輸血」などの操作も禁止されている。国際オリンピック委員会（IOC）および世界反ドーピング機関（WADA）が禁止薬物リストを定めている。

### ▶日本スポーツ仲裁機構（JSAA）

国際スポーツ界の紛争仲裁を行うスポーツ仲裁裁判所（CAS）の国内版。03年4月に発足。五輪などの代表選考などをめぐる競技者と競技団体の紛争や、ドーピングに関する紛争の解決を目的とした機関。弁護士や大学教授ら3人の仲裁人が双方の言い分を聞き裁定する。

### ▶パラリンピック

4年に一度、オリンピックと同じ年に同じ開催地で開かれる、「障害者のための五輪」。1948年、英国のストークマンデビル病院で開かれた車いす競技大会が前身。第2次世界大戦の戦傷者がリハビリの一環で始めた。60年に第1回大会が開かれ、64年の東京大会以降、車いす以外の身障者も対象となった。知的障害者は、96年のアトランタ大会から。

「paraplegia（下半身まひ）」と「olympic」の合成語（paralympic＝パラリンピック）として使われ始め、88年のソウル大会からは「パラレル（もう一つの、同等の）」の「パラ」として正式に使われるようになった。

パラリンピック東京大会、車いすバスケットボール男子で、銀メダルを獲得した日本の選手たち＝2021年9月、東京・有明アリーナ

### ▶ピッチクロック

試合時間の短縮を狙い、米大リーグが23年シーズンから導入した。投手は捕手から返球を受けた後、走者がいない場合は15秒、いる場合は20秒で投球動作に入らないと「ボール」となる。打者は、ピッチクロックが残り8秒になる前に構えなければ「ストライク」をとられる。

## 2022年 12月

**1日**　新型コロナウイルスに感染し、国内で亡くなった人の累計が5万人を超えた。約95%が60代以上。男性が約57%→126

**4日**　石油輸出国機構（OPEC）プラス閣僚級会合で、大幅減産維持で合意

**6日**　サッカーW杯カタール大会で、日本がクロアチアにPK戦で敗れ、初の8強進出を逃した

**7日**　習近平指導部が堅持してきたゼロコロナ政策を、中国政府が大幅に緩和。厳しい隔離や移動制限に多くの市民が反発、抗議に政権が譲歩

**8日**　岸田文雄首相が防衛費の財源確保へ増税の検討を表明。27年度に向けて段階的実施で、1兆円強確保

**10日**　世界平和統一家庭連合（旧統一教会）の問題を受けた被害者救済新法（不当勧誘寄付防止法）が成立→112

**10日**　再婚後に生まれた子は「現夫」の子とする改正民法が成立

**10日**　ノーベル平和賞の授賞式がオスロで開催。ロシアやウクライナの人権団体と、ベラルーシの活動家が受賞

**11日**　日本宇宙ベンチャーispaceの月着陸船が打ち上げ。民間で世界初の月探査計画を進める→153

**12日**　22年の世相を表す漢字は「戦」。日本漢字能力検定協会が清水寺で発表

**14日**　文部科学省が旧統一教会への2度目の質問権を行使。回答期限は23年1月6日→112

**16日**　岸田政権が国家安全保障戦略（NSS）など安保関連3文書を閣議決定。「敵基地攻撃能力」（反撃能力）の保有を明記。防衛費の増額も→20

**16日**　自民・公明両党が23年度の与党税制改正大綱を決定。少額投資非課税制度（NISA）の大幅拡充などが柱→73

**19日**　サッカーW杯はアルゼンチンが36年ぶり3度目の優勝。フランスをPK戦で破る

トロフィーを片手に喜ぶアルゼンチンのメッシ

**20日**　日本銀行が大規模な金融緩和の修正を決定。長期金利の上限を「0.5%程度」へ引き上げ。事実上の利上げ

**21日**　イーロン・マスク氏が米ツイッターの最高経営責任者（CEO）を、後任が見つかり次第辞任すると表明→160

**22日**　政府が原発政策の転換方針をとりまとめ。新規建設と60年超の運転を認めることが柱。23年通常国会で関連法改正案提出へ→140

**23日**　11月の消費者物価指数が前年同月比3.7%上昇。40年11カ月ぶりの高水準

**27日**　秋葉賢也復興相を事実上、更迭。政治資金問題や旧統一教会側との接点などで追及されていた。閣僚の辞任は10月から4人目

# 2023年 1月

**2日** 新年一般参賀が皇居で3年ぶり実施。天皇、皇后両陛下の長女愛子さまが初出席

**4日** 岸田首相が年頭の記者会見で、賃上げを要請。少子化対策に取り組む考えを表明→168、204

**5日** 旧統一教会の問題を受けて22年12月の臨時国会で成立した不当寄付勧誘防止法が一部規定を除き施行。悪質な寄付などを規制→112

**6日** 3月に開幕する野球のWBC日本代表「侍ジャパン」に大谷翔平ら12人を選出。残りは後日発表→214

**7日** 米食品医薬品局（FDA）が、エーザイが米企業と共同開発したアルツハイマー病治療薬「レカネマブ」を条件付きで迅速承認。**16日** エーザイ、国内でも承認を申請→134

**8日** ブラジルで大統領選をめぐる「不正」を訴え、前大統領支持者ら4千人が大統領府や国会を襲撃。約400人が拘束される（現地時間）

**10日** 鳥インフルエンザの殺処分対象数が1千万羽を突破。鶏卵価格が高騰

**13日** 22年7月に起きた安倍晋三元首相の銃撃事件で、奈良地検が山上徹也容疑者を殺人などの罪で起訴

**14日** 岸田首相が就任後初めて米ワシントンを訪問し、バイデン大統領と首脳会談。蜜月を強調

**18日** 福島第一原発事故をめぐり強制起訴された東京電力の旧経営陣に、東京高裁が無罪判決

**19日** 22年の貿易赤字は19兆9713億円で過去最大に。資源高、円安が影響。財務省発表

**22日** 車いすテニスの4大大会男子シングルスで通算28度優勝の国枝慎吾が引退を表明

2月に開かれた引退記者会見で思いを語る国枝慎吾さん＝東京都江東区

**23日** 連合と経団連の労使トップが会談し、春闘が本格的に始まる。物価高を受け、賃上げ率が焦点に→168

**26日** 22年に売り出された首都圏の新築マンションの平均価格は6288万円。2年連続で最高値を更新→82

**26日** 政府が新型コロナを5月8日に感染症法上の「5類」とする方針を固める→126

**27日** 関東や関西などで発生した連続強盗事件で、ルフィと名乗る指示役とみられる男がフィリピンで拘束と判明→104

**28日** テニスの全豪オープン車いす部門男子シングルスで、16歳の小田凱人（ときと）が準優勝→222

**30日** 仏ルノーが日産自動車への出資比率を15%に引き下げ、対等出資にする方針を発表。日産、長年の懸案解消へ→86

# 2023年 2月

**2日** 22年の特殊詐欺被害額は約361億円で8年ぶりに増加。警察庁発表

**3日** 性交同意年齢引き上げなど、性犯罪規定の大幅見直しに向けた要綱案がまとまる。法制審議会の部会→108

**5日** 米国が米本土に飛来した中国の「スパイ気球」とみられる気球を撃墜

**6日** トルコ南部からシリア北部で強い地震が発生。死者は5万人を超えた→53

**6日** 13歳の囲碁棋士、仲邑菫三段が女流棋聖を奪取。男女合わせて史上最年少でのタイトル獲得に

笑顔を見せる仲邑女流棋聖＝東京・市ケ谷の日本棋院

**6日** 日産自動車、仏ルノーと資本関係で対等になることで最終合意→86

**7日** 特殊詐欺事件で、警視庁がフィリピンから送還の男2人を窃盗容疑で逮捕。**9日** さらに2人を逮捕→104

**9日** 公正取引委員会がスマートフォンのアプリ配信市場の実態調査報告書を発表。アップルとグーグルが「寡占状態」と指摘→164

**10日** 政府がマスク着用について、3月13日から基本的に個人の判断に委ねることを決定→126

**13日** 原子力規制委員会が、原発の60年超運転への新規制制度を異例の多数決で決定。運転開始30年を起点に10年以内ごとに審査する。委員5人のうち1人が反対→140

**14日** 日本銀行の次期総裁に経済学者の植田和男氏を起用する人事案を、政府が衆参両院の議院運営委員会理事会に提示→70

**17日** 次世代の基幹ロケット「H3」初号機の打ち上げが、主エンジン着火直後に中止

**19日** 上野動物園で生まれ育ったパンダ「シャンシャン」が同園で最後の観覧を終えた。21日に中国へ向け出発

**20日** 米国のバイデン大統領が、ウクライナの首都キーウを電撃訪問。ロシアの侵攻1年を前に。追加の軍事支援も発表→36

**21日** ロシアのプーチン大統領が米ロ間の「新戦略兵器削減条約」（新START）の履行停止を表明。年次教書演説で

**22日** 1月の東京都狛江市の強盗殺人事件に関わったとして、容疑者4人が逮捕される。いずれもSNSを通じた闇バイトに応募したとみられ、複数の事件に関与した疑いも→104

**24日** 国連総会の緊急特別会合で、ロシア軍にウクライナからの即時の完全撤退を求める決議を採択

**28日** 22年に生まれた子ども（外国人を含む）は79万9728人。厚生労働省公表。80万人割れは初めて→204

# 2023年 3月

**1日** 諫早湾干拓事業をめぐり、最高裁が堤防排水門は「開門せず」と司法判断を統一→151

**3日** 1月に引退を発表した車いすテニス・国枝慎吾さんへの国民栄誉賞授与が決定。パラアスリートでは初

**6日** 日韓の懸案となってきた徴用工問題で、韓国が「解決策」を発表。韓国政府傘下の財団が賠償分を肩代わりすることで、両政府が政治決着。**16日** 岸田首相と尹錫悦 大統領が会談。関係改善を進めることで一致→32

**7日** 大型ロケット「H3」初号機の打ち上げが失敗。第2段エンジンが着火せず、機体破壊の信号を送る。今後の宇宙開発に影響も

H3ロケット初号機＝鹿児島県の種子島宇宙センター

**10日** 中国の全国人民代表大会で、習近平氏を3期目の国家主席に選出。18年の憲法改正で任期制限を撤廃

**10日** 日銀次期総裁に植田氏が就任することを国会が正式決定→70

**13日** 1966年に起きた強盗殺人事件で死刑が確定した袴田巌さんの再審開始を東京高裁が決定。**20日** 検察が特別抗告を断念し、再審開始が確定

**16日** 沖縄県の石垣島に陸上自衛隊の石垣駐屯地が開設。ミサイル部隊を配備→20

**17日** 岸田首相が男性の育休取得率目標を「30年度に85％」とし、企業を支援すると表明→172

**19日** 将棋の藤井聡太竜王が棋王のタイトルを獲得。史上2人目の六冠を達成→198

**20日** 国連気候変動に関する政府間パネル（IPCC）が温暖化に関する第6次統合報告書を公表。気温上昇を1.5度に抑える目標に危機感→147

**21日** 岸田首相が、ロシアによる侵攻が続くウクライナの首都キーウを電撃訪問。安全確保のため、当日まで訪問を公表しなかった

**22日** 野球の第5回WBCで、日本が米国を3－2で破り、3度目の優勝。投打「二刀流」の大谷がMVPに→214

**23日** 第20回統一地方選は9道府県知事選が告示され、前半戦がスタート

**25日** 欧州連合（EU）が35年にエンジン車の新車販売をすべて禁止する方針を転換。合成燃料使用を条件に

**27日** 理化学研究所などが開発する次世代の計算機と目される国産初の「量子コンピューター」が完成→156

**28日** 総額114兆円の国の予算が成立。11年連続で過去最大を更新→22

**31日** 政府が半導体製造装置の輸出規制を強化すると発表。米中の覇権争いから、米国が日本とオランダに要請。事実上の対中規制→30

重要ニュース月表

# 2023年 **4月**

**1日** 第95回記念選抜高校野球で山梨学院が県勢初の優勝。決勝で報徳学園（兵庫）を破る

**4日** 世界トップレベルの大学を作る国の「国際卓越研究大学」に東京大、京都大など10校が応募→186

**6日** 台湾の蔡英文総統が訪問先の米国でマッカーシー米下院議長と会談。

**8日** 中国軍が、台湾周辺での軍事演習を開始。「台湾独立勢力への警告」と説明。会談への対抗措置か

**7日** 日銀の黒田東彦総裁が退任会見。「金融緩和が効果を上げた」。**9日** 新総裁に植田和男氏が就任→70

**10日** 政府が技能実習制度を廃止し、労働力としての実態に即した新制度に改める案を示す→176

**13日** 25年大阪・関西万博の開幕まで2年。起工式が行われ、岸田首相らがくわ入れ→192

**14日** 大阪府・市が申請したカジノを含む統合型リゾート（IR）整備計画を斉藤鉄夫国土交通相が認定。長崎県の計画は継続審査に

**15日** 応援演説のため和歌山市の漁港を訪れた岸田首相の近くで筒状のものが爆発。投げ込んだ男を逮捕→110

**19日** インドの人口が23年半ばに世界一になるとの推計を、国連人口基金が発表→47

**20日** 戦闘が続くスーダンの在留邦人退避に向け、防衛相が航空自衛隊輸送機のジブチ派遣を命令→64

ジブチへ向けて出発する航空自衛隊の輸送機＝愛知県の航空自衛隊小牧基地

**21日** 22年度の消費者物価は前年度比3.0%上昇し、41年ぶりの伸びに。総務省発表→68

**21日** 妊娠初期が対象の飲む中絶薬について、厚労省の分科会が承認を初めて了承→136

**23日** 衆参五つの補欠選挙と、統一地方選後半戦の市区長選、市区議選などが投開票。24日に衆参五つの補欠選挙の結果が判明。自民党が4勝、野党は日本維新の会が1勝→16

**24日** 在留期間の更新に制限がなく永住が可能な特定技能2号の分野を政府が拡大する方針示す。経済界などの要望を受けた措置

**25日** バイデン米大統領が、24年の大統領選での再選に向け立候補を正式表明→40

**26日** 日本の宇宙ベンチャーispaceによる着陸船が月面着陸に失敗。着陸直前に減速できず、月面に衝突したとみられる→153

**27日** 政府が5月8日に新型コロナを感染症法上の「5類」に引き下げることを正式決定→126

**28日** 政府が輸出手続きを優遇する「ホワイト国」に韓国を再指定。4年ぶりに正常化→33

# 2023年 **5月**

**4日** 4月1日現在の子どもの数（15歳未満人口）は1435万人で、42年連続の減少。総人口に占める割合は11.5%。総務省発表

**4日** 米連邦準備制度理事会(FRB)が0.25%幅利上げ。政策金利は5％台に

**5日** 世界保健機関（WHO）のテドロス事務局長が新型コロナをめぐる緊急事態終了を宣言。死亡率が下がり、医療の負担が緩和

**5日** 石川県能登地方を震源とする地震があり、同県珠洲市で最大震度6強を観測

**6日** ロンドンでチャールズ英国王の戴冠式。秋篠宮ご夫妻が参列

**7日** 岸田首相がシャトル外交の一環で韓国を訪問。尹大統領と会談→32

**7日** アラブ連盟が、参加資格を停止していたシリアの復帰を12年ぶりに認めた。中東で緊張緩和の動き→52

**8日** 新型コロナウイルス感染症の法律上の位置づけが季節性インフルエンザと同じ「5類」に引き下げ。コロナ対応は「平時」へ移行→126

**12日** こども家庭庁が認可保育所の「不適切な保育」の調査結果を公表。914件を認定→207

**14日** ジャニーズ事務所創業者による性加害疑惑をめぐり、藤島ジュリー景子社長が謝罪→106

**14日** タイ下院の総選挙で軍と関係の深い与党が大敗。二つの野党で過半数を占める→54

**15日** 文化庁が移転先の京都で本格的に業務開始。東京との2拠点体制に

**17日** 日経平均株価が約1年8カ月ぶりに3万円台を回復。**22日** バブル期以来、約32年10カ月ぶりに3万1千円台を回復→72

**19日** G7サミットが広島市で開幕。G7首脳が原爆資料館を初めてそろって訪問。**20日** ウクライナのゼレンスキー大統領がサミット出席のため広島に到着→18

G7広島サミットのワーキングランチで記念撮影に応じるG7首脳

**23日** 「マイナ保険証」の誤登録で加藤勝信厚生労働相が加入者データを総点検する方針を表明。全データ点検や健康保険組合などに確認を指示→24

**24日** 政府の少子化対策の原案が判明。児童手当を高校生にも支給することなどが柱→204

**28日** 米デトロイトでインド太平洋経済枠組み（IPEF）の閣僚級会合。重要物資の供給網強化で合意→103

**29日** トルコ大統領選の決選投票で、現職のエルドアン氏が当選。長期政権継続へ→53

**31日** 原発の運転期間の延長を含む「GX脱炭素電源法」が成立。60年超の運転が可能に→140

重要ニュース月表

## 2023年 **6月**

**1日** 将棋の藤井聡太竜王が史上最年少の名人、七冠に→198

**2日** 健康保険証をマイナンバーカードと一体化させる改正法が参院本会議で成立→24

**5日** 日経平均株価がバブル期以来、33年ぶりに3万2千円台に→72

**7日** 政府はマイナンバーとひもづく口座登録で「家族口座」を13万件確認したと発表。口座のない子どもらも本人名義で再登録へ。普及優先で対応後手→24

**9日** 難民認定を申請中の外国人を母国に送り返せるようにした改正入管難民法が成立→122

**9日** 退任時に機密文書を持ち出した問題をめぐり、トランプ前米大統領が2度目の起訴→40

**10日** テニスの全仏オープン車いす部門男子シングルスで、17歳の小田凱人が初優勝。4大大会最年少優勝記録を更新→222

**12日** ジャニーズ事務所創業者の性加害問題で外部専門家チームが会見。聞き取り調査実施へ→106

**13日** 岸田首相が児童手当の所得制限撤廃や拡充を「24年10月分から」と表明→204

**14日** 認知症に関する初の法律、認知症基本法が成立。9月21日が「認知症の日」に→210

**15日** 岸田首相が今国会での衆院解散は見送ると表明。広島サミットなど追い風受け模索していたが、断念→10

**16日** 政府が骨太の方針を閣議決定。防衛費増額のための増税、事実上の後ろ倒しを示唆→23

**16日** 防衛費増額の財源を裏付ける財源確保法、LGBT理解増進法が成立→120

**17日** 天皇、皇后両陛下がインドネシア到着。国際親善のための外国訪問は即位後初

世界遺産に登録されているジャワ島中部の仏教遺跡、ボロブドゥール寺院を視察する天皇陛下

**21日** 世界経済フォーラムが男女格差の報告書を公表。日本は146カ国中125位に。経済、政治分野で改善進まず前年の116位からさらに低下

**24日** ロシアの民間軍事会社ワグネルの創設者プリゴジン氏がロシア軍への反乱を宣言。翌日、部隊撤収も混乱が続いた→37

**25日** 日本維新の会の馬場伸幸代表が次期衆院選で公明党現職がいる関西6小選挙区に候補擁立と発表。これまで大阪都構想への協力を引き出すため擁立してこなかった→12

**28日** 鶏や豚など家畜ごとにより良い飼育環境をつくるための指針を農林水産省が発表。家畜の動物福祉、国際基準を意識→212

## 2023年 **7月**

**1日** エンゼルスの大谷翔平が3年連続30本塁打。日本選手初→216

**1日** 中国当局の取り締まり権限を強める改正反スパイ法が施行。違法行為の基準が不透明で外国企業や外国人は不安の声

**3日** 国税庁が路線価を公表。全国平均は前年比1.5％増で、2年連続で上昇。コロナ前の水準を上回る地点も

**4日** 国際原子力機関（IAEA）が福島第一原発の処理水放出は「基準に合致」と公表。政府は開始時期の最終判断へ→138

IAEAのグロッシ事務局長から処理水海洋放出の包括報告書を受け取る岸田首相＝首相官邸

**7日** 米食品医薬品局（FDA）がエーザイのアルツハイマー病治療薬「レカネマブ」を正式に承認→134

**10日** 袴田巌さんの再審公判で、静岡地検が有罪立証を続ける方針を正式に表明。裁判の長期化に弁護団は反発

**11日** 北大西洋条約機構（NATO）にスウェーデンが加盟へ。難色を示していたトルコが容認に転換→39

**12日** 巨大IT企業への「デジタル課税」の条約がまとまる。25年発効をめ

ざす。多国籍企業の課税逃れに歯止め

**13日** 欧州連合（EU）が日本産の農林水産物や食品の輸入規制の完全撤廃を発表。福島第一原発事故から12年。輸出拡大に追い風

**14日** 宇宙航空研究開発機構（JAXA）の能代ロケット実験場で小型ロケット「イプシロンS」のモーターの燃焼試験中に爆発。初号機打ち上げに影響も

**16日** 英国が環太平洋経済連携協定（TPP）に新規加盟。加盟国が増えるのは初→102

**16日** テニスのウィンブルドン車いす部門男子シングルスで小田凱人が初優勝。全仏に続き4大大会2連勝→222

**19日** マイナンバー問題での個人情報漏洩で、デジタル庁への立ち入り検査が始まる。相次ぐミスに個人情報保護委員会が異例の対応

**23日** カンボジア下院の総選挙で、フン・セン首相率いる与党・人民党が「圧勝」宣言。最有力野党は事前に排除。事実上の一党独裁体制が長期化→57

**25日** ビッグモーターが保険金の水増し請求問題で会見。社長が引責辞任を表明→94

**26日** 日産自動車が、仏ルノーとの出資比率を対等にする最終契約にこぎ着けた→86

**28日** 日本銀行が長期金利の上限を事実上1.0％へ引き上げ。植田総裁就任後3回目の会合で金融緩和策の修正に踏み切る→70

**31日** 第一三共が開発した新型コロナワクチンの製造販売の承認を厚生労働省の専門家部会が了承。国産では初

重要ニュース月表

# 2023年 **8月**

**1日** ふるさと納税の寄付総額が過去最高の9654億円。総務省発表

**1日** ミャンマー国軍がアウンサンスーチー氏に減刑の恩赦を与えると発表。刑期33年を27年に→55

**3日** 自転車の違反について、警察庁が反則金制度の対象にする方向で検討を始める。事故増加を受けて実効性高める狙い→124

**7日** 国立科学博物館が運営費をクラウドファンディングで募集。1億円を即日達成。コロナ禍による入館者減少と光熱費高騰で苦境に→193

**10日** エンゼルスの大谷翔平が10勝目。メジャー初の2年連続の2桁勝利、2桁本塁打を達成→216

**10日** 中国が、日本など78カ国・地域への団体旅行を解禁。再開は3年半ぶり。関係者は歓迎の一方、人手不足の懸念も→76

**11日** サッカー女子W杯、日本は準々決勝でスウェーデンに敗れた→221

**16日** 核のごみ最終処分場をめぐり、長崎県対馬市議会特別委員会が「文献調査」推進の請願を賛成多数で採択。市長は慎重姿勢で判断が焦点に→142

**18日** 山口県上関町が、使用済み核燃料の中間貯蔵施設に関する中国電力の調査受け入れを表明。施設ができれば青森県むつ市に続き全国で2例目

**21日** エーザイが米企業と共同開発したアルツハイマー病の新薬「レカネマブ」の製造販売の承認を、厚労省の専門家部会が了承→134

**23日** 第105回全国高校野球選手権記念大会で慶応（神奈川）が107年ぶりの優勝→218

**23日** インドの無人探査機が月面着陸に成功。旧ソ連、米国、中国に続き、4カ国目→153

**24日** 東京電力が、福島第一原発で処理水の海洋放出を始めた。増え続ける汚染水対策の一環。中国は日本産水産物輸入を全面禁止→138

**24日** BRICS首脳会議で、アルゼンチンやサウジアラビアなど新たに6カ国の加盟を決定→44

**26日** 陸上の世界選手権女子やり投げで、北口榛花が金メダル。五輪、世界選手権でトラック・フィールド種目の日本女子の優勝は初

女子やり投げで優勝した北口榛花＝ブダペスト

**29日** ジャニーズ事務所が設置した専門家チームが調査報告書を公表。創業者のジャニー喜多川氏の性加害を認定。現社長の辞任を求める→106

**31日** 米投資ファンドへの売却をめぐり、百貨店そごう・西武の労働組合が西武池袋本店でストライキを実施し、臨時休業に。大手百貨店では61年ぶり→100

## 2023年 **9月**

**1日** 文部科学省が、世界トップレベルの研究力をめざす「国際卓越研究大学」の認定候補に東北大を選定。政府による10兆円規模の大学ファンドが支援へ→186

**2日** バスケットボール男子W杯で日本はカボベルデを破り、パリ五輪出場権を獲得。自力での五輪出場は48年ぶり→220

**4日** 米軍普天間飛行場の沖縄県名護市辺野古への移設計画をめぐり、県が国を訴えた訴訟で、最高裁が県の上告を棄却。県の敗訴が確定

**7日** ジャニーズ事務所が会見で故ジャニー喜多川氏の性加害を認め、藤島ジュリー景子社長の辞任を発表。後任は所属タレント東山紀之氏→106

**9日** プロ野球・オリックスの山本由伸が22年6月以来、2度目の無安打無得点試合を達成。2年連続は史上3人目で2リーグ制後初の快挙

**10日** 第80回ベネチア国際映画祭で、濱口竜介監督の「悪は存在しない」に

銀獅子賞を受賞した濱口竜介監督＝東京都千代田区

銀獅子賞。濱口監督は3大映画祭すべてで受賞

**13日** ロシアのプーチン大統領と北朝鮮の金正恩（キムジョンウン）総書記がロシア極東の宇宙基地で会談。プーチン氏はロケット開発への協力を表明→63

**13日** 第2次岸田再改造内閣が発足。女性閣僚に若手を起用し、刷新感をアピール。自民党役員人事とあわせ、政権の骨格は維持→11

**14日** プロ野球の阪神がセ・リーグ優勝。05年以来18年ぶり→217

**19日** アゼルバイジャンがアルメニアとの係争地ナゴルノ・カラバフで「対テロ作戦」開始を宣言。20日に一転、停戦に合意

**20日** 公金受取口座情報の誤登録問題で、個人情報保護委員会がデジタル庁に対し、マイナンバー法などに基づき行政指導をしたと発表

**20日** パ・リーグはオリックスが3年連続15度目（阪急時代を含む）の優勝。パの3連覇は1990年から5連覇した西武以来

**21日** メディア各社がヤフーに提供する記事の使用料について、公正取引委員会がヤフーは「優越的地位にある可能性がある」と指摘→199

**25日** エーザイが、アルツハイマー病治療薬「レカネマブ」の国内での製造販売について、厚労省から正式承認を得たと発表→134

**26日** 岸田首相が総合経済対策を10月中にまとめるよう各閣僚に正式に指示。物価高対策や持続的な賃上げ促進など5本柱を盛り込む

重要ニュース月表

# 2023年 10月

**1日** 米議会で新会計年度の暫定の予算が土壇場に可決され、政府機関の閉鎖は回避。ウクライナ支援費用は今回の予算に盛り込まれず

**2日** 故ジャニー喜多川氏による性加害問題で、ジャニーズ事務所が「SMILE-UP.」に改称し、被害の補償後に廃業する方針を公表→106

質問に答えるジャニーズ事務所の東山紀之氏（右）と井ノ原快彦氏＝東京都千代田区

**2日** 大リーグ・エンゼルスの大谷が日本選手初の本塁打王獲得→216

**3日** 円相場が一時、約1年ぶりに1ドル＝150円台に下落。米景気の底堅さなどを受け円売りドル買いが進んだ

**4日** ネット通販「アマゾン」の荷物を配達中に、けがをしたフリーランスの運転手が労災認定されたと公表。実態は雇用だったと判断→179

**7日** イスラム組織ハマスがパレスチナ自治区ガザ地区からイスラエルに大量のロケット弾。イスラエルは報復空爆。双方に多数の死傷者→48

**8日** ラグビーW杯1次リーグ最終戦で日本はアルゼンチンに敗れ、2大会連続の8強入りはならなかった→223

**11日** 将棋の藤井聡太名人・竜王が王座のタイトルを獲得し、史上初の「八冠独占」を達成→198

**11日** 札幌市が30年冬季五輪招致を断念することを表明。開催への「住民の理解得られていない」→224

**13日** 献金被害が長期間続いたなどとして、文科省が、旧統一教会への解散命令を東京地裁に請求した。教団は争う方針→112

**19日** 連合が24年の春闘の賃上げ目標を「5％以上」とする方針を発表。物価の高止まりを受け、23年の「5％程度」より表現を強めた→168

**20日** 25年大阪・関西万博の会場建設費が500億円増えて2350億円になるとの見通し。2度目の増額で当初の1.9倍に→192

**23日** 岸田首相が所信表明演説。経済対策への取り組みを強調し、税収増の一部を国民に還元する考えを示した

**25日** トランスジェンダーが戸籍の性別を変えるのに、生殖不能手術を必要とする性同一性障害特例法の要件は「違憲で無効」と最高裁決定

**27日** 強盗殺人罪などで死刑判決が確定した袴田巌さんの再審初公判が静岡地裁で始まる

**28日** 脳死となった人からの臓器提供が1千件に。法施行から26年。増加傾向だが、希望者の多くが移植を受けられていない

**31日** 日本銀行が金融緩和策の修正を決めた。長期金利の上限としてきた1.0％を「めど」と位置づけ、一定程度上回ることを容認する→71

**1日** 25年大阪・関西万博の会場建設費が最大2350億円に再増額する見通しとなり、大阪府・市と経済界は追加負担の受け入れを決定→192

**2日** 岸田政権が定額減税や低所得世帯への給付を盛り込んだ総合経済対策を閣議決定。規模は、総額17兆円台前半の見通し

**5日** プロ野球の阪神が38年ぶり2度目の日本一。「関西ダービー」とも称されたオリックスとの日本シリーズを4勝3敗で制した→217

阪神の日本一が決まり歓声をあげる、道頓堀に詰めかけたファンたち＝大阪市

**10日** メキシコなど複数国が大阪・関西万博のパビリオン出展から撤退する意向が判明。他国も続く可能性→192

**15日** 7～9月期の国内総生産（GDP）は年率換算で前期比2.1％減に（速報値）。個人消費など内需が弱く、3四半期ぶりのマイナス成長

**15日** 10月の訪日外国人客は251万人。月別で初めてコロナ前を上回った→76

**16日** 米中首脳が米国で会談し、軍幹部同士の対話などを再開することで合意。台湾問題など中核的争点での歩み寄りは見られず→42

**17日** 訪米中の岸田首相が中国の習国家主席と会談。福島第一原発処理水問題について対話で解決を図ることで一致→138

**17日** 大リーグ・エンゼルスの大谷翔平がア・リーグ最優秀選手（MVP）に。投票した記者30人全員が1位に入れた。2度目の満票は史上初→216

**19日** アジアプロ野球チャンピオンシップで日本が優勝。井端弘和監督の初陣を大会連覇で飾った

**20日** 南米アルゼンチンの大統領選の決選投票で、野党で極右のミレイ下院議員が初当選。親中国から親米路線への転換を掲げる→65

**22日** 故ジャニー喜多川氏の性加害問題で、旧ジャニーズ事務所が設置した被害者救済委員会が、被害者への補償内容の連絡を開始→106

**24日** パレスチナ自治区ガザ地区でイスラエルとイスラム組織ハマスとの戦闘が一時休止。双方が人質や受刑者の解放を始める→48

**28日** 広島原爆の写真と動画について、文部科学省がユネスコの「世界の記憶」に推薦すると発表。登録の可否は25年に決まる見通し

**29日** 鹿児島県屋久島沖で、米空軍横田基地所属の輸送機オスプレイが墜落。翌月までに乗組員全員の死亡を認定

**29日** 低所得世帯向け給付やガソリン代補助など物価高対策を盛り込んだ13.2兆円の補正予算が成立。7割は国債で賄う

# ●索引

**278**

# ［索引］

索引

**286**

デスク：佐藤聖一
編集スタッフ：森田圭祐、植村美香、米倉昭仁
DTP：朝日新聞総合サービス（服部記子）
校閲：朝日新聞総合サービス 出版校閲部
　　　（藤井広基、大橋美和、小倉亜紀、畝佳子、山田欽一、野口高峰、澁谷周平）
図版・イラスト：報図企
写真：朝日新聞社データベース事業センター
装幀＋本文レイアウト：神田昇和

---

**朝日キーワード 2025**

2024年1月30日　第1刷発行

編　者　朝日新聞出版

発行者　宇都宮健太朗

発行所　朝日新聞出版
　　　　〒104-8011 東京都中央区築地5-3-2
　　　　電話　03-5541-8832（編集）
　　　　　　　03-5540-7793（販売）

印刷所　大日本印刷株式会社

ISBN978-4-02-227656-8